国家社科基金项目成果(批准号:11BJL032)

苏州市城乡一体化发展道路研究

夏永祥　等/著

苏州大学出版社

图书在版编目(CIP)数据

苏州市城乡一体化发展道路研究/夏永祥等著.—苏州：苏州大学出版社，2015.11
　　国家社科基金项目成果
　　ISBN 978-7-5672-1552-8

Ⅰ.①苏…　Ⅱ.①夏…　Ⅲ.①城乡一体化-发展-研究-苏州市　Ⅳ.①F299.275.33

中国版本图书馆 CIP 数据核字(2015)第 254460 号

书　　名	苏州市城乡一体化发展道路研究
作　　者	夏永祥　等
责任编辑	周建国
装帧设计	吴　钰
出版发行	苏州大学出版社(Soochow University Press)
社　　址	苏州市十梓街1号　邮编：215006
印　　装	宜兴市盛世文化印刷有限公司
网　　址	www.sudapress.com
邮购热线	0512-67480030
销售热线	0512-65225020
开　　本	700mm×1000mm　1/16　印张：17　字数：288千
版　　次	2015年11月第1版
印　　次	2015年11月第1次印刷
书　　号	ISBN 978-7-5672-1552-8
定　　价	45.00元

凡购本社图书发现印装错误，请与本社联系调换。服务热线：0512-65225020

前言
PREFACE

  城乡差距几乎是每一个国家在其经济和社会发展过程中必须经历的一个"阵痛"阶段,而城乡一体化发展则是每一个国家经济和社会发展的必然归宿,也是实现现代化的重要内容和目标。当年,马克思和恩格斯根据资本主义社会发展的趋势,提出实现共产主义的必要条件是消灭"三大差别",即工农差别、城乡差别、脑力劳动和体力劳动的差别。美国著名经济学家刘易斯也在他的二元经济结构理论中,揭示了发展中国家的城乡二元经济结构特征,并且提出了从二元经济走向一元经济的道路。

  我国作为最大的发展中国家,并且处于社会主义初级阶段,城乡二元结构特征更加明显。新中国成立后,由于工业化和城市化战略的失误,我国的城乡差距不断扩大。在改革开放初期,由于农村经济体制改革,加之国家大幅度提高农副产品收购价格,城乡差距一度迅速缩小。但是,从20世纪80年代中期起,城乡差距又在徘徊、波动中走向扩大。这不仅引发了一系列社会矛盾,影响社会和谐发展,使我国有可能掉入"中等收入陷阱"而不能自拔,而且有可能使全面建成小康社会和基本实现现代化的发展战略目标化为泡影。正因为如此,中共十六大以来,党和国家审时度势,提出了科学发展观,在城乡关系上,坚持统筹城乡发展,以工支农,以城带乡,推出了一系列大力度的支农和惠农政策。2008年9月,中共十七届三中全会提出,要尽快形成城乡一体化发展新格局。最近几年,在落实和实践科学发展观的过程中,全国各地的城乡一体化发展如火如荼,成效卓著,各地从实际出发,因地制宜,走出了富有自己特色的道路。在全国各地众多的城乡一体化发展道路中,地处东部发达地区的"苏州道路"独具特色。

  改革开放以来,在党中央的正确领导下,苏州坚持从实际出发,走出了一条具有自己特色、卓有成效的快速发展道路,引起了中央和全国的广泛关注。1983年2月6日到9日,邓小平同志来苏州考察,验证"十二大"所提出的到20

世纪末经济发展"翻两番"和建设小康社会、基本实现现代化的发展目标的可行性。正是根据在苏州等地的考察情况,邓小平同志提出了到2000年建成小康社会的构想。江泽民、胡锦涛、习近平等同志也曾多次到苏州考察,对苏州的发展提出殷切希望。2004年,胡锦涛同志根据在昆山市等地的考察,提出了统筹城乡发展、工业反哺农业、城市支持乡村的战略。2012年7月,习近平同志在苏州考察时指出,苏州是中国最发达的地区之一,解剖麻雀,调查研究,总结经验,把握规律,都离不开对苏州的了解。他希望苏州市勇立潮头,当好"排头兵",谱写新的创业史,为中国特色社会主义道路创造经验。

2008年以来,苏州市先后被江苏省委、省政府、国家发改委、国务院发展研究中心、农业部等确定为城乡一体化发展的示范区、配套区和联系点。由此,苏州市成为全国城乡一体化发展的排头兵、先行者和试验区。经过多年来的实践,苏州市的城乡一体化发展已经取得显著成绩,道路越来越清晰。2013年4月11日,全国农村改革试验区工作交流会议在苏州召开,来自全国各地的24个试验区的代表齐聚苏州,交流经验。作为东道主的苏州,向全国展示了自己的城乡一体化发展成就与经验,引起了各地代表的广泛关注和强烈兴趣,大家现场考察了苏州市的吴江现代农业产业园区、东山镇杨湾村西巷自然村村庄环境建设等处,评价甚高。可见,通过对苏州市城乡一体化发展的实践创新经验进行总结,实现从试验区向示范区的转变,并且上升到理论层面进行解读和创新,极有必要。其理论意义在于:一是把"苏州道路"从实践创新层面上升到理论创新层面,化解实践创新与传统理论的冲突和背离,用实践创新成果检验、完善和发展相关理论;二是作为目前我国众多的城乡一体化发展模式中的个案研究,既深化对"新苏南模式"的研究,也为全国不同模式的比较研究打下基础。其实践意义则在于:一是发挥理论对实践的指导作用,消除有些人对"苏州道路"实践创新的怀疑和诘难,并针对存在的问题,提出解决对策,进一步推动苏州城乡一体化发展进程;二是推动"苏州道路"由全国试验区向示范区的转变,通过总结其中带有普适性的经验,供其他类似地区借鉴,在整体上推进全国尽快形成城乡一体化发展新格局。

作为长期工作和生活在苏州市的经济理论工作者,我们亲历了苏州市的城乡一体化发展过程,我们既为取得的成绩欢欣鼓舞,为广大农民群众经济和社会地位的提高感到高兴;同时,我们也在密切关注着其中出现的问题,思索破解之策。我们觉得,我们有责任对苏州的城乡一体化发展道路进行研究,与其他地区的城乡一体化发展道路进行比较,总结其成功经验,凝练其特色,供其他类似地区借鉴。同时,及时发现其中存在的问题,提出治理对策,为党和政府的决策提供参考与依据。据此,长期以来,我们对苏州市的城乡一体化发展进程进行了跟踪研究,结合其他相关研究工作,取得了一批研究成果。在此基础上,2011年,我们以《苏州市城乡一体化发展道路研究》为题,申报国家社会科学基金项目,获得批准,这为我们提供了巨大的精神鼓励和物质支持。在项目获批以来的3年多时间里,我们进一步梳理了以往的研究思路与研究成果,形成了一个比较全面和系统的研究架构。我们也及时关注此间苏州市城乡一体化发展的新动向,根据新的资料,补充、修改和完善以往的研究成果。

本书主要从实践创新和理论创新两个层面研究苏州城乡一体化发展道路。具体的逻辑架构和内容为:第一章为文献综述与相关理论,主要梳理国内外关于城乡一体化发展及苏州市城乡一体化发展道路的研究成果,为全书的研究打下基础,确定研究重点和突破口;第二章是苏州市城乡一体化发展道路的宏观背景,主要把它置于新中国成立以来城乡关系演变和中共十六大以来统筹城乡发展的大背景下进行研究;第三章主要梳理和介绍苏州市改革开放以来城乡一体化发展历程和取得的成就,并对其进程和水平进行评估;第四章主要从实践层面系统总结苏州市城乡一体化发展道路的创新之处;第五章则从理论层面对苏州市城乡一体化发展道路进行解读,探讨其理论创新之处;第六章主要总结苏州市城乡一体化发展道路的特色与经验;第七章把苏州市与中部地区的鄂州市、西部地区的成都市城乡一体化发展道路进行比较,分析其异同,探寻我国不同发展水平地区的城乡一体化发展规律;第八章主要揭示目前苏州市城乡一体化发展中存在的困难和问题,分析其原因,并提出解决对策;鉴于资金问题在整个城乡一体化发展中的特殊重要性,第九章单独对其进行分析,寻找金融创新对策;第十章到第十二章是案例分析,选取不同的行政组织层面及不同的领域和问题,对前面的分析进行佐证和深化。其中,第十章选取吴中区为代表,从整体上研究其城乡一体化发展道路和经验,第十一章选取太仓市的3个城乡一体化先导区(镇)为代表,分析其在城乡一体化发展中的产业发展思路与规划,第十二章选取湖桥村为代表,调查和研究其在城乡一体化发展中大力发展新型农村集体经济的做法和经验。这样,本课题的研究,就覆盖到苏州全市、区、镇和村4级行政组织和空间层面,也投射到实践与理论、特色与比较等不同角度,可以说是全景式的立体综合研究。

书稿完成之后,驻笔自审,我们深知,以我们有限的研究水平与时间,对苏州市城乡一体化发展的把握与理解未必十分深入和完全准确;更重要的是,苏州市的城乡一体化目前仍然处于进行阶段,尚未完成,在今后的工作中,还有大量问题需要我们继续关注、思考和解决。因而,本书只能看作是对苏州市城乡一体化发展道路研究的一个阶段性成果。我们期待着实践的创新和发展,我们也有兴趣继续对这个问题进行跟踪研究,诚如古人所言:"路漫漫其修远兮,吾将上下而求索。"

目录
CONTENTS

第一章 文献综述与相关理论 / 1
  一、马克思主义经典作家的城乡关系思想 / 1
  二、中国共产党的城乡关系思想 / 7
  三、西方学者的城乡关系理论 / 11
  四、国内学者的城乡关系理论 / 15

第二章 苏州市城乡一体化发展的宏观背景 / 26
  一、我国城乡关系的演进轨迹 / 26
  二、城乡关系的多重失衡 / 29
  三、走向城乡一体化发展之路 / 39

第三章 苏州市城乡一体化发展历程与评估 / 44
  一、苏州市概况 / 44
  二、苏州市城乡一体化发展历程 / 46
  三、苏州市城乡一体化发展目标 / 57
  四、苏州市城乡一体化发展的主要成果 / 59
  五、苏州市城乡一体化进程与水平评估 / 63

第四章 苏州市城乡一体化发展的实践创新 / 74
  一、在八大领域全面推进 / 74
  二、用"三集中"优化要素空间配置格局 / 75
  三、用"三形态"优化城乡空间格局 / 77
  四、用"三置换"保障农民权益 / 81
  五、用"三大合作"推动农村集体经济改革 / 82
  六、用公共服务均等化缩小城乡差距 / 85

七、用户籍制度改革填平城乡居民之间的最大鸿沟　/ 89

八、发展非农产业以优化农村产业结构　/ 90

九、农业现代化与工业化、城镇化、信息化协调推进　/ 93

十、多管齐下提高农民收入和生活水平　/ 100

第五章　苏州市城乡一体化发展道路的理论解读与创新　/ 105

一、"三集中"的理论解读与创新　/ 105

二、"三形态"的理论解读与创新　/ 110

三、"双置换"的理论解读与创新　/ 112

四、"土地换社保"的理论解读与创新　/ 114

五、"三大合作"的理论解读与创新　/ 117

六、城乡一体化发展中政府职能的理论解读与创新　/ 119

七、城乡一体化发展必然性与渐进性的理论解读与创新　/ 123

第六章　苏州市城乡一体化发展道路的特色与经验　/ 125

一、重视发挥集体经济的重要作用　/ 125

二、重视发挥政府的强力推动作用　/ 130

三、重视发展现代农业　/ 133

四、城乡社会保障率先并轨　/ 137

五、保护改造古镇古村落　/ 138

第七章　苏州市与鄂州市、成都市城乡一体化发展道路比较　/ 141

一、城乡一体化发展的背景与基础比较　/ 141

二、城乡一体化发展的实践进程比较　/ 149

三、城乡一体化发展水平定量比较　/ 156

四、城乡一体化发展总体比较　/ 158

第八章　苏州市城乡一体化发展的问题与对策　/ 160

一、苏州市城乡一体化发展的问题与制约因素　/ 160

二、苏州市城乡一体化发展中问题的原因　/ 169

三、苏州市城乡一体化发展的推进对策　/ 173

第九章　苏州市城乡一体化发展中的投融资问题研究　/ 179

一、资金需求分析　/ 179

二、资金供给分析 / 189

　　三、资金缺口分析 / 192

　　四、投融资体制的创新与探索 / 194

　　五、投融资体制的持续创新路径 / 198

第十章　案例1：吴中区城乡一体化发展道路研究 / 201

　　一、吴中区及其城乡一体化先导区概况 / 201

　　二、吴中区城乡一体化创新、经验与成绩 / 204

　　三、吴中区深化城乡一体化改革发展对策 / 209

第十一章　案例2：太仓市城乡一体化先导区产业发展规划 / 214

　　一、规划背景与发展基础 / 214

　　二、总体思路、发展目标与基本原则 / 216

　　三、农业发展规划 / 217

　　四、工业发展规划 / 221

　　五、服务业发展规划 / 225

　　六、目标实施途径 / 229

第十二章　案例3：湖桥村发展新型农村集体经济调研报告 / 233

　　一、研究设计 / 233

　　二、文献检阅与理论构建 / 237

　　三、农村合作经济组织的演变路径——"湖桥道路" / 242

　　四、经验与启示 / 250

　　五、结论 / 252

参考文献 / 254

后　记 / 258

第一章 文献综述与相关理论

城乡一体化发展的本质是在工业化与城市化进程中,城乡之间的统筹与协调发展。几百年来,国内外的广大学者对此进行了深入、持久的研究,取得了一批重要成果。本章旨在对其进行梳理、介绍和评价。

一、马克思主义经典作家的城乡关系思想

(一)马克思、恩格斯的城乡关系思想

1. 关于工农差别与城乡差别的产生与消亡

"三大差别"思想在马克思主义中占有重要地位。"三大差别"是指工业与农业的差别、城市与乡村的差别、脑力劳动与体力劳动的差别,其中前两组关系即城乡关系。马克思和恩格斯运用历史唯物主义的理论,深刻分析了"三大差别"产生的原因、历史贡献和未来走向。他们认为,"三大差别"的实质是社会分工和体现其中的不同社会阶级、阶层之间的利益关系。马克思和恩格斯高度评价了社会分工的历史作用,放在历史的长河中看,社会分工对于经济和社会的发展无疑具有重要的推动作用,主要体现在它可以极大地提高劳动生产率和其他资源配置效率。在《德意志意识形态》中,他们写道:"一个民族的生产力的发展水平,最明显地表现在该民族分工的发展程度上。""城市的建造是一大进步。""城乡之间的对立是随着野蛮向文明的过渡、部落制度向国家的过渡、地方局限性向民族的过渡而开始的,它贯穿着全部文明的历史并一直延续到现

在。"①即使是包含在三大差别中的利益差距,只要是限制在一定的范围之内,也是有进步作用的,可以起到激励低收入者努力奋斗的作用。但是,从长远的眼光看,为了实现共产主义,就必须消灭三大差别。马克思和恩格斯生活在19世纪,当时,资本主义正处于上升时期,一方面,生产力的发展突飞猛进,"资产阶级在它的不到一百年的阶级统治中所创造的生产力,比过去一切世代创造的全部生产力还要多,还要大。自然力的征服,机器的采用,化学在工业和农业中的应用,轮船的行驶,铁路的通行,电报的使用,整个大陆的开垦,河川的通航,仿佛用法术从地下呼唤出来的大量人口——过去哪一个世纪料想到在社会劳动里蕴藏有这样的生产力呢?"②但是,另一方面,在这个过程中,资本主义社会的一些内在矛盾和弊端也大量显现,包括三大差别在内。"资产阶级使农村屈服于城市的统治。它创立了巨大的城市,使城市人口比农村人口大大增加起来,因而使很大一部分居民脱离了农村生活的愚昧状态。"③这些差别与共产主义社会是格格不入的,必须消灭。在谈到向社会主义过渡的10项措施时,其中第9项便是"把农业和工业结合起来,促使城乡之间的对立逐步消灭"④。在《反杜林论》中,针对资本主义社会在工业化和城市化过程中所出现的种种弊端,恩格斯写道:"因此,城市和乡村的对立和消灭不仅是可能的,它已经成为工业生产本身的需要,正如它已经成为农业生产和公共卫生事业的需要一样。只有通过城市和乡村的融合,现在的空气、水和土地的污毒才能排除,只有通过这种融合,才能使现在城市中日益病弱的群众的粪便不致引起疾病,而是用来作为植物的肥料。"⑤这已经明白无误地指出了,在未来的社会主义社会,城乡必须一体化发展。由此,我们看到了马克思和恩格斯的高尚情操与严谨学风,特别是一以贯之的历史唯物主义立场和观点,他们并不是从个人感情与义愤来评价资本主义制度和三大差别,而是在人类历史发展的长河中,对它们做出客观而公允的评价。

需要指出的是,改革开放后,我国经济高速发展,物质财富大大丰富,与此同时,三大差别也在急剧扩大,已经超过了警戒线,而有些人对此熟视无睹,明

---

① 马克思,恩格斯.德意志意识形态[M].马克思恩格斯全集(第3卷).北京:人民出版社,1974:24,33,57.
② 马克思,恩格斯.共产党宣言[M].马克思恩格斯选集(第1卷).北京:人民出版社,1972:256.
③ 马克思,恩格斯.共产党宣言[M].马克思恩格斯选集(第1卷).北京:人民出版社,1972:255.
④ 马克思,恩格斯.共产党宣言[M].马克思恩格斯选集(第1卷).北京:人民出版社,1972:273.
⑤ 恩格斯.反杜林论[M].马克思恩格斯选集(第3卷).北京:人民出版社,1972:335.

知可为而不为,认为尚在社会可承受的限度之内,强调生产力水平还不高,应该继续允许三大差别的存在和扩大。这些都是违背马克思主义的。因此,我们必须从当前我国的实际出发,把马克思主义的三大差别思想中国化,探索我国控制、缩小三大差别的时机和途径。

2. 关于农业在国民经济中的地位问题

在城乡关系中,农业与其他产业的关系是一个重要方面。农业作为一个最古老的产业,随着人类社会分工的发展,在工业化和城市化进程中,它在整个国民经济中处于何种地位? 与其他产业之间应该保持什么样的关系? 对此,马克思和恩格斯也有精辟的分析。从农业的性质以及社会分工的演化过程中农业对工业和城市的制约作用出发,他们指出了农业在国民经济中的基础地位,表现在:超过劳动者个人需要的农业劳动生产率是一切社会的基础;农业劳动生产率制约着农业和工业之间社会分工的发展程度;农业劳动生产率决定着农业人口向城市和非农产业转移的速度与规模。对此,马克思在《资本论》中写道:"一切劳动首先而且最初是以占有和生产食物为目的的。""农业劳动,必须有足够的生产率,使可供支配的劳动时间,不致全部被直接生产者的食物生产占去;也就是使农业剩余劳动,从而农业剩余产品成为可能。进一步说,社会上的一部分人用在农业上的全部劳动——必要劳动和剩余劳动——必须足以为整个社会,从而也为非农业工人生产必要的食物;也就是使从事农业的人和从事工业的人有实行这种巨大分工的可能;并且也使生产食物的农民和生产原料的农民有实行分工的可能。"①

对于马克思和恩格斯所揭示的农业是国民经济基础的思想,我国一直是承认的。无论是在改革开放之前,还是改革开放之后;无论是在农业发展顺利时,还是农业发展不顺利时,我国从来没有在理论上否认农业的重要性。问题在于,这种重视仅仅是口头上的,实际上,农业并没有获得和它的基础地位相称的待遇,由此造成农业的发展滞后,基础地位不稳。对此,我们在后面再做分析。

3. 关于工农与城乡差别消亡的物质基础

马克思和恩格斯是彻底的历史唯物主义者,在他们看来,生产力是一切社会发展的最终源泉和动力,在工农差别和城乡差别问题上,也不例外,这些差别既是资本主义社会生产力发展过程中的产物,同时,其消失也需要生产力的更大发展。只有当生产力高度发达、物质财富极大丰富,特别是科学技术的发展

---

① 马克思. 资本论(第3卷)[M]. 北京:人民出版社,1975:713,715-716.

使劳动强度大大降低,劳动从一种沉重的负担变为生活的第一需要时,才能消弭三大差别。正因为如此,在《哥达纲领批判》中,马克思从共产主义社会第一阶段不发达的生产力状况出发,不能不承认,在这个阶段,还不能实行按需分配,而只能实行按劳分配。只有在共产主义社会的高级阶段上,在随着个人的全面发展生产力也增长起来,而集体财富的一切源泉都充分涌流之后,才可能实行按需分配。① 在生产力的发展中,他们特别强调了工业化和科学技术的作用。"大工业在全国的尽可能平衡的分布,是消灭城市和乡村的分离的条件,所以从这方面来说,消灭城市和乡村的分离,这也不是什么空想。"② 1882年,法国著名物理学家马赛尔·德普勒架设了从米斯巴赫到慕尼黑的第一条实验性输电线路。重病中的马克思对此高度关注,并且给予了高度评价,认为"这一发现使工业几乎彻底摆脱地方条件所规定的一切界限,并且使遥远的水力的利用成为可能,如果在最初它只是对城市有利,那么到最后它终将成为消除城乡对立的最强有力的杠杆"③。另外,为了消灭工农差别和城乡差别,必须实行人口和其他生产要素在城乡之间的合理分布,特别要发挥工业和城市对农业与农村的带动作用。随着工业和城市中劳动生产率的提高,"城市工业就能腾出足够的人员,给农业提供此前完全不同的力量:科学终于也将大规模地像在工业中一样彻底地应用于农业"④。

由此可见,在消灭工农差别和城乡差别问题上,马克思和恩格斯也不是空想社会主义者,而是一以贯之地坚持和应用了历史唯物主义的生产力决定生产关系、经济基础决定上层建筑这些基本原理,从而使得这一目标不仅仅是一种良好的愿望,而是成为一种可能。对于马克思和恩格斯的三大差别思想,我国思想理论界的理解一度有所偏颇。在改革开放前,特别是"大跃进"和"文化大革命"期间,"左倾"思想泛滥,在破除资产阶级法权、跑步进入共产主义的口号下,不顾我国处于社会主义初级阶段的现实,明明不可为而欲为,企图在短时期内消灭三大差别,推行了一套不利于生产力发展的"左倾"政策。其结果,三大差别不仅没有被消灭,相反,由于破坏了生产力,三大差别反而更加拉大。由此从反面证明了历史唯物主义理论的正确。所以,在这个问题上,我们既不能不讲条件,脱离实际,企图在短期内一举消除三大差别,同时,也不能过分强调条

---

① 马克思.哥达纲领批判[M].马克思恩格斯选集(第3卷).北京:人民出版社,1972:12.
② 恩格斯.反杜林论[M].马克思恩格斯选集(第3卷).北京:人民出版社,1972:336.
③ 马克思恩格斯全集(第35卷)[M].北京:人民出版社,1995:446.
④ 马克思恩格斯全集(第31卷)[M].北京:人民出版社,1995:470.

件,以社会主义初级阶段生产力水平低为借口,不去积极创造条件,缩小差别,反而听任差别的继续和无限扩大。同时要看到,消除工农差别及城乡差别的途径,不是以高就低,把城市居民的生活水平降到农民的水平,而是要以低就高,在动态过程中,把农民的生活水平提高到城市居民的水平。以此而论,我国在改革开放前的"左倾"政策,以及某些"社会主义国家"曾经实行的把城市居民赶往农村的政策,都是不顾条件的空想做法,结果只能以失败而告终。而目前我国仍然有些人以条件不具备为由,主张要继续容忍工农差别和城乡差距的观点,则是罔顾事实,走向了另一个极端,同样是错误的。

(二) 列宁的城乡关系思想

在列宁所处的时期,社会主义已经不仅仅是一种设想,而是变成了一种实践。十月革命前,列宁关于社会主义的思想,主要是对马克思和恩格斯思想的继承、解释和发挥,例如《国家与革命》。十月革命以后,列宁在领导苏联社会主义革命和建设的过程中,坚持从实际出发,修正了以前的一些观点,创造性地提出了一系列正确的理论与政策,这集中体现在"新经济政策"上。在十月革命胜利后初期,迫于当时的严峻形势,苏联实行了战时共产主义政策,严重损害了农民利益,最终也影响到农业生产和城市居民的生活供应。如果继续实行这种政策,很可能造成工农差别和城乡的共同毁灭。鉴此,列宁果断调整政策,转而实行"新经济政策",在商品交换的基础上重新建立比较合理的工农差别和城乡关系,以调动农民的生产积极性,恢复和促进农业生产。① 这一政策取得了巨大成功,苏联的经济形势迅速好转。历史地看,"新经济政策"是一种不得已而为之的无奈之举,正因为如此,列宁被有些人批评为实用主义者。但是,这恰恰是马克思主义的灵魂,也是列宁的伟大之处,即一切从实际出发。列宁也分析了消灭工农差别和城乡差别的条件,他指出:"要消灭城乡之间、体力劳动者和脑力劳动者之间的差别,这是很长时期才能实现的事业。要完成这一事业,必须大大发展生产力,必须克服无数小生产残余的反抗(往往是特别顽强特别难于克服的消极反抗),必须克服与这些残余相联系的巨大的习惯势力和保守势力。"② 可惜,"新经济政策"刚刚取得成效便因列宁溘然长逝而未能延续下去。

---

① 列宁.论粮食税[M].列宁选集(第4卷).北京:人民出版社,1975:503-540.
② 列宁.伟大的创举[M].列宁选集(第4卷).北京:人民出版社,1975:11.

(三) 斯大林的城乡关系思想

列宁逝世后,经过一番激烈的党内斗争,斯大林成为苏联的最高领导人。在领导苏联社会主义革命和建设的近30年中,斯大林留给世人许多关于城乡关系的正面和反面的遗产。斯大林领导完成了苏联的农业社会主义改造运动、工业化和城市化运动,他也领导苏联人民成功抵抗了德国法西斯的侵略,等等。所有这些成就的巨大代价,是对农民利益的严重侵犯和对农业生产与农村发展的巨大伤害。一个可以证明这一观点的事实是,直到斯大林去世的1953年,苏联的粮食产量还没有达到十月革命前1913年的水平,更加让人痛心的是,在20世纪30年代初期的农业社会主义改造运动中,苏联发生了大饥荒,死亡人数近3 000万人。[1] 在斯大林逝世前,针对当时正在编写和讨论中的苏联政治经济学教科书,斯大林发表了一系列谈话和看法,后来被集为《苏联社会主义经济问题》。这本书不仅代表了斯大林本人的观点,而且是计划经济体制的全部理论依据,可谓是计划经济理论的集大成者和代表作。在《苏联社会主义经济问题》中,斯大林在商品生产、价值规律、有计划按比例发展规律和社会主义基本经济规律的基础上,分析了社会主义社会的工农差别和城乡差别及其发展趋势。他认为,在社会主义社会,三大差别是不可避免的,要努力消灭它们的"本质差别",而"非本质差别"则会一直保留到共产主义社会。他还指出,大力发展生产力是消灭三大差别的根本途径,否则,只不过是一种不切实际的幻想而已。[2]

第二次世界大战后,在很长的一段时期内,"斯大林模式"被看作是社会主义革命和建设的唯一模式,因而被其他社会主义国家照搬照抄,在世界范围内产生了广泛而深远的影响。几乎所有的社会主义国家都复制了斯大林处理工农关系和城乡关系的政策,因而也就带来了相同的问题,农业长期落后,农产品长期供应不足,全社会长期陷于"短缺经济"状态。与此同时,工农差别和城乡差距不仅没有缩小,反而不断扩大,整个社会陷入一系列不按比例发展的失调状态之中。由此,"斯大林模式"也才在20世纪80年代走到尽头,也才有了其后的改革开放浪潮。

综上所述,革命导师的重要思想是我们研究我国城乡一体化发展问题的指导思想,但是必须根据我国的实际,加以创新和发展。

---

[1] 王铁群.苏联"无产阶级专政"的历史考察[J].炎黄春秋,2011(11):86-90.
[2] 斯大林.苏联社会主义经济问题[M].斯大林选集(下卷).北京:人民出版社,1979:558-560.

二、中国共产党的城乡关系思想

（一）毛泽东的城乡关系思想

1949年，新中国成立，当时，我国还是一个典型的农业国家。中国共产党在领导我国社会主义革命和建设的过程中，如何处理工农关系和城乡关系也是一个无法回避的重大问题。在当时的历史背景下，一方面，我们不能不受到苏联"斯大林模式"的影响，另一方面，又力图从中国实际出发，走出一条具有中国特色的革命和建设道路。毛泽东作为中国共产党第一代领导集体的核心，在处理工农关系和城乡关系问题上，有一套系统的思想，这是改革开放前我国处理工农关系和城乡关系的指导思想。还在20世纪50年代我国大规模的工业化和城市化开始之初，毛泽东同志即在吸取苏联经验教训的基础上，总结我国的经验，论述了社会主义革命和建设中的十大关系。在《论十大关系》中，他把"重工业和轻工业、农业的关系"作为十大关系之首，进行分析。毛泽东以他特有的生动语言和辩证思维逻辑，写道："你对发展重工业究竟是真想还是假想，想得厉害一点，还是差一点？你如果是假想，或者想得差一点，那就打击农业轻工业，对它们少投点资。你如果是真想，或者想得厉害，那你就要注重农业轻工业，使粮食和轻工业原料更多些，积累更多些，投到重工业方面的资金将来也会更多些。"①在第四个关系中，毛泽东论述了"国家、生产单位和生产者个人的关系"。其中写道："苏联的办法把农民挖得很苦。他们采取所谓义务交售制等项办法，把农民生产的东西拿走太多，给的代价又极低。他们这样来积累资金，使农民的生产积极性受到极大的损害。你要母鸡多生蛋，又不给它米吃，又要马儿跑得好，又要马儿不吃草。世界上哪有这样的道理。我们对农民的政策不是苏联的那种政策，而是兼顾国家和农民的利益。"②以此来看，毛泽东对于农业和农民问题，有着十分清醒和正确的看法。但是，1953年，当民主人士梁漱溟提出"九天九地"之说，认为"工人在九天之上，农民在九地之下"，因而提请党和国家注意控制工农差距与城乡差距时，毛泽东又断然拒绝，认为不存在这个问题，并且

---

① 毛泽东.论十大关系[M].毛泽东选集（第5卷）.北京：人民出版社，1977：269.
② 毛泽东.论十大关系[M].毛泽东选集（第5卷）.北京：人民出版社，1977：274.

认为自己是"拒谏"而不饰非。而事实上,我国此时的工农差距与城乡差距,确实在开始扩大,尤其是统购统销等政策,严重损害了农民利益。这种政策愈演愈烈,不断强化,最终造成了改革开放前30年里我国农业的长期落后,重蹈了苏联的覆辙。

(二)邓小平的城乡关系思想

改革开放以来,邓小平作为中国共产党第二代领导集体的核心,也深刻分析和强调了农业、农村与农民问题在国家建设小康社会和实现现代化等重大发展战略中的重要性,大力推动和领导了农村改革。他指出:"中国有80%的人口在农村。中国社会是不是安定,中国经济能不能发展,首先要看农村能不能发展,农民生活是不是好起来。"①在农村改革初期,家庭承包经济责任制面临来自多方面的诘难,正是由于邓小平等领导同志的支持,它才能够得到肯定和推广。1980年5月,邓小平同志在一次谈话中,旗帜鲜明地表示了对农村社会主义改造运动的批评,他说:"有人说,过去搞社会主义改造,速度太快了。我看这个意见不能说一点道理也没有。比如农业合作化,一两年一个高潮,一种组织形式还没有来得及巩固,很快又变了。"②早在1983年初,邓小平就是在考察了苏州、杭州等地农民所办的乡镇企业及所带来的农村发展新气象后,提出了到20世纪末实现小康社会的设想。③应该说,正是在以邓小平同志为核心的中央第二代领导集体的正确领导下,我国才取得农村改革的伟大成就,同时,由于农业、农村和农民政策的调整,才推动了农业的大发展,在20世纪80年代中期,扭转了农产品长期短缺的被动局面,农民收入迅速提高,城乡居民生活大幅度提高。

(三)江泽民的城乡关系思想

以江泽民为核心的中共第三代领导集体,对于工农和城乡关系也非常重视。1995年9月25日—28日,党的十四届五中全会在北京举行。在闭幕会上,江泽民同志做了题为《正确处理社会主义现代化建设中的若干重大关系》(后来

---

① 邓小平.我们的宏伟目标和根本政策[M].邓小平文选(第3卷).北京:人民出版社,1993:77-78.
② 邓小平.关于农村政策问题[M].邓小平文选(第2卷).北京:人民出版社,1983:316.
③ 邓小平.视察江苏等地回北京后的谈话[M].邓小平文选(第3卷).北京:人民出版社,1993:24-26;改革的步子要加快[M].邓小平文选(第3卷).北京:人民出版社,1993:236-243;课题组.苏州之路:"两个率先"的实践与思考[M].苏州:苏州大学出版社,2006:3.

被称作《论十二大关系》)的讲话。其中,第四个关系就是第一、第二、第三产业的关系。这是江泽民同志在新的历史条件下对毛泽东同志《论十大关系》思想的发展和完善,为毛泽东同志的三农思想宝库增添了新的内容,是中国共产党在三农问题认识上的新飞跃。① 1998年,在中共十五届三中全会前夕,江泽民同志深入安徽等地农村,就三农问题进行了广泛深入的调查研究,充分肯定了家庭承包经营责任制,并且就深化农村改革,提出了新的构想。② 同年10月,中共十五届三中全会通过了《中共中央关于农业和农村工作若干重大问题的决定》,明确提出,我国农村集体土地承包权稳定30年不变,并且要深化农产品流通体制改革。2002年,在中共十六大会议上,江泽民同志做了题为《全面建设小康社会,开创中国特色社会主义事业新局面》的报告,提出到2020年,我国要全面建成小康社会的宏伟目标。并且指出,"统筹城乡经济社会发展,建设现代农业,发展农村经济,增加农民收入,是全面建设小康社会的重大任务"。全面建设小康社会,重点在农村,难点也在农村。没有农民的小康,就不可能有全国人民的小康。在这一时期内,我国的农业与农村的改革和发展都在向纵深推进,取得了巨大成就。当然,由于多方面的原因,在这一段时期内,也出现了农业发展波动、农民负担加重、城乡收入差距扩大等问题,需要探索新的解决思路。

(四) 以胡锦涛为总书记的中央领导集体的城乡关系思想

中共十六大以后,以胡锦涛同志为总书记的中央领导集体,继承和发展了中共三代领导集体的三农思想与政策,根据新的形势和问题,审时度势,提出了科学发展观理论,提出要统筹城乡发展。2003年1月,在中央农村工作会议上,胡锦涛同志指出,必须统筹城乡经济发展,把解决好"三农"问题作为全党一切工作的重中之重,放在更加突出的位置,坚持"多予、少取、放活"的方针,发挥城市对农村的带动作用,实现城乡经济社会一体化发展。同年10月,中共十六届三中全会通过了《中共中央关于完善社会主义市场经济体制若干问题的决定》,提出坚持以人为本,树立全面、协调、可持续的发展观和"五个统筹"的思想,其中,统筹城乡发展名列其首。在这次会议上,胡锦涛同志发表讲话,明确提出和系统阐述了科学发展观理论。

---

① 江泽民. 正确处理社会主义现代化建设中的若干重大关系[M]. 江泽民文选(第1卷). 北京:人民出版社,2006:24-26.
② 江泽民. 全面推进农村改革,开创我国农业和农村工作新局面——在安徽考察工作时的讲话[N]. 北京:人民日报,1998-10-05(1).

2012年11月,中共十八大会议对党章进行修改,把坚持科学发展观写进党章。在十八大政治报告中,胡锦涛同志明确指出:"解决好农业农村农民问题是全党工作重中之重,城乡一体化是解决三农问题的根本途径……加快完善城乡发展一体化体制机制,着力在城乡规划、基础设施、公共服务等方面推进一体化,促进城乡要素平等交换和公共资源均衡配置,形成以工促农、以城带乡、工农互惠、城乡一体的新型工农、城乡关系。"科学发展观的提出,是我国城乡关系发展的一个重要转折点,从此,我国进入了统筹城乡发展的新的历史阶段。伴随着思想认识的深化和提高,是国家政策的转变。从2004年到2015年,中央的一号文件都是关于三农问题的,互相衔接,步步推进,形成了一张覆盖三农问题各个方面的优惠政策网。由此,我国的工农城乡差距也才真正步入马克思主义经典作家和中共三代领导人所预期的缩小阶段。

(五)以习近平为总书记的新一届中央领导集体的城乡关系思想

中共十八大以后,以习近平同志为总书记的新一届中央领导集体,进一步继承和发展了中共历代领导集体的三农思想与政策,对我国的城乡一体化发展做出了新的部署,并且加大了落实力度。2013年11月,中共十八届三中全会通过了具有重要历史意义的《中共中央关于全面深化改革若干重大问题的决定》,其中第六部分就是"健全城乡发展一体化体制机制",要求重点抓好以下工作:一是加快构建新型农业经营体系;二是赋予农民更多财产权利;三是推进城乡要素平等交换和公共资源均衡配置;四是完善城镇化健康发展体制机制。在同年12月召开的中央城镇化工作会议上,提出了推进我国城镇化的主要任务,到2020年,工作的着力点是有序推进1亿农业转移人口的市民化,深入实施涉及1亿城镇人口的棚户区改造,注重完成中西部地区1亿人口的就地城镇化。在同月召开的中央农村工作会议上,讨论了《中共中央、国务院关于全面深化农村改革加快推进农业现代化的若干意见(讨论稿)》,这个文件于2014年1月被作为中央一号文件发布和设施。2014年3月,《国家新型城镇化规划(2014—2020年)》公布,该规划的第六部分是"推动城乡发展一体化",把城乡一体化发展置于整个城镇化进程中,做出了全面部署。

综上所述,中共历代领导人和领导集体关于我国城乡关系的思想与政策,对于我们具有重要的指导意义。我们应该根据新的形势,从实际出发,探索具有中国特色的城乡一体化发展道路。

三、西方学者的城乡关系理论

在西方经济学中,特别是在发展经济学中,工农关系和城乡关系同样是一个重要内容,一大批西方学者前赴后继,从不同视角,对这一问题进行了持续深入的研究,形成了一些重要思想和观点。

(一)二元经济结构理论与模型

作为以二元经济结构理论饮誉世界的美国著名经济学家,刘易斯系统地分析了发展中国家的二元经济结构特征,提出了发展中国家从二元经济结构向一元经济结构转变的途径。1954年,刘易斯发表了题为《劳动力无限供给条件下的经济发展》的论文,首次提出了二元经济发展模型。刘易斯模型是建立在以下三个假设之上的:第一,在许多发展中国家经济中都存在着两个截然不同的部门:一个是处于城市的现代工业部门;另一个是处于乡村的传统农业部门。第二,劳动力无限供给,即相对于现代部门的劳动需求而言,传统部门存在大量超过自身需求的剩余劳动力。第三,工资水平不变。传统农业部门的剩余劳动力,将根据需要转移到现代工业部门中。发生转移的关键在于资本家将获得的利润进行扩大再投资,从而使现代工业部门的生产规模扩大,并将从农业部门吸收更多的剩余劳动力。这一发展态势,将一直持续到农村剩余劳动力全部被转移到工业部门为止,即出现"刘易斯拐点"。刘易斯理论揭示了发展中国家经济发展过程中的二元现象,但是也招致了激烈的批评。1961年和1964年,拉尼斯和费景汉分别发表论文对刘易斯模型的不足之处,即忽视农业促进工业增长方面的重要性和工业中吸收来自农业劳动力带来的粮食与其他农产品供应问题,进行了改进和延伸。因此,学术界通常把二元经济模型称为刘易斯—费—拉尼斯模型。①

20世纪60年代末至70年代初,美国著名经济学家托达罗依据发展中国家的经济现实,对刘易斯—费—拉尼斯的理论提出了批评意见,建立了自己的人口迁移模型。托达罗模型是用来解释发展中国家广泛存在的农村向城市移民过程的原因的,其目的是研究如何阻止或减缓农村劳动力向城市工业部门的转

---

① 刘易斯.二元经济论[M].北京:北京经济学院出版社,1989年.

移,以解决城市失业问题。他认为,农村剩余劳动力向工业部门转移的动力不仅取决于城乡实际收入水平的差异,还决定于城市的就业概率,即取决于城乡预期收入水平的差异。这种关系可以具体表示为:

$$M = f(d), f' > 0 \tag{1}$$
$$d = w\pi - r \tag{2}$$

式中,M 表示人口迁移数量,d 表示城乡预期收入差异,$M = f(d)$ 表示人口流动是预期收入差异的增函数,$f' > 0$ 表示城市就业概率,w 表示城市实际收入,r 表示农村平均实际收入。

方程(1)表示,劳动力选择留在农村还是迁移到城市,是同城乡预期收入差异有关的,预期收入差异越大,迁移到城市的动机越强,流入城市的人口越多。方程(2)表示城乡预期收入差距是由实际的城乡收入差距和城市的就业概率这两个变量相互作用决定的。托达罗模型的基本结论是:如果城乡实际收入差异过大,则就业概率对人口迁移的影响将会较弱,迁移速度将会超过城市现代部门就业岗位增长速率,从而出现严重的城市失业问题。其相应政策含义是:取消一切人为扩大城乡实际收入差距的政策和措施,如最低工资保障、城市工资补贴等,这是由于人为地扩大城乡实际收入差异,会引致更多的剩余劳动力进入城市,使城市的失业率更高;应当重视农业和农村的发展,鼓励农村的综合开发,扩大农村的就业机会,以缩小城乡就业之间的不平衡,从而缓解农村人口向城市的流动。①

(二) 区域非均衡增长理论

从空间结构的角度看,城市与农村实际上也是两大区域。在西方经济学中,围绕着区域之间是均衡增长还是非均衡增长,也有不同的观点与争论。这些理论,同样可以用来分析城市与农村的发展关系。

在区域非均衡增长理论中,首先必须提到佩鲁的"增长极"理论。增长极理论是法国经济学家佛朗索瓦·佩鲁于 1950 年在《经济空间:理论与应用》一文中首次提出,以后又经过 L. 罗德文和麦克文不断完善。所谓增长极,即是指相关产业的空间聚集体。具体而言,是指推进型产业或企业,这些产业在增加产出或购买产品和服务时,能够增加另外一个或几个产业的产出水平及其购买能

---

① 托达罗. 第三世界的经济发展[M]. 北京:中国人民大学出版社,1991.

力。① 沿着这个思路进一步分析，增长极最后实际上就成长为城市，在空间上与农村对立。城市在其形成阶段，主要产生聚集效应，吸纳大量农村人口及其他资源进入城市，从而起着扩大城乡差距的作用。但是，当城市发展到成熟阶段后，聚集效应就转变为扩散效应或辐射效应，带动农村地区发展，最终实现城乡一体化发展。

冈纳·缪尔达尔的"累积循环因果理论"也认为区域之间存在着非均衡发展的必然性。该理论认为，在一个国家的发展过程中，如果某个区域因为某种原因而先发展起来，那么，它就具有逐渐积累起来的优势，这种优势将造成区域发展差距，并且长期保持。以此而言，一个地区的发展，往往是以其他地区的落后为代价的。纳克斯的"贫困恶性循环理论"与此基本相同。这种理论显然对城乡差距的发展前景持悲观态度。

赫希曼是非均衡发展的另一个代表人物。他认为："经济进步不可能在任何地方同时出现，而且它一旦出现，强有力的因素必然使经济增长集中在起点附近发生。"这样，经济增长在空间上必然是非均衡的。② 具体表现为城市与农村的非均衡发展，即发展差距的存在。

弗里德曼的"核心—外围理论"则从另外的视角推演出区域非均衡发展的结论。该理论认为，整个经济空间系统由核心区和外围区组成。其中，前者处于支配地位，而后者处于依附地位。核心区通过支配效应、信息效应、心理效应、现代化效应、链锁效应和生产效应不断巩固和强化自己的支配地位，从而使区域发展差距进一步扩大。按此分析，城乡两大区域的发展差距前景同样不容乐观。

罗森斯坦·罗丹的"大推进理论"一般被看作是区域均衡增长理论的代表。该理论从经济的不可分性（社会固定资本的不可分性、储蓄的不可分性和需求的不可分性）出发，认为各个产业之间必须同时按同一比例进行全面大规模的投资，整个国民经济才能协调和均衡增长。如果按此逻辑推理，必然会得出工业与农业、城市与农村的均衡发展。但是可惜的是，在这一理论中，仅仅把经济发展看作是工业化，认为农业并不重要。因此，从工农城乡关系的视角看，这一理论仍然应该被归于非均衡增长理论之中。

需要注意的是，在上述各种理论中，区域非均衡增长都是在纯粹自发的市

---

① 安虎森.区域经济学通论[M].北京：经济科学出版社，2004：236-238.
② 艾伯特·赫希曼.经济发展战略[M].北京：经济科学出版社，1991：166.

场经济环境中形成和演进的,政府没有发挥任何形式的干预作用。这一假设显然与现代市场经济不甚吻合,因而,区域之间、城乡之间不可能永远保持非均衡发展状态。

(三)城市的功能与结构理论

已故著名澳籍华裔经济学家杨小凯的城市理论,对于我们认识城乡关系具有重要的启发与借鉴价值。杨小凯是在新兴古典经济学的框架下分析城市的产生的。在他看来,由于存在社会分工,于是产生了交易和交易费用。为了提高交易效率,降低交易费用,就需要缩短交易距离,于是,更多的人集中在一起,进行生产和生活,这样,就出现了城市。① 随着专业交易商和交易部门的出现,也就出现了交易的分层结构,亦即在城市内部和城市之间出现了进一步的分工。在此基础上,形成了城市的等级结构,出现了从大到小的金字塔式的城市体系。当然,在城市之外,还要有大量农村,作为城市的经济腹地。于是,就形成了合理的经济空间结构。可见,杨小凯对城市产生和其功能的分析,仍然是以节约资源、提高资源配置效率为宗旨,以社会分工为逻辑起点而展开的,这在本质上和马克思主义以及西方经济学对城市的分析是相通的。

(四)对中国工业化与城市化的研究

中国作为最大的发展中国家,自然会引起西方经济学界的广泛关注,成为学者的研究对象。特别是改革开放以来,中国经济高速发展,更是引起他们的浓厚兴趣,有一批西方经济学家在这一领域取得了重要成果。其中以诺奖得主福格尔和约翰逊等学者为代表,对中国的城市化和城乡差距问题,给予了长期而广泛的关注与研究,他们多次来华考察,出版和发表了一大批论著,提出了许多有价值的观点。例如,约翰逊教授认为:"世界上任何地方、任何时候发生的改革,都不能与中国农村改革的成功相媲美。""但是,在取得巨大成功的同时,农村改革也存在许多明显的缺陷。""中国在未来一段时间内必须完成的变革,比已经完成的更为困难。过去的改革在提高农村和城市居民的人均收入方面是非常成功的。然而,改革初期业已存在的城市和农村居民收入之间的巨大差距缩小很少,甚至完全没有缩小。缩小该差距需要持续而稳定地减少从事农业生产的劳动力。要实现这一调整,同时维持农业产出的增长,使之大致等于需

---

① 杨小凯. 经济学——新型古典与古典框架[M]. 北京:社会科学文献出版社,2003:287 - 290.

求的增长,就必须加大对农业的投资,尤其是对农业科研的投资和替代劳动力的投资。""农民的福利不仅取决于他们拥有多少资源(包括人力的、物质的和金融的),还取决于要素市场的运作状况(包括劳动、土地和资本市场)。"①

联合国开发计划署(UNDP)、美国国际共和研究所和挪威城市与区域研究所的一大批学者,也对中国的农村改革与发展问题给予了长期而持续的关注,从20世纪90年代起,他们与中国(海南)改革发展研究院合作,举办了数十次国际研讨会,发表和出版了一批重要的研究成果,在学术界产生了广泛影响,并对国家决策发挥了重要作用。②

综上所述,西方学者的城乡关系思想也有重要的参考价值,但是我们不可以完全照搬,而要走出一条有中国特色的城乡一体化发展道路。

四、国内学者的城乡关系理论

长期以来,我国国内学者对城乡关系问题高度重视,全国学术界对这一问题进行了全面深入的研究,研究成果汗牛充栋,学者们提出了许多重要思想与观点。代表性人物有:张培刚、费孝通、杜润生、陆学艺、韩俊、陈锡文、厉以宁、温铁军、秦晖、刘纯彬、舟莲村等。

(一) 工农城乡关系与二元结构

张培刚被认为是发展经济学的奠基人之一,他于20世纪40年代中期在哈佛大学完成的博士论文《农业与工业化》,早于刘易斯等人,比较系统地研究了农业国的工业化道路问题。与刘易斯等人的依靠牺牲农业来发展工业的思想不同,张培刚主张把农业作为整个国民经济和产业体系的一个重要组成部分,要把农业和工业作为一个整体来发展。在当时的背景下,这种观点诚属难能可贵。由于历史的原因,张培刚的这些思想并没有被国内经济学界及时接受和传

---

① D.盖尔.约翰逊.经济发展中的农业、农村、农民问题[M].北京:经济科学出版社,2004:7-8.
② 迟福林.中国农民的期盼——长期而有保障的土地使用权[M].北京:中国经济出版社,1999;走入21世纪的中国农村土地制度改革[M].北京:中国经济出版社,2000;把土地使用权真正交给农民[M].北京:中国经济出版社,2002;强农.惠农——新阶段的中国农村改革[M].北京:中国经济出版社,2008.

播,直到改革开放以后,才广为人知,由此也给他带来了巨大的声誉。①

在国内,刘纯彬早在1988年就提出了我国二元社会结构的概念。与二元经济结构不同,二元社会结构的含义主要是指在城乡户口划分的制度下,我国城镇居民与农民所具有的不平等社会地位和待遇,农民远远低于城镇居民。②

1988年,跟随费孝通在苏南地区调查小城镇建设问题的张雨林,在《社会学研究》第5期上,发表了《论城乡一体化》一文,比较系统地论述了城乡一体化的必要性与含义。尽管其分析不尽全面,但却是国内较早明确提出城乡一体化概念和趋势的学者。

费孝通毕生致力于中国的工业化、城镇化和三农问题研究,他自谓志在富民,把中国城乡发展的道路作为其一生的研究课题。作为一个社会学家,他博采社会学、经济学、人类学和生态学等学科知识,集理论研究与对策建议于一体,研究如何实现城乡一体化发展,让农民富裕。早在20世纪30年代,费孝通便以《江村经济》而声誉鹊起。改革开放以来,费孝通更是老当益壮,调研足迹遍布全国,总结全国各地的农村发展模式,从中总结经验,发现问题,提出对策。尤以对乡镇企业、小城镇、苏南模式和珠江模式等问题的研究产生了巨大而深远的影响。③

舟莲村较早以大量数字和事实,揭示了几十年来我国农民在经济、文化、医疗卫生、升学就业等方面的不平等待遇,读后令人感到无可辩驳,心灵受到很大震撼。④

陆学艺也是一个社会学家,长期研究我国三农问题。2000年,他撰文认为,从20世纪50年代以后,我国逐步形成了一套城乡分割的二元体制,几十年来逐渐固定化,加上有户籍、身份制作为划分标准,就形成了"城乡分治,一国两策"的格局。这种社会结构严重阻碍着我国的改革与发展,必须考虑走出这种格局,在三农之外,寻找解决三农问题的道路。⑤ 其后,以陆学艺为首的课题组,推出了《当代中国社会阶层研究报告》和《当代中国社会流动》两部著作,对包括农民在内的当代中国不同利益群体的关系进行了深入剖析。这些观点尽管

---

① 张培刚.农业与工业化[M].武汉:华中科技大学出版社,1988.
② 刘纯彬.我国各种社会弊病的根子在哪里[N].世界经济导报,1988-6-6.
③ 费孝通.中国乡村考察报告:志在富民[M].上海:上海人民出版社,2004.
④ 舟莲村.谈农民的不平等地位[J].社会,1988(9).
⑤ 陆学艺."三农论"——当代中国农业、农村、农民研究[M].北京:社会科学文献出版社,2002:234-242.

受到某些批评和指责,但是,他们敢于直面现实,揭露问题和矛盾,给人们以极大的启示。

杜润生毕生从事三农研究与领导工作,非常熟悉我国三农问题的形成过程与原因,尤其是在改革开放以来,在推动农村改革过程中,贡献卓著。2001年以来,他在给农民以国民待遇、工业反哺农业、免除农业税、统筹城乡发展、发展小城镇和建设新农村等方面,提出了许多宝贵的见解和建议。[1]

陈锡文同样长期从事我国三农问题的研究和政策制定工作,他对我国的城乡差距有深刻见解。据他测算,考虑到城乡居民在社会保障等方面的差距,我国的城乡居民收入差距可达7倍左右。他着重从资源配置的不平等角度分析了城乡差距的形成原因与解决对策。[2]

韩俊也是一位长期从事我国三农问题研究和政策制定的学者,他深谙我国三农问题的现状和成因,据此提出了许多政策建议,对国家决策产生了重要影响。近年来,更以苏州市为基地,总结城乡一体化发展道路,形成和提出了一些重要观点。[3]

厉以宁从城乡二元体制变革角度分析了我国城乡二元结构的形成、一体化发展中存在的问题与解决对策。他认为,我国从宋朝开始,就已经有了城乡二元结构,但是没有二元体制,后者是20世纪50年代后期才建立起来的。要进一步解放思想,朝着城乡一体化目标前进,把统筹城乡综合配套改革作为国家战略,大力支持试验区大胆闯,大胆试。[4]

温铁军是我国著名的"三农"问题专家,他从理论和政策层面全面系统地分析了我国城乡关系的来龙去脉,提出了自己的解决思路,其中有许多真知灼见,引起广泛关注。[5]

李昌平曾因在1998年向朱镕基总理写信反映农民负担过重问题而为世人所知。他依据自己担任农村基层领导的切身体会,做出了"现在农民真苦,农村真穷,农业真危险"的判断。其后他尽管命运多舛,但是始终矢志不移,依然研

---

[1] 杜润生.杜润生改革论集[M].北京:中国发展出版社,2008.
[2] 陈锡文.陈锡文改革论集[M].北京:中国发展出版社,2008.
[3] 韩俊等.城乡一体化的苏州实践与创新[M].北京:中国发展出版社,2013.
[4] 厉以宁.论城乡二元体制[J].北京大学学报,2008(3);走向城乡一体化:建国60年城乡体制的变革[J].北京大学学报,2009(6).
[5] 温铁军.三农问题与世纪反思[M].北京:生活·读书·新知书店,2005.

究三农问题,提出了许多有价值的观点。①

秦晖以一个历史学家的功底和视角,剖析了中国农民问题的由来和前景,并对农村土地制度改革、农民流动、乡镇企业、城市化、农民负担等问题,提出了自己的看法,有些观点振聋发聩。②

权衡从收入分配与收入流动的视角,研究了中国城乡关系的固化特征,提出了促进城乡关系向合理方向变革的思路与对策。

陈桂棣、春桃夫妇的《中国农民调查》和《民怨》等书,以某农业大省为例,用半文学作品的形式,向人们展示了中国三农问题的状况,出版后虽然招致了一些批评和质疑,但是从整体上看,还是基本真实的。与其他那些理论性论著相比,更有助于人们从直观上了解三农问题的严重性。

最近几年,国家社科基金项目曾经批准资助了与此相关的一些课题,包括白永秀的"西部地区形成城乡经济社会一体化新格局的战略研究",余茂辉的"中部地区形成城乡经济社会发展一体化格局的战略研究",钱文荣的"'十二五'时期调整城乡结构与推进城镇化研究",刘先江的"马克思恩格斯'城乡融合'理论与当代中国城乡和谐发展研究",陈萍的"城乡一体化进程中的新型城乡形态关系研究",林万龙的"城乡一体化过程中农村公共产品供给机制与政策研究",李霞的"西部地区新型城乡形态动态变化跟踪研究",郭俊华的"西部地区统筹城乡经济一体化的类型分析与经验研究",等等。这些项目都有一批成果相继出版和发表。

此外,还有一大批学者,以工业化、城市化、农民工等问题为研究对象,从不同的角度、范围,运用不同的材料和数据,对我国的工农城乡二元经济和社会结构,进行了深入分析,在此不再一一列举。③

(二)城乡一体化发展的内涵与目标

进入21世纪以来,随着统筹城乡发展和城乡一体化思想的提出,有许多学者提出了城乡一体化发展的含义。

---

① 李昌平.我向总理说实话[M].北京:光明日报出版社,2002.
② 秦晖.农民中国:历史反思与现实选择[M].郑州:河南人民出版社,2003.
③ 陈甬军,等.中国城市化:实证分析与对策研究[M].厦门:厦门大学出版社,2002;李培林.农民工:中国进城农民工的经济社会分析[M].北京:社会科学文献出版社,2003;曹锦清.黄河边的中国[M].上海:上海文艺出版社,2003;钱文荣,等.转型时期的农民工:长江三角洲十六城农民工市民化问题调查[M].北京:中国社会科学出版社,2007.

陈锡文系统分析了我国城乡一体化发展的战略构想,他认为,要把形成城乡一体化新格局作为根本要求,建立以工促农、以城带乡的长效机制,使城市的资金、技术、人才等各种要素都向农村倾斜、覆盖,这才是统筹城乡发展。统筹城乡发展的最终目标是实现现代化。①

韩俊认为,统筹城乡经济社会发展,就是要统筹推进工业化、城镇化和农业农村现代化,促进公共资源在城乡之间均衡配置、生产要素在城乡之间自由流动,推动城乡经济社会发展融合,加快建立以工促农、以城带乡长效机制。从根本上讲,统筹城乡经济社会发展就是要破除城乡二元结构,公平对待农民,使农民获得平等的教育、就业、公共服务和社会保障等权益,提高农民的社会地位,让农民平等参与现代化进程,共享改革发展成果。②

邹军等首先提出城乡一体化是当生产力发展到一定水平的时候,充分发挥城市和乡村各自的优势和作用,城市和农村成为一个相互依存、相互促进的整体,城乡的劳动力、技术、资金、资源等生产要素在一定范围内进行合理有效流动与组合,生态协调,环境优雅,人们享有充分的、自由的城乡良性互动的和谐社会。

袁以星、冯小敏等学者认为城乡一体化是将郊区建设成与中心城市经济规模和综合实力相适应的、布局结构合理的、功能齐全的、多心多层的、组团式的都市城镇体系,是一个现代交通网络、和谐生态环境以及城乡共同繁荣、富裕、文明的形成过程。

陈雯从城乡体制、经济、社会以及空间等方面研究了城乡一体化的内涵,认为城乡一体化是一个长期渐进的过程,在一定发展阶段之前城乡差距会存在,需统筹城乡发展,以城乡互动为前提,加强中心城市的带动作用,实现城乡各个方面的协调发展。③

姜作培提出城乡一体化包括制度一体化、经济一体化、社会一体化、市场一体化、人口一体化、空间一体化和生态一体化等科学内涵。

薛雪提出城乡一体化应包括以下几方面的内涵:城乡一体化最终目标是实现城乡共同繁荣与均衡发展,城乡的互动与互融发展应是全面可持续的,应该以动态的视角看待城乡一体化发展的进程。④

---

① 陈锡文.当前农村改革发展的形势和总体思路[J].浙江大学学报,2009(4):10.
② 韩俊.中国城乡关系演变60年:回顾与展望[J].改革,2009(11).
③ 陈雯.关于"城乡一体化"内涵的讨论[J].现代经济探讨,2003(5):22-25.
④ 薛雪.城乡一体化的科学内涵[J].科技智囊,2009(3):57-58.

李岳云认为城乡一体化的内涵主要包括城乡关系一体化、城乡生产要素配置一体化、城乡经济社会发展一体化三个方面,并认为城乡一体化就是打破城乡相互分割的状态,实现生产要素的合理流动和相互融合,使生产力在城乡间均衡配置,最终实现城乡差别的消失与城乡互融的目标。①

何冬妮等认为城乡一体化的内涵丰富,涉及范围广,推进城乡发展一体化需在政府主导下着力破解"三农"问题,并且城乡发展一体化并不是放弃以农户家庭为主体的农业经营方式,城乡发展一体化也不等于城乡一样化。②

白永秀等根据学术界的观点,提出了对城乡一体化内涵的再认识,认为它是一种以工促农、以城带乡、工农互惠、城乡一体的新型城乡关系。

张振国等认为,城乡一体化发展的近期目标是加快城乡经济融合和一体化步伐,长期目标则是按照以工补农、以城带乡的方略,努力使城乡居民学有所教、劳有所得、病有所医、老有所养、住有所居,建立城乡协调发展的和谐社会。③

(三)城乡一体化发展水平的评价与测度

对城乡一体化评价与测度指标的研究基本分为两类:综合指标法与单项指标法。

综合指标法是将城乡一体化看作是多层次、众领域的融合过程,从经济、生活、社会、生态以及政治方面进行指标构建。按这种方法构建的指标可以全面、系统地反映城乡一体化的发展程度,并运用主成分法、层次分析法等实证方法进行综合评价。目前使用综合指标法对城乡一体化进行研究的学者主要有:徐明华等基于城乡一体化与工业化、城市化的内涵构建了综合指标体系,选取了包括人均 GDP、城乡居民收入、非农产业比重、城镇化率、非农人口比例等指标来测算浙江省城乡一体化的发展状况。④ 曹明霞、包宗顺通过选取经济、社会、文化、生态等方面的主要指标,基于层次分析法对苏州的城乡一体化水平进行了测算,并给出了分析与建议。⑤ 白永秀等人构建了城乡一体化综合指标体系,对重庆市、陕西省的城乡一体化发展进程和水平进行了评估,其方法与结果颇

---

① 李岳云.城乡一体化的框架体系与基本思路[J].江苏农村经济,2010(2):32-34.
② 何冬妮,张飞.关于城乡发展一体化的研究综述[N].人民日报,2010-12-05.
③ 课题组.城乡一体化建设及其财税政策研究[J].农村财政与财务,2010(2):35.
④ 徐明华,白小虎.浙江省城乡一体化发展现状的评估结果及其政策含义[J].浙江社会科学,2005(2):47-55.
⑤ 曹明霞,包宗顺.苏州城乡一体化进程测算与分析[J].农业现代化研究,2010,31(4):451-452.

有学术和应用价值。①

单项指标法则是利用大部分指标间的内在因果关系,选择具有高精度性与解释性的指标对城乡一体化发展状况进行研究与论述,这种方法不直接反映城乡一体化的发展水平。例如,唐国芬选取城镇化率、二元对比系数、城乡居民收入差异系数与城乡居民恩格尔差异系数作为衡量城乡一体化发展状况的指标,对西部与东部的城乡一体化发展水平进行比较,找出西部落后于东部的原因并提出相关对策。②陈俊峰、宋雨洁根据各项主要指标间存在的因果关系,选择关键指标对安徽省城乡一体化发展水平进行实证分析,通过二元对比系数、城镇化率、城乡居民恩格尔系数差异度、收入差异系数四个指标来进行一体化水平的测度。③

（四）城乡一体化发展的实现机制

方辉振提出,政府是统筹城乡发展的主体,城乡经济社会发展一体化新格局的形成机理不仅是以市场为导向、以城乡要素自由流动转换为条件、以工业化城市化为基础的聚集扩散机制发生作用的自然产物,而且是以政府为主导、以建立城乡均衡决策机制为条件、以规划政策制度为手段的统筹协调机制发挥作用的自觉结果。④

许经勇也认为,要从根本上解决我国的"三农"问题,必须彻底破除由政府设置的城乡二元结构体制。而要实现这个目标,从现在起,就要着力加大统筹城乡发展的力度,逐步转变政府职能以及把城镇化的重点放在促进农民工转变为市民上。在这一过程中,其绩效如何,相当程度上取决于政府的意愿及其所采取的政策的力度。政府始终发挥着主导的作用。⑤

---

① 白永秀,等.2000—2011年重庆市城乡发展一体化水平分析[C]//.区域经济论丛(13).北京:中国经济出版社,2013.
② 唐国芬.我国西部城乡一体化与东部的差距——以重庆和上海为例[J].重庆工商大学学报(西部论坛),2007,17(2):85-87.
③ 陈俊峰,宋雨洁.安徽省城乡一体化现状与发展路径研究[J].华东经济管理,2012,26(2):38-39.
④ 方辉振.城乡经济社会发展一体化新格局的形成机理研究[J].经济体制改革,2010(1):137.
⑤ 许经勇.政府是化解我国"三农"难题、统筹城乡发展的主体[J].广西经济管理干部学院学报,2012(2):61.

(五) 城乡一体化发展的条件

吴伟年从城乡间基础设施一体化、城乡市场融合、合理的城乡职能分工以及经济社会的可持续发展等方面研究了城乡一体化的实现条件,认为上述方面是实现城乡一体化的重要条件,同时也是衡量城乡关系是否统筹的重要因素。①

李才认为,城乡一体化是一项深刻的社会变革,涉及思想观念、政策措施、增长方式、产业布局与利益关系等各个方面,主张从加强农村基础设施建设、加强生态环境保护、继续加大公共财政的投资力度等方面来推进城乡一体化的条件构建。②

赵群毅基于新时期城乡一体化规划的特点,从主体与边界、阶段与模式、非农化的实现形式、经济与社会协调发展、制度创新的方向等几个方面来探讨城乡一体化发展的实现条件。③

(六) 区域城乡一体化发展模式研究

广大学者对近年全国各地出现的一些城乡一体化发展道路与模式进行了总结、概括和比较。主要有成都模式、嘉兴模式、重庆模式、天津模式、城阳模式、涉县模式、鄂州模式和诸城模式等。其中既有对这些模式的分别研究,也有对它们的比较研究,包括它们的共同点与特点。这些研究对于全面认识我国不同发展水平的地区的城乡一体化发展道路具有重要意义。④

(七) 对"苏南模式"和"苏州道路"的研究

改革开放以来,以苏州、无锡和常州为主要代表的发展道路,被概括为"苏南模式"。围绕着"苏南模式",全国出现了大批研究成果,进入20世纪90年

---

① 吴伟年. 城乡一体化的动力机制与对策思路——以浙江省金华市为例[J]. 世界地理研究,2002(4):46-53.

② 李才. 对实现我国城乡一体化战略的思考[J]. 安徽农业科学,2009,37(6):2758-2760.

③ 赵群毅. 城乡关系的战略转型与新时期城乡一体化规划探讨[J]. 城市规划学刊,2009(6):48-50.

④ 李伟. 关于城乡一体化问题研究综述[J]. 经济研究参考,2010(42);王新志. 加快县域经济发展,推动城乡一体化进程[J]. 中国农村经济,2010(1);康胜. 城乡一体化:浙江的演进特征与路径模式[J]. 农业经济问题,2010(6);张天龙. 天津市城乡一体化发展存在的问题[J]. 农业经济问题,2010(6);嘉兴市统计局课题组. 统筹城乡发展中"嘉兴模式"研究[J]. 调研世界,2010(7);徐同文. 城乡一体化体制对策研究[M]. 北京:人民出版社,2012.

代,随着苏南乡镇企业的改制,"苏南模式"发生嬗变,于是又出现了"新苏南模式",广大学者对于苏州等市的发展动向进行了长期跟踪研究,成果颇丰。其中许多人来自基层第一线,偏重于对具体实践经验的总结与描述,而缺少理论层面的分析。

韩俊长期关注苏州市的农村改革与发展进程,特别是城乡一体化发展进程,他多次深入苏州市下辖的常熟市、太仓市和吴中区等地进行调研,领衔或与苏州市的专家学者合作,发表和出版了一批论著,系统总结了苏州市城乡一体化的发展经验。他认为,苏州统筹城乡发展、整体推进新农村建设的经验可以概括为以下六个方面:一是建立三次产业协调发展机制,加强农业深度开发,强化农业的基础地位;二是建立城乡统筹就业机制,把鼓励农民创业作为富民的根本途径,推动城乡就业服务体系和劳动力市场一体化;三是建立覆盖城乡的公共财政体制,实现农村"三大保障"全覆盖,推动城乡基本公共服务均等化;四是建立城乡改革协同推进机制,推进农村制度创新,赋予"苏南模式"新的内涵;五是建立县域经济、小城镇和新农村协调发展机制,实现城镇化与新农村建设的"双轮驱动";六是建立城乡规划统筹机制,使全市呈现出以城市群为主体,新农村为基础的城乡新格局。同时,他认为,苏州市的许多发展条件是全国很多地区无法比拟的,其他地区不能简单复制苏州市的做法,但是苏州市在统筹城乡发展方面的理念和创造的好经验,对各地加快新农村建设具有重要的借鉴价值。①

温铁军也把苏州市的城乡一体化发展纳入他的研究视野。他和他的研究团队历经四载寒暑、六番调研、八次易稿,完成了《解读苏南》一书,在这本论著中,他们以工业化中的资本积累为线索,以地方政府公司主义为理论指导,系统分析了以苏州市为主要代表的苏南地区从20世纪80年代的乡镇企业兴起到21世纪初的开放性经济大发展的整个过程,整个立论客观公允,其中不乏褒奖之处,同时也对这种发展模式的可持续性表示怀疑。特别是他们深入苏州市的蒋巷村、永联村等村镇,进行案例分析,使得研究结论更加具有说服力。

王卫星通过对苏州市的实地调研,系统地梳理了苏州市城乡一体化发展的经验,并结合现状探析了苏州市城乡一体化所存在的制约因素,提出相应对策。他认为,苏州市城乡一体化值得其他地区借鉴的经验主要有:发展新型农村集

---

① 王荣,韩俊,等.苏州农村改革30年[M].上海:上海远东出版社,2007;韩俊.苏州统筹城乡发展经验[J].中国改革论坛,2010(6):13.

体经济、注重社会保障与民生改善、创新支农与土地利用机制等,但同时指出,苏州市城乡一体化的问题主要体现在土地瓶颈、资金制约、基层管理与法制体制的不完善等方面,最后给出了相关对策与建议。①

李湛分析了苏州市在城乡一体化进程中采取的各项措施,对其率先采取的创新性实践加以总结。他认为苏州市取得的成绩主要基于"三大机制"的创新,即构建城乡居民共富机制,使农民市民化、增收长效化与公共服务均等化;城乡社会和谐机制,通过改革管理体制使城乡对接;城乡产业融合机制,通过深化农村金融体制改革与建立农村生态补偿机制,推进三次产业协调发展。②

最近几年,苏州市在城乡一体化发展各方面的经验引起了全国的广泛关注和研究。例如,苏州市在全国率先实现了城乡社会保障制度的接轨,国家人保部社会保障研究所对此进行了深入调研,于2013年5月推出了《苏州市社会保障发展报告》,认为苏州市的经验在于,一是财政投入不断加大;二是制度创新敢为天下先;三是高度重视涉农群体;四是勇于突破城乡居民身份界限。

江苏省内对"苏南模式"的研究成果更多。沈立人对苏南模式进行了不懈的研究,笔耕不辍,见解深刻,颇见功力。洪银兴把"苏南模式"放在发展中国特色社会主义的框架下,探索其演进轨迹及理论和实践意义,并提出了"新苏南模式"概念。顾松年提出要用改革创新的观念来探讨研究新苏南模式。曹宝明等人也探讨了新苏南模式的演进历程与路径。徐元明等深入研究了苏南地区的乡镇企业改制问题和农民收入问题。包宗顺分析了包括苏州市在内的苏南地区在城乡一体化发展方面的问题,提出了许多富有前沿性的建议。他认为目前苏州市主要面临着资金制约、周转用地指标落实难以及农村产权制度缺失等方面的问题,并从优化城乡规划、建设农村产权制度以及改革基础管理体制等方面提出对策。③还有许多专家的研究成果,对于认识苏州市的发展道路,具有重要的参考和借鉴价值,在此不再一一列举。④

苏州市内大专院校、社科界的专家学者,更是长期关注和研究苏州市的城

---

① 王卫星.对城乡一体化发展模式的思考——苏州市城乡一体化发展调研报告[J].中国软科学,2009(12):25-30.

② 李湛.苏州城乡一体化改革发展的探索与实践[J].宏观经济管理,2011(1):68-69.

③ 包宗顺.苏南城乡一体化发展:现状、制约与对策[J].江苏大学学报(社会科学版),2011,13(1):79-83.

④ 洪银兴.苏南模式的演进和发展中国特色社会主义的成功实践[J].经济学动态,2006(12);顾松年.用改革创新观探研新苏南模式[J].现代经济探讨,2006(12);曹宝明,等."新苏南模式"的演进历程与路径分析[J].中国农村经济,2006(2).

乡一体化发展进程,从20世纪80年代开始,出版和发表了大量的专著与论文,从各个角度和层面,全方位地总结了苏州市的发展经验、问题、对策和前景。其中,陈俊梁基于苏州市在城乡一体化方面取得的显著成绩,研究了以"三置换、三集中、三合作、三统筹"为主要特征的"苏州模式",认为"苏州模式"较好地解决了城乡关系,正确地处理了政府与农民的关系,在实现农民市民化的进程中确保了农民的发展权与保障权。但他同时指出,"苏州模式"需要具有现代公民意识的农民作为基础、经济与财政实力作为后盾,因此其他地区应该因地制宜地借鉴"苏州模式"。①

尤其值得指出的是,苏州市的一些老领导和专家,见证了苏州市的整个发展历程,对于苏州怀有深厚的感情,通过苏州市经济学会和苏州市农村经济学会主办的《苏州经济论坛》与《苏州农村通讯》两个内部刊物及其他刊物,发表了大量关于苏州市城乡一体化发展道路研究的成果,其真知灼见,令人钦佩。这些老领导和专家有:戴心思、蒋宏坤、孟焕民、陆咸、李雪根、陶若伦、徐伟荣、张树成、唐凤元、赵洪生、张三林、邹家祥,等等。由于他们长期工作和生活在苏州,对苏州市的发展更有切身感受,因而对问题把握更加准确,结论也更可信。当然,由于同样的原因,也难免有"不识庐山真面目,只缘身在此山中"的局限性。②

综上所述,国内广大专家学者的成果是我们研究的基础。但是,"苏州道路"毕竟刚刚形成,对它的研究也才开始,因此还有很大的研究空间,有待深入开拓和挖掘。本书就是试图从实践和理论两个层面,系统总结"苏州道路"的创新经验与成果。

---

① 陈俊梁.城乡一体化发展的"苏州模式"研究[J].调研世界,2010(7):36-38.
② 课题组.苏州之路:"两个率先"的实践与思考[M].苏州:苏州大学出版社,2006;王荣.苏州精神:"三大法宝"的价值与升华[M].苏州:苏州大学出版社,2008;苏州市吴中区委农工办.农民·股民:股份合作改革吴中创新[M].苏州:古吴轩出版社,2011;万解秋.政府推动与经济发展:苏南模式的理论思考[M].上海:复旦大学出版社,1994;记者.再做探路排头兵——苏州推进城乡一体化的创新实践[N].人民日报,2010-8-1;王晓宏,等.历史性的新跨越——关注苏州市城乡一体化发展综合配套改革[N].苏州日报,2010-6-2;沈石声.苏州市城乡一体化发展的实践与启示[J].苏州农村通讯,2009(5);张树成.昆山市加快推进城乡一体化的探索与实践[J].上海农村经济,2010(2);陈启元,等.苏州市新区城乡一体化发展的实践与思考[J].苏州农村通讯,2010(3);陈平,等.加快城乡一体化发展的调查与思考[J].苏州农村通讯,2009(3);张觉良,等.践行科学发展观,着力推进城乡经济社会发展一体化[J].苏州农村通讯,2009(4);包宗顺.苏州城乡一体化发展中的几个难题[J].苏州农村通讯,2010(3);陶若伦.对湖桥样本的再思考[J].苏州农村通讯,2013(2).

第二章 苏州市城乡一体化发展的宏观背景

苏州市是全国的一部分,它的城乡一体化发展是在全国城乡关系演变的大背景下进行的。苏州市既是全国城乡关系演变的佼佼者和先行者,同时又是全国城乡关系演变的缩影。因此,为了准确理解和把握全国和苏州市城乡一体化发展的动因与必然性,就必须对新中国成立以来我国城乡关系演变的宏观背景有所了解。

一、我国城乡关系的演进轨迹[①]

新中国成立以来,我国城乡关系经历了一个复杂的演变过程。回顾这个过程,可以发现,其演进轨迹包括以下几个阶段:

(一) 1949—1978 年:城乡差距扩大

1949 年,新中国成立时,我国的城市化水平仅为 10.64%,是一个名副其实的农业与农村社会。这时,我国也存在着旧社会遗留下来的城乡差距。从 20 世纪 50 年代开始,我国开展了大规模的工业化与城市化运动,由于战略的失误,举步维艰,一波三折。到 1978 年,城市化水平仅仅达到 17.92%。30 年间,年均提高 0.25 个百分点。期间,城乡差距依然延续,农民人均纯收入从 1949 年的 44 元增长到 1957 年的 73 元,全国农民年末储蓄存款余额从 1953 年的 0.1 亿元增长到 1956 年的 4.3 亿元。在农民收入缓慢增长的同时,城镇居民收入则较快增长,人均收入从 1949 年不足 100 元到 1957 年增长至 254 元,增长了

---

① 夏永祥. 改革30年来我国城乡关系的演变与思考[J]. 苏州大学学报,2008(6).

1.5 倍。① 到 1978 年,城镇居民人均可支配收入为 343.4 元,农民人均纯收入为 133.6 元,二者之比为 2.57∶1。

(二) 1979—1985 年:城乡差距趋向缩小

中共十一届三中全会后,我国开始了双重转型,一是通过改革开放,实现从计划经济体制向市场经济体制的转型;二是通过工业化和城镇化,实现从农业国向工业国、从农村社会向城市社会的转型。作为渐进式改革道路的一个重要特征,我国的改革并不是在城乡之间一下子全面铺开,而是农村改革先行。在经历了一场激烈的争论和博弈之后,始于安徽农村的家庭承包经营制在全国农村得到推广,它的作用在于打破了人民公社体制下生产队内部的平均主义分配格局,理顺了农民之间的分配关系,极大地调动了农民的生产积极性。同时,从 1979 年夏粮上市开始,国家较大幅度地提高了农副产品的收购价格,这实际上理顺了农民与国家及城镇居民之间的分配关系,减少了农业价值向工业与城市流出的数量,同样有利于调动农民的生产积极性。正是在这种双重激励机制下,农业生产得到了超常规增长,农民收入随之迅速提高。而在这一时期,我国工业与城市的经济改革还没有全面推开,城镇居民收入增长较慢。这样,城乡收入差距迅速缩小,到 1985 年,我国农民人均纯收入提高到 397.6 元,而城镇居民人均可支配收入为 739.1 元,二者收入之比缩小到 1.86∶1。

值得注意的是,一方面,在总结这一时期我国农业超常规增长及收入迅速提高的原因时,有人过分夸大了家庭承包经营制的作用,而忽视了农产品价格提高的作用;另一方面,由于受过去几十年计划经济体制下城乡收入差距事实的惯性思维影响,有些非农民利益集团对这一时期农民收入的迅速提高及城乡差距的缩小产生出嫉妒、攀比心理。由此就为 1985 年后"三农"政策的反复及城乡差距的重新扩大埋下了思想认识上的伏笔。

(三) 1986—2002 年:城乡差距急剧扩大

1984 年 9 月召开的中共十二届三中全会,拉开了我国工业与城市大规模改革的序幕,此后,包括工资分配体制在内的经济改革全面推开。到 2002 年,城镇化水平达到 39.1%,平均每年提高近 1 个百分点。但是,在这个过程中,工农

---

① 朱高林,郭学勤. 1949—1956 年中国城乡居民消费水平总体考察[EB/OL]. 当代中国研究所网站,2011.3.29.

差距和城乡差距不仅没有缩小,反而不断扩大,而且速度更快,差距的绝对水平大大超过了改革开放以前。此间,城镇居民收入迅速增加,到2002年,人均可支配收入达到7703元,比1984年增长11.7倍。与此同时,农民收入却在波动中缓慢增长,除过20世纪90年代中期几年内农民收入增长较快外,其余大多数年份都增长缓慢,甚至在1998年后的某些年份,扣除物价上涨指数,农民收入实际上处于负增长状态。到2002年,农民人均纯收入为2476元,比1984年增长6倍。城乡居民收入之比扩大为3.11。据估计,如果考虑到城乡居民在其他社会保障与社会福利等方面的差距,二者的收入之比可能达到7。

还须指出的是,在农民收入增长缓慢的同时,农民负担在这一时期内却迅速加重,以"三提五统两工"①为主要内容的农民负担,直线上升,在个别严重的地方,农民收入甚至不够缴纳上述负担,农民处于整体上的负收入状态。由此也就产生了一些地方因农民负担过重而逼死人命的现象。而这些负担,城镇居民却不用承受。所以,综合考虑收入与负担两方面的差距,我国这一时期的城乡收入差距也就更大。李昌平在给朱镕基总理信中所讲的"农民真苦,农村真穷,农业真危险",就是对这一时期我国"三农"状况的真实写照。

(四) 2003年以来:城乡统筹与协调发展

中共十六大以后,新一届中央领导集体在借鉴国外发展经验教训的基础上,针对我国经济社会发展中存在的问题,提出了科学发展观,强调必须坚持"五个统筹",其中统筹城乡发展居于首位。自此以后,以提高农民收入为中心,从2004年到2008年,中央连续发布五个"一号文件",着力解决"三农"问题。这一期间内,农民收入增长速度加快,但是由于政策效应的滞后性以及原有城乡差距的惯性,城镇居民的收入增长更快。到2009年,农民人均纯收入为5153元,比2002年增长108%;城镇居民人均可支配收入17175元,比2002年增长123%,城乡居民收入之比仍呈进一步扩大态势,达到历史上的最高值3.33。直到2010年,我国城乡差距出现"拐点",城镇居民人均可支配收入达到19109元,农民人均纯收入达到5919元,差距缩小为3.23。2011年,城镇居民人均可支配收入21810元,农民人均纯收入6977元,差距缩小为3.13。2012

---

① "三提"是指村级三项提留,是从农民生产收入中提取的用于村一级维持或扩大再生产、兴办公益事业和日常管理开支费用的总称。包括公积金、公益金和管理费。"五统"是指乡镇合作经济组织依法向所属单位和农户收取的,用于乡村两级办学、计划生育、优抚、民兵训练、修建乡村道路等民办公助事业的款项。此两项收费于2006年取消。"两工"指农村义务工和劳动积累工,此项规定于2003年取消。

年,城乡收入差距进一步缩小到 3.10。即使如此,目前我国的城乡收入差距仍然处于历史高位,大大高于 1978 年改革开放时的差距水平,而且,城乡居民所享受的社会公共服务差距更大。以养老保险为例,据调查,目前我国政府机关和事业单位的养老金中位数,竟然是农民新农合体系下养老金水平的 33 倍。

对于今后城乡居民收入差距的演变趋势,从理论上讲,无非有三种可能:进一步扩大、稳定或趋向缩小。到底走向哪种可能,则取决于国家的政策选择,对此既不应过分乐观,也不应过分悲观。

二、城乡关系的多重失衡

那么,到底是什么因素束缚住了我国工农城乡关系融合的脚步?为什么在国外,工业化和城市化是缩小工农城乡差距的必然途径,而在我国却结出了扩大工农城乡差距的苦果?这其中有许多经验教训值得我们认真汲取。我国城乡关系的失衡表现在许多方面,这些方面互相联系,互相影响,交织为多重失衡。

(一) 产业失衡与空间失衡

农业是国民经济的基础,这是一个尽人皆知的经济学常识,它是由农业的诸多功能所决定的。特别是现代农业,除了具有向城市和工业提供生活资料、市场、劳动力和外汇功能以外,还有为农民提供就业和收入、调节生态、旅游等功能。

但是,由于多种原因,在我国的工业化和城镇化进程中,上述理论并没有完全转化为国家政策。50 多年来,"三农"实际上仅仅承担了为工业化和城镇化提供资金积累的任务,我国走了一条牺牲农业以发展工业、牺牲农村以发展城市的道路。国家对"三农"的剥夺渠道和手段:一是工农业产品价格剪刀差。农产品价格长期低于价值,在与工业品的不等价交换中,农民创造的大量财富转移到工业与城市中去。据匡算,平均每年达 300 亿元以上,如果动态计算,累计可达数万亿元。二是土地征用。在把农村土地由集体所有转变为国家所有的过程中,对农民的补偿标准大大低于其出让收入,由此形成了颇具中国特色的土地财政现象。据统计,仅 1999—2011 年,全国的土地财政收入累计达 13 万亿元,占到地方财政收入的70%以上,形成地方财政对土地出让收入的高度依赖。① 三是农民工。农民工在城市不能享受平等的工资待遇及其他社会福利,所创造的一大部分财富进入城市。国家统计局的数据显示,2012年,全国农民工总量为26 261万人,其中,本地农民工9 925万人,外出农民工16 336万人。年末外出农民工人均月收入2 290元。另据一些典型调查,农民工的月工资从20世纪80年代的1 000元以下,到2012年4月达到2 049元,每个农民工平均每年对城市的贡献为2万元左右。按此匡算,目前我国农民工每年的损失达5万亿元以上。而据《工人日报》2011年的调查,农民工月工资为1 747.87元,城镇职工为3 046.61元,相差1 298.74元,以全国农民工24 223万人计算,年相差37 751.25亿元。②

当然,从一般意义上讲,在任何一个国家的工业化和城市化过程中,都面临着一个资本原始积累问题。由于此前是一个农业经济和乡村社会,因此,在广义上,资本原始积累只能来自于农业与农村。即使在英国,圈地运动也是资本原始积累的重要内容。除此之外,还有贩卖黑奴、殖民贸易、侵略战争等。这些,被马克思斥责为"资本来到世间,就是从头到脚,每个毛孔都滴着血和肮脏的东西"。③但是,在英国,失地农民却被吸纳进工业化和城市化进程中,找到了工作,转变为雇佣劳动者。而且,英国以及其他发达国家的城市化一旦完成,城市就变成了"增长极",其极化效应就逐步转化为扩散和辐射效应,反哺农业与农村,最终实现城乡一体化发展。而在我国,在工业化和城市化进程中,对"三农"的剥夺却持久不断,为世所罕见。这种剥夺不是被作为工业化和城镇化初期阶段的权宜之计和手段,而是本身成为一种目的与既定的利益格局,被长期延续。

正是由于对"三农"的长期剥夺,造成我国长期的产业失衡和空间失衡。具体表现为:在改革开放前,农业长期落后,不能满足全国人民的基本生活需要,也不能支持工业化与城镇化的顺利推进,反而严重制约了它们的进展。在"一五"计划期间,工业化开始启动,大批农民随之进城,马上就产生了粮食供应不足问题,于是国家开始推行粮食统购统销政策。1958年,进一步颁布《户口登记条例》,限制农民进城。在20世纪60年代初期的国民经济调整期间,不得不遣

---

① 记者.全国土地收入13年近13万亿元[N].中国剪报,2012-02-27.
② 马雪松.论我国"不完全城市化"困局的破解途径[J].中国名城,2012(9):18.
③ 马克思.资本论(第1卷)[M].北京:人民出版社,1975:829.

散 2 000 万进城、进厂农民返乡种田。即使如此,还是造成了大量的人口非正常死亡。此后,直到十一届三中全会后的农村改革,农产品供应不足始终是全国人民的心头之痛,温饱问题无法得到很好的解决。20 世纪 80 年代初期中央连续发布 5 个一号文件,集中代表了党和国家对农业及农村政策的调整与改善,极大地促进了农业的发展。直到 1985 年,在历史上破天荒地第一次出现了农产品供过于求、销售难的问题。可惜的是,这一政策并没有延续下去,而是逆转。在不断的反复和波折中徘徊,农业形势也因之时好时坏,基础并不牢固。延至 21 世纪初期,全国粮食产量大幅度下降,不能做到年度平衡和自给,大量动用库存,增加进口。农产品价格随之明显上涨,成为这一时期通货膨胀的重要推动因素,工业和城市不得不品尝自己酿下的苦酒。

农村作为农业的空间载体和农民的栖息之地,在农业的落后背景下,不可避免地落后于城市的发展。如果我们实事求是地到农村去考察,特别是到中西部地区和边远地区的农村去,我们的视觉和心灵都会受到极大的震撼。只有到了农村,才能真正了解中国,知道中国发展的困难与问题所在。于是,也才有了自古以来就是鱼米之乡、富庶之地的江汉平原的乡党委书记李昌平在 1998 年给朱镕基总理的信中对我国"三农"状况的描述:农民真苦,农村真穷,农业真危险。也才有了一位外国驻华大使对我国的描述:中国 = 欧洲 + 非洲。我国城乡发展速度和水平的失衡,是一副极不协调的画面:一方面是城市中的高楼林立,肥胖成为相当一部分城镇居民的烦心之事;另一方面,则是相当一部分农村的茅屋为秋风所破,有数千万农民依然处于贫困状态,不得温饱,营养不良。如此严重的产业失衡与空间失衡,无论如何都是有悖于邓小平的共同富裕设想和构建和谐社会、全面建设小康社会以及实现现代化等宏大发展目标的。

(二) 户口划分与逆城镇化[①]

城市化的主要内容是以人口为龙头的各种生产要素由农村向城市的流动和集中过程,衡量城市化的首要指标,便是城市人口占全社会人口的比重。为了推进城市化,必须允许和鼓励农村人口向城市的流动。但是,根据前面所分

---

① 在国外及国内的一些学者研究文献中,一般使用"城市化"概念,但是在我国党和政府的文件中,一般使用"城镇化"概念。据我们理解,二者的本质和含义是一致的,"城镇化"更多地体现出我国在城市体系构建中,倾向于控制大城市发展、鼓励中小城镇发展的取向。为了与党和政府文件称谓的对接与一致,本书绝大部分地方使用"城镇化"概念,只有在个别地方,出于语境的考虑,才使用"城市化"概念。

析的农业发展水平所决定的农业剩余产品的多寡制约着工业化和城市化水平的原理,农村人口向城镇的流动速度和数量,必须与农业的发展水平和承载力相适应。这也就是马克思与恩格斯所分析和揭示的:超过劳动者个人需要的农业劳动生产率是一切社会分工和发展的基础;农业劳动生产率制约着农业和工业之间社会分工的发展程度;农业劳动生产率决定着农业人口向城市和非农产业转移的速度与规模。同样,在费景汉和拉尼斯对刘易斯人口流动模型的补充与发展中,也特别强调了农业发展水平对农村人口流入城市的制约作用。据此,在政府面临由于农产品供应不足的制约时,正确的政策选择应该是调整工业化和城镇化战略,采取切实有效的政策,扶持农业发展,一方面提高农业剩余产品数量,为今后的农村人口流入城市提供充足的生活资料;另一方面,农业的发展,会使农民收入增加,城乡居民收入和生活水平差距缩小,从而进城的动力和欲望下降,流动人口减少,通过这种供给和需求两方面的调节,经过一段时间,例如3～5年的运行之后,产业结构和空间结构就必然趋于合理,工业化和城市化也就会步入良性发展轨道。

在新中国成立之初,继承了旧社会遗留下来的工农差距与城乡差距,政府的政策应该是缩小差距,而不是进一步扩大差距。当时,有些有识之士,例如梁漱溟等人,吁请国家重视和控制城乡收入差距。在当时的背景下,这一建议并没有得到采纳,反倒招致严厉批评。① 这样,我国的工农城乡差距就继续沿着扩大的轨迹在向前运行。但是从社会成员个人来说,作为一个理性的"经济人",他在进行职业选择和居住地选择时,依据的是收入和福利最大化原则。只要工业收益高于农业,城镇居民收入和生活水平高于农民,农民就必然选择进城,而城市人口则不愿流入农村。此时,人口在城乡之间可以自由流动,尚无政策限制,加上大规模工业化所创造的就业岗位对劳动力的需求,于是,大批农民流入城市。从1950年到1957年,我国的城镇化率从10.6%迅速提高到15.4%。

但是,城镇化很快就遇到了农产品供应不足的问题,农业从反面以消极的方式表现出它的基础地位。由于在工业化和城镇化中对农业这个基础产业的伤害,农业剩余产品很少,能够供养的工业与城市人口也就十分有限,人口大量流入工业与城市,势必面临衣食之虞,在城市中形成贫民区,大量流动人口既无就业岗位,也无收入,反倒成为城镇化的消极因素。为了消除这种制约,国家不是采用市场手段,而是采用行政手段,从1954年夏粮上市开始,实行粮食统购

---

① 毛泽东.批判梁漱溟的反动思想[M]毛泽东选集(第5卷).北京:人民出版社,1977:107-115.

统销政策,国家垄断农产品经营,购销价格都由国家决定,价格剪刀差应运而生。为了给粮食统购统销政策提供体制保证,加上其他考虑,在农业社会主义改造运动中,以公有制代替私有制,快速建立了人民公社体制。在这种政策下,农民的生产积极性受到挫伤,农产品供应不足问题依然没有得到解决。于是,国家开始运用行政和法律手段限制农民进城,在1958年1月颁布了《户口登记条例》,以当时的人口居住地点为依据,把全社会成员划分为城市户口和农村户口两大类。这两种户口的区分并非如字面含义那么简单,它不仅仅是居住和工作地点的不同,而是其社会地位和身份的重大区别。城镇居民在就业、购物、教育、医疗、住房、养老等方面享有农民根本无法比拟的优惠待遇。根据有关统计和研究,我国城市和农村两种户口的不平等待遇曾达到67种之多。1975年,在第四届全国人大会议上,《宪法》中关于公民有迁徙自由的条款被删除。由此,我国居民在整体上被划分为城乡两大利益群体,处于尖锐对立之中。两种户口的划分还有继承性,社会成员之间的流动性几乎完全断绝。陆学艺先生把这种社会治理模式概括为"城乡分治,一国两策"。

在城乡户口划分下,出现了逆城市化现象,不仅严格限制甚至禁止农村人口向城市流动,而且动员和强制城市人口向农村流动。在20世纪60年代初期的国民经济调整时期,就有2 000万进城职工被迫返乡。还在"文化大革命"之前,邢燕子、侯隽等一批城市知识青年,就发出了"我们也有一双手,不在城市吃闲饭"的豪言壮语,自愿到农村安家落户,接受贫下中农再教育。她们被树为城市知识青年学习的楷模。及至"文化大革命"爆发后,大学停止招生,大批城市高中、初中毕业生无法继续升学,也无法就业。于是,国家用行政手段发动了大规模的、持续达10年之久的城市知识青年"上山下乡"运动。在"文化大革命"期间,我国的城镇化率以-0.5%的速度出现了负增长,1978年,在GDP中,工业占48%,而城镇化率仅17.9%,出现了城镇化严重滞后于工业化的不协调现象。此间,前后累计有近亿城市知识青年被迁徙到农村,国家为此也耗费了数百亿元,用于为他们安家。后来的事实证明,知识青年上山下乡运动是失败的,在工农城乡差距如此严重的情况下,行政手段也无法泯灭知识青年的经济理性,他们不可能心甘情愿地在农村种田和生活。而且,大批城市知识青年到农村,进一步加剧了农村人多地少的矛盾,资源配置更不合理,农业劳动生产率下降。到了1977年恢复高考政策后,国家停止了知识青年上山下乡政策,已经下乡的知识青年,除了此前已经通过招工、参军、推荐上大学等方式返城的以外,也都一次性集体返城。① 这一历史事件在广大知识青年心中留下了永远难以磨灭的烙印,对他们而言,既是一种物质财富的损失,也是一种精神财富的积累,以致20世纪80年代以后,"知青文学"曾经一度成为我国文学领域的一大亮点,一批小说、电影、电视剧纷纷问世,在广大知识青年中引起强烈共鸣。

改革开放以后,一方面,农村家庭承包经营制的实行,极大地解放了生产力,劳动生产率大幅提高,农村剩余劳动力问题越来越严重,需要寻找就业出路;另一方面,农业的丰收和农产品供应的改善,使得农业对工业化和城镇化的支持作用凸显,有可能让一批农业人口脱离农业,进入非农产业。于是,国家放松了对农民进城的限制,大批农民纷纷进城,成为我国经济社会发展的一大热点问题。然而,这一过程并不是一帆风顺的,而是极其艰难曲折的。在乡镇企业发展初期,国家出于对"城市病"的担心,要求乡镇企业办在当地,农民只能"离土不离乡,进厂不进城",由此导致乡镇企业的"满天星"式分散布局。这不仅造成城镇化滞后于工业化,降低了工业化的效益,而且带来了土地浪费、环境污染等问题。直到中共十四大以后,才提出要把乡镇企业的发展和小城镇建设结合起来,号召乡镇企业走出村落,向开发区和城镇集中。由此,农民才可能走出农村,进入城镇。

在农村人口向城市流动的过程中,由于城乡户口划分依然存在和发挥作用,由此出现了具有鲜明中国特色的"农民工"现象。"农民工"的称呼其实是一个矛盾的术语,类似于恩格斯所批评的"圆的方,铁的木"。它所反映的,其实是在两种户口制度下,进城农民职业转换和身份转换不一致的矛盾。目前,农民工群体达2.5亿人以上,他们是介于传统城市人口和农村人口之间的另一类人口群体,处于边缘人的尴尬境地。

20世纪90年代以来,许多专家学者大声疾呼,要取消城乡户口划分,给农民以国民待遇,特别是要首先改善广大农民工待遇,国家也曾经为此出台了一系列专门政策。但是,这一工作却困难重重,因为它遭到了城市既得利益集团的强烈抵制。例如,据调查,教育部门出于对农民工子女收取借读费的考虑,就反对取消户口划分。还有一些地区和部门,表面上取消了对农民进城的限制,但是却变相剥夺农民。例如,要求农民缴纳进城费,出钱购买城市户口,或者要

---

① 1979年1月7日,云南孟定知青为了返城,举行了罢工和绝食运动,并向国务院调查组组长、农业部副部长赵凡下跪,由此促成了中央关于知识青年上山下乡政策的终止,已经下乡的知识青年除个别情况外,其余全部返城。

求农民花费数十万元甚至上百万元在城市购买一套住房,才能取得城市户口。绝大多数农民工倾其一生打工所得,也无法满足这一条件。这一政策对他们来说,如同镜中花水中月,可望而不可即。2012年底,围绕着以农民工子女为主体的异地升学考试问题,在全国掀起一场广泛的争论,城镇居民出于维护自己既得利益的立场,强烈反对异地考试,上海的有些市民甚至发出了让农民工子女"滚回去"的驱逐令。在教育部的督促下,北京、上海等大部分省市所公布的异地考试方案,仍然壁垒森严,令农民工子女遥不可及。与此同时,在一些城市,甚至发生了一些城镇居民嫌农民工衣服脏而不让他们坐公共汽车的呵斥事件。由此可见,由于户口划分而在一些城市居民心目中所形成的优越感和既得利益是如何根深蒂固,而城市政府也缺乏打破这种利益格局的足够勇气和魄力,对此采取了退让、迁就和默认的态度。

回顾上述历程,我们痛感,几十年来,我国基于户口划分的城乡二元社会结构,以及由此衍生出来的其他政策,其实都是逆城镇化。正是这些政策,造成了城镇化进程的滞后,阻碍了城乡之间的和谐发展。而且当这种政策被赋予利益含义后,其刚性又在不断强化,这样,取消户口划分的本质,就是对城乡利益关系的一种重大调整。也正因为如此,才遭到了一些城市既得利益群体的抵制与反对,也就使得这项改革举步维艰。

(三) 政府推动与市场失灵

为了建立合理的工农与城乡关系,必须有一个合理的实现机制,这种机制取决于每一个国家的经济体制,核心是要处理好政府与市场的关系,在二者之间有一个合理分工。从西方发达国家的实践来看,在完善的市场经济体制下,由于农业的弱质性和农民的弱势地位,政府对他们给予特别的扶持和关照,具体表现为名目繁多的补贴和资助。而在农村人口向城市的流动中,基本是依靠市场机制调节的。也就是说,农民要不要进城、何时进城、进入何城、进城后干什么等决策,都是由农民在理性分析的基础上自主做出的。在刘易斯、费景汉、拉尼斯,特别是托达罗的人口流动模型中,都清楚无误地揭示了这一点。当然,这并不是说政府对城市化放任自流,撒手不管。政府的作用,主要体现在对城市发展的规划和宏观控制上。

我国的城镇化进程伴随着国家经济体制的形成、改革与演变过程。在改革开放之前的30年中,实行高度集中的计划经济体制,排斥市场对经济和社会发展的调节作用。在农业发展问题上,由于农业的基础性地位,特别是由于农产品供应不足,国家对农业严格控制。但是,虽然如前所述,国家高度强调农业的重要性,实际上却是工业优先,城市优先,农业只是承担了一个为工业和城市提供积累的角色。在这种体制与战略下,国家的控制越严,农业的发展越没有出路。而在城镇化机制上,也完全是政府包办,从城市规划、城市人口规模到建设资金的筹措、使用,以及土地的征用、出让等,整个流程都是政府在唱独角戏。企业和个人既没有权利,也没有能力介入城镇化进程,完全处于被动地位。政府包办的最大弊病,一是不能充分有效地动员和利用各种社会资源,造成建设资金严重短缺;二是资源浪费,这同其他领域中的资源浪费如出一辙,道理是相同的。集中起来,就是城镇化动力不足,步伐缓慢,在公用设施、居民住房等方面,欠账太多。到改革开放时,包括北京、上海在内的全国所有大中小城市,都无不存在着住房紧张,道路拥挤,商店、学校、娱乐设施匮乏等问题。这也就成为政府限制农村人口流入城市最充分的理由。可见,在这种体制下,城镇化只能陷入一种恶性循环之中。

改革开放以后,在从计划经济体制向市场经济体制转变的大背景下,农业的发展和城镇化的推进,也开始向政府与市场双重实现机制转变。从农业发展而言,1985年以后,在农产品供应状况改善的情况下,国家明显加大了市场的调节作用。而在这种市场格局下,加大市场调节的结果必然是农产品价格的下降,农业的双重风险叠加,因此,其本质是市场在剥夺农民。其后的反复演变历程是,每当农产品供应不足,政府就紧急介入,控制价格上涨,而一旦农产品供应充足,销售困难,价格下降,则往往难觅政府身影。因此,政府对农业的调节,往往不是正调节,而是逆调节,农业承受着双重剥夺。从城镇化而言,市场的调节作用表现在城市建设资金出现多元化格局,按照"谁投资,谁受益"的原则,许多企业和个人开始介入城市建设中,例如投资老城区改造,可以在改造后的街道得到一间铺面房。在浙江等市场化程度高的地区,甚至投资数十亿元的机场、铁路、跨海大桥建设中,也有大量民间资本进入。城市土地也由无偿使用向有偿使用转变,政府通过低价从农民那里征用土地,再高价出让,获得巨额收入,用于城市建设。但是,即使在这一过程中,政府的调控作用仍然远远大于市场,政府依然在左右着城镇化进程。在这种双重调节机制中,必然会产生大量的摩擦与矛盾,出现政策上的漏洞,由此出现许多问题。例如,在土地一级市场上,由政府垄断,农民不能以土地主人和市场主体的身份进入并与土地需求者谈判、讨价还价,而只能被动地接受政府单方面所确定的补偿价格,这种价格大大低于出让价格,而且不能保证被征地农民今后的生计需要。政府既可以从中谋取巨大收入,而且可以以低价甚至负地价出让土地,作为一项优惠政策,用于招商引资,不同地区、不同城市之间恶性竞争,最终外商受益,损害的还是农民的利益。农民失地后,也失去了其他生存条件,出现由失地引起的失业、失居、失保、失教和失身(份),并最终造成与城镇化相伴而行的"农村病",成为一个严重的社会问题。更有甚者,许多城市的土地出让并不是在阳光下公开进行,而是暗箱操作,于是,官商勾结、行贿受贿,农民所损失的利益并没有转化为国家利益或社会利益,而是进入少数腐败官员和不法商人的腰包。近年来,在全国各地查处的重大腐败案件中,因土地出让所造成的占了相当一部分,动辄达数千万元,甚至上亿元。政府主导的土地征用,还造成了土地的极大浪费,许多城市在规划和建设中讲排场,比阔气,大搞政绩工程,道路越来越宽,广场越来越大,绿化带越来越多,而土地利用效率越来越低。还有的城市规划频繁变更,朝令夕改,大量在正常使用期限内的建筑物被提前报废,由此既浪费了巨额资金,又造成建材、人力等资源的巨大浪费,令人痛心疾首。最终受损失的还是农民和全体人民群众。

由此可见,几十年来,我国的农业发展和城镇化并不是完全由市场调节、按照自身规律在进行,政府在其中起了太大和不完全恰当的作用。正是这种不合理的调节机制,导致了许多问题,制约了城乡关系向合理化方向的演进。

(四)资源分割与收入失调

资源是经济和社会发展的必需条件,也是社会成员取得收入的基本依据。它有许多种,但从整体上讲,可以划分为人力资源与非人力资源,这两类资源只有保持合适的比例,才能提高配置效率。合理的资源配置比例与高效率只能在资源的合理流动中实现。这两类资源在城乡之间的配置比例,则决定着城乡之间的发展关系以及城乡居民的利益关系。城乡居民收入关系取决于双方在资源配置中的地位及其所得到的资源份额,如果资源配置不合理,必然导致收入分配关系不合理。这就是马克思所说的:"消费资料的任何一种分配,都不过是生产条件本身分配的结果。"①

在城乡二元社会结构下,整个社会的资源实际上是分为两块的:农业资源归农民所有,与农民结合,由此也就成为农民的收入来源;而工业与服务业的资源是归城镇居民所有,它们所提供的就业岗位归城镇居民,其产生的收入同样

---

① 马克思. 哥达纲领批判[M]. 马克思恩格斯选集(第3卷). 北京:人民出版社,1972:13.

也归城镇居民。整个社会资源配置的这种分割和凝固化,成为城乡居民收入比例失调的经济根源。如前文所述,1958年后,农民失去了向工业和城市迁徙的自由,他们被完全限制在土地上,只能从事农业活动。农村人口众多,土地有限,人地矛盾十分突出,加上农业科技进步迟缓,农业劳动生产率自然就十分低下,在有些地区,边际劳动生产率为零,甚至为负。在如此少的土地上,无论种植何种粮食或者经济作物,无论如何精耕细作,农民的收入都很难提高。"文化大革命"期间的知识青年上山下乡,进一步加剧了农村的人地矛盾,使农业劳动生产率更低,农民收入也就更难提高。所谓农民每年"三个月种田、三个月过年、三个月谝传、三个月赌钱"的说法就是对农民劳动不足状况的真实写照。这也就是有些学者所说的:要想富裕农民,首先要减少农民。近年来,在求解"三农"问题的过程中,有许多有识之士提出,"三农"问题,必须在"三农"之外解决。此论可谓一言中的,因为"三农"问题的形成,根源就在其外。所以,唯有从经济和社会发展全局的高度,打破城乡二元资源配置体制,建立全社会统一的资源配置体制,才有可能从根本上解决"三农"问题。而这种体制只有在工业化、城镇化进程中,通过人口的自由流动才能实现。

改革开放后,随着乡镇企业的发展和农民工进城,这种资源分割状况开始被打破,这对优化城乡资源配置具有积极作用。但是,在农村经济体制改革以及工业化、城镇化中的某些做法,却在抵消着这种积极作用。在农村土地制度改革中,赋予土地的社会保障功能,过分强调家庭承包经营制,限制土地的规模经营,认为农民只要有那么几亩土地,生活就有了保证,农村就会稳定。而实际上,农村人地矛盾依然突出,剩余劳动力依然在2亿人以上。① 近年所谓的农村劳动力为"三八、六一、九九部队"以及"民工荒"现象,并不能说明"人口拐点"的到来,只能说明农村劳动力转移结构的不合理以及农民工在城市的待遇太低。②

城镇化的实质是在第二、第三产业发展的基础上,社会资源在城乡之间的优化配置,以及相应的社会结构变动。在城镇化进程中,人口的流动必须与其他要素的流动相协调,否则,就会出现"城市病"或"农村病"。我国是从1953年起,开始进行大规模的工业化与城市化的。在这个过程中,国家一方面需要从

---

① 夏永祥.农业效率与土地经营规模[J].农业经济问题,2002(7).
② 夏永祥,魏玮.三重二元结构下的人口流动模型:对民工荒的一个新的研究框架[J].当代经济科学,2012(1).

农业与农村中取得大量资本和土地等生产要素,同时另一方面出于对"城市病"的惧怕,严格限制农民进城。在二元社会结构下,生产要素的"城镇化"与人口的"逆城镇化"同时并存,由此形成了严重的"农村病"。生产要素的"城镇化"包括土地、资金、矿产资源等要素从农村向城镇的大量流入,流入渠道有不等价交换、财政资金、金融资金、土地征用、农民工等,而人口的"逆城镇化"既包括限制农民进城,也包括一段时期内的城市人口向农村流动。在这个过程中,农村生产要素向工业和城镇的流出规模与速度远远大于人口流出,在大量生产要素流出的同时,人口却滞留在农村,它所产生的直接后果,就是资源无法在全社会优化配置,农村人口与其他生产要素之间的矛盾尤其尖锐,产生了与"城市病"相反的"农村病"。①

当然,国家财政资金对"三农"也有一定的扶持和帮助,目前的主要形式有种粮补贴、良种补贴、农机具补贴和农业生产资料价格补贴,这可以看作是国家或者城市资源向农村的流入和配置。2010年,在中央大力强调"三农"是全党全国一切工作的重中之重、加大支农惠农的背景下,上述4项补贴资金之和仅为1 334.9亿元,远远小于前述农村资源流入城市的数额。

正是由于资源在城乡之间的配置失调,才形成了城乡收入的巨大差距。由此也就造成了工业化和城镇化中成本分摊与收益分配的严重失衡。从总体上看,半个世纪以来,正是由于"三农"为国家工业化与城镇化提供了巨额的土地、资本、劳动力等要素,承担了绝大部分成本,才直接推动了工业化与城镇化的快速发展。工业化与城镇化带来了巨大的收益,不仅企业利润大幅度增加,国家财政收入也连年大幅增加,而且产生了大批的就业岗位与城市新市民。但是,所有这些收益的分配,都几乎与农民无缘。可见,我国工业化和城镇化中的成本分摊与收益分配机制是不合理的,农民承担了绝大部分成本,而城镇居民获得了绝大部分收益。②

三、走向城乡一体化发展之路

通过上述分析,我们可以得出一些有益的启示与结论:

---

① 夏永祥.人口城市化与要素城市化[J].学术月刊,2007(6).
② 夏永祥.工业化与城市化:成本分摊与收益分配[J].江海学刊,2006(5).

（一）城乡关系是我国各种利益关系中最重要的关系，"三农"问题是事关全面建成小康社会、构建和谐社会和基本实现现代化的首要问题

在社会主义社会，尽管已经不存在阶级，但是却存在着不同的阶层，每个阶层其实都是一个独立的利益集团，都有自己特殊的利益诉求，而不同利益集团之间的关系既有相互一致的一面，也有互相冲突的一面。应该承认，在各种利益关系中，城乡关系是最重要的，这不仅因为它的涉及面最广，全国所有人口都可以归入到这种关系中，对城乡关系的处理涉及每一个社会成员的利益得失，而且因为60多年来，在城乡关系的演变过程中，作为占人口多数的农民一直处于弱势地位，利益相对受损，城乡收入差距急剧扩大，由此不仅影响到全面建成小康社会目标的实现，而且影响到社会的和谐与稳定。可以毫不夸张地说，全面建成小康社会，重点和难点都是农村与农民；而发展国民经济，重点和难点同样是农业；构建和谐社会，重点和难点也是农民与农村；基本实现现代化的重点和难点，更是在"三农"。目前我国经济社会发展中所存在的许多问题，表面上看是在非农产业和城市，其实根子还是在农业、农村与农民。只有理顺城乡关系，缩小城乡差别，才有可能全面建成小康社会与和谐社会，并基本实现现代化。必须把这个问题提高到关系国家稳定和长治久安的高度来认识。因此，十六大后中央提出把"三农"问题作为全党全国一切工作的重中之重是完全正确的。

（二）国家政策是影响城乡关系的首要因素，纠正城市偏向是国家政策调整的首要问题

从20世纪50年代开始，我国实行城乡分治，一国两策，城乡差距就是这一政策的产物。改革开放30多年来，我国城乡关系的每一次波动，无论是城乡差距的缩小，还是扩大，都带有国家政策的烙印。应该承认，在转型时期，国家手中还掌握着很多资源，国家政策的每一次调整，都可以直接或间接地影响城乡关系。在1979到1984年间，城乡差距之所以缩小，无非是因为家庭承包经营制的政策理顺了农民内部的分配关系，而提高农产品价格则理顺了农民与国家、城镇居民的分配关系，而此时城镇职工与居民收入还没有大规模增加。1985年到2002年期间的城乡差距之所以急剧扩大，无非是由于国家有关政策的反复，在农业内部，过分强调稳定家庭承包经营制，导致了小规模经营与大农业之间的矛盾。在农业外部，国家对"三农"实行了"多取、少予"政策，农产品

价格的提高幅度赶不上农用生产资料价格的提高速度,农业比较收益大幅度下降,价格起不到刺激农民生产积极性的作用。农民要负担许多本该由财政负担的费用。而城镇职工与居民的收入则快速提高,整个国家经济资源与国民收入的分配向非农产业与城市倾斜,存在着严重的非农产业与城市倾向,2003—2009年城乡收入差距的继续扩大,除了说明这一问题积年已久、惯性很大以外,还与国家支持"三农"的政策力度不够有关。由此可以认为,尽管影响我国城乡关系的因素很多,但是国家政策无疑是最重要的因素,目前,国家有关政策的调整仍有很大潜力与空间,需要进一步完善。

(三)城镇化与新农村建设要同步推进,城乡要实现一体化发展

城镇化是实现从二元结构向一元结构转变的重要途径,只有通过城镇化把农村剩余劳动力转移出来,才能优化农村人口与土地及其他生产要素之间的配置比例,也才可能提高农民收入。否则,大量人口滞留在农村,在人均耕地只有2亩左右的情况下,很难想象农民可以富裕起来。从20世纪50年代开始,我国城镇化严重滞后于工业化,改革开放以来的前20年,这种不协调格局仍然没有得到根本改变。到了20世纪末期,有些学者正确地意识到了这一问题,提出"要想富裕农民,首先要减少农民","三农"问题要在"三农"以外寻找出路,由此提出要大力推进城镇化战略,并转化为国家的发展战略与政策。但是在其后的城镇化进程中,却忽视了农村的发展,各级政府征用大量的农村土地,财政投入巨额资金,搞城镇化"大跃进运动",国家资源再次大规模地向城市倾斜,许多城市的基础设施水平甚至超过了发达国家,使城乡在基础设施与公共产品上的差距进一步扩大,由此也才使一些外国人得出了"中国=欧洲+非洲"的结论。针对这种情况,2005年底,中央做出了大力推进社会主义新农村建设的重要决定,作为统筹城乡发展的一个重要内容与途径。这标志着我国解决"三农"问题思路的新变化,从片面强调向外突围转向内外兼治。在新农村建设中,各级财政投入了大量资金,农村经济与社会面貌发生了积极变化,必将推动城乡协调发展。①

---

① 夏永祥.破解"三农"问题的新思路:从向外突围到内外兼治[J].人文杂志,2008(1).

（四）提高农业经营规模是发展现代农业的重要条件，农村土地制度改革是深化农村改革的重要突破口

不可否认，农村家庭承包经营制确实有利于克服人民公社体制下集体经济组织内部"吃大锅饭"的弊病，可以有效地调动农民的生产积极性。但是也要看到，随着时间的推移，在市场经济体制下，特别是在我国加入WTO和发展现代农业的大背景下，农业面临着来自各个方面的竞争压力。为了生存和发展，必须提高农业的竞争力，而农业竞争力在很大程度上与农业经营规模息息相关。家庭承包经营制显然与农业规模经营存在着一定的矛盾。目前，全国有18亿亩耕地，有2.1亿农户，平均每户有约8.2亩耕地，而在东部人口稠密地区，户均耕地甚至仅有2亩左右。以如此小的经营规模，很难降低农产品成本，也很难提高农民收入，更难抵御来自西方发达国家大农业规模下廉价农产品的冲击。为了解决农业经营规模问题，国家曾经出台相关政策，允许和鼓励农户之间依据"依法、自愿、有偿"的原则进行土地使用与经营权的流转和集中，但是实践证明，在现有的土地制度与家庭承包经营制的框架下，土地流转困难重重。所以，如何与时俱进地深化农村经济体制改革，特别是如何深化农村土地制度改革，以适应对外开放和发展现代农业的需要，是摆在党和政府以及广大农民面前的一个重要任务。

中共十六大以来，党和国家着力解决城乡差距这一事关我国发展大局与未来前景的问题。2003年1月，胡锦涛同志在中央农村工作会议上指出，必须统筹城乡经济社会发展，把解决好农业、农村和农民问题作为全党工作的重中之重，放在更加突出的位置，坚持"多予、少取、放活"的方针，发挥城市对农村的带动作用，实现城乡经济社会一体化发展。同年10月，党的十六届三中全会提出了科学发展观和五个统筹思想，其中包括统筹城乡发展，以工支农，以城带乡。从2004年起到2014年，中央一号文件都是关于"三农"问题的，这充分表明了中央对"三农"问题的持续关注和重视。特别是2006年一号文件，提出要大力推进社会主义新农村建设，协调推进农村各方面建设。2007年中共十七大提出，要实现城乡基本公共服务均等化。2008年9月，中共十七届三中全会对进一步推进农村改革发展做出了全面部署，提出要尽快形成城乡一体化发展新格局，说明我国解决"三农"问题的攻坚战正在向全面和纵深阶段推进。2013年的中央一号文件《中共中央、国务院关于加快发展现代农业进一步增强农业发展活力的若干意见》，提出要改善农村公共服务机制，积极推进城乡公共资源均衡配置。重点部署了如何通过发展现代农业,从"三农"内部入手,统筹城乡发展。由此,城乡一体化发展成为我国当前和今后一个时期内解决"三农"问题、实现经济及社会发展转型的突破口与抓手,也是我国最后打破城乡二元结构的总战役。

所谓城乡一体化发展,是指当工业化、城镇化、现代化发展到一定阶段,城市与农村的各类生产要素加快融合,自由流动,城乡优势互补,错位发展,互为资源,互为市场,互相服务,互相促进,最终实现城乡经济、社会、文化、生态的"无缝对接"和"一体发展"。简而言之,城乡一体化是城市与农村政策制度一致化,城乡经济发展协调化,城乡生活方式趋同化的过程。城乡一体化发展的实质,是经济和社会发展的转型,即从城乡分割的二元结构向城乡融合的一体化发展转型,通过加快农业与农村的发展,提高农民的收入水平和生活水平,缩小并拉平城乡差距。

为了实现城乡一体化发展,应该内外并举,从外部来讲,要加大社会各方面对"三农"的支持力度,特别是各级财政和金融部门,要投入更多的资金,实现城乡基本公共服务均等化。从内部来讲,要加快农业与农村发展,提高农民收入和生活水平。按照中央关于新农村建设的20字方针,应该达到"生产发展,生活宽裕,乡风文明,村容整洁,管理民主"的目标。换言之,在城乡一体化发展中,主要应该抓住发展生产、提高生活、文明乡风、美化村容、民主管理这些重要方面,推动农村各项事业的全面发展。在这个过程中,国家出台了一系列支农、惠农、强农政策。由此,才有了2010年以来城乡收入差距"拐点"的出现,2013年,全国城镇居民人均可支配收入26 955元,农民人均纯收入8 896元,城乡居民收入之比由2009年的3.33进一步降为3.03,差距进一步趋向缩小。

正是在上述背景下和过程中,才有了全国各地从实际出发所走出的各具特色的城乡一体化发展道路。也正是在这个背景下和过程中,苏州市的城乡一体化发展道路也才应运而生,展现在世人面前,吸引我们去探索和研究。

第三章　苏州市城乡一体化发展历程与评估

苏州市的城乡一体化发展进程是在全国的大背景下进行的，其演进轨迹与全国大趋势基本一致，不过，它在全国处于领跑者地位。为了深入分析和总结苏州市城乡一体化发展道路，有必要对这一历程进行回顾，并对其总体发展水平进行评估。

一、苏州市概况

苏州古称吴、吴都、吴中、东吴、吴门，隋开皇九年（589 年）始称苏州，沿用至今。苏州北枕长江，隔江与南通市相望；南以陆地和太湖与浙江省嘉兴、湖州二市相连；东邻上海，市区相距 80 公里；西以陆地和太湖与无锡相接。苏州是江苏省的东南门户，通达上海；也是上海西向的咽喉和桥头堡，还是连通苏中、苏北与浙江的必经之地。

苏州城由伍子胥始建于公元前 514 年，距今已有 2500 多年历史，是全国首批 24 个历史文化名城之一，全国重点风景旅游城市。苏州老城区目前仍坐落在春秋时代的位置上，基本保持着"水陆并行、河街相邻"的双棋盘格局、"三纵三横一环"的河道水系和"小桥流水，粉墙黛瓦，史迹名园"的独特城市风貌。

新中国成立以来，苏州市行政区划迭经调整，到 2012 年 9 月，共辖姑苏、虎丘（苏州新区）、吴江、吴中、相城、苏州工业园区 6 个区和常熟、张家港、太仓、昆山 4 个县级市。2014 年 11 月 20 日苏州经国务院批准为特大城市，是江苏省的经济、对外贸易、工商业和物流中心，也是重要的文化、艺术、教育和交通中心。

苏州全市总面积 8 488 平方公里，其中陆地占 57.7%，即 4 900 平方公里，其余为水面，约 3 500 平方公里。境内河流纵横，湖泊众多，江河以长江和大运河为最，另有望虞河、娄江、太浦河交织其间；湖泊以太湖最大，另有阳澄湖、澄湖、昆承湖、淀山湖等镶嵌其间。苏州地处温带,属亚热带季风海洋性气候,四季分明,气候温和,雨量充沛。地貌特征以平缓平原为主,全市的地势低平,自西向东缓慢倾斜,平原的海拔高度3～4米,阳澄湖和吴江一带仅2米左右。苏州低山丘陵零星分布,一般高100～300米,分布在西部山区和太湖诸岛,其中以穹隆山最高(341米),还有南阳山(338米)、西洞庭山缥缈峰(336米)、东洞庭山莫厘峰(293米)、七子山(294米)、天平山(201米)、灵岩山(182米)、渔洋山(170米)、虞山(261米)、潭山(252米)等。

苏州是闻名遐迩的鱼米之乡、丝绸之府,素有"人间天堂"之美称,土地肥沃,风调雨顺,物产丰富,主要种植水稻、小麦、油菜,出产棉花、蚕桑、林果,特产有碧螺春茶叶、长江刀鱼、太湖银鱼、阳澄湖大闸蟹等。

苏州物华天宝,人杰地灵,兼有"园林之城"美誉。全市现有市级以上文物保护单位690处,其中国家级34处、省级106处。集建筑、山水、花木、雕刻、书画等于一体的苏州园林,是人类文明的瑰宝奇葩,苏州现保存完好的古典园林有60余处,其中拙政园、留园、网师园、环秀山庄、沧浪亭、狮子林、艺圃、耦园、退思园等9座园林已被列入世界文化遗产名录。苏州是吴文化的发祥地,文坛贤能辈出,评弹、昆曲、苏剧被喻为苏州文化的"三朵花"。已有400多年历史的昆曲,是"中国戏曲之母";评弹是用苏州方言表演的说唱艺术,已在江、浙、沪一带流传了300余年。苏州的工艺美术闻名中外,苏绣与湘绣、蜀绣、粤绣同被誉为我国的"四大名绣";桃花坞木刻年画与天津杨柳青木刻齐名,世称"南桃北杨"。

交通方面,苏州自古有长江、京杭大运河贯穿而过。现在铁路方面有京沪铁路、京沪高铁通过市内,沪通铁路也已经立项上马。苏州境内虽然没有机场,但是,周边的无锡苏南国际机场、上海虹桥国际机场、浦东国际机场等相距不远,交运便捷。公路方面,有312、204等多条国道经过境内,1996年以来,沪宁高速公路、沿江高速公路、苏嘉杭高速公路、绕城高速公路、沪苏浙高速公路、苏通大桥南接线工程等相继建成通车,其高速公路密度达到德国水平,是交通部授予的公路交通枢纽城市。水运方面,苏州位于长江南岸,建港条件优越。2002年,由原张家港港、常熟港和太仓港三港合一组建成苏州港,原三个港口相应成为苏州港张家港港区、常熟港区和太仓港区。苏州港繁忙的业务,使苏州成为我国重要的水(海)运城市。市内交通方面,苏州是全国第一个获批轨道交通的地级城市,轨道交通1号线于2012年4月28日正式通车,成为全国第一个开通地铁的地级城市。轨道交通2号线于2013年12月28日正式运营。目前轨道交通3号、4号、5号线也已经开工或者公布规划。

2013年,苏州市户籍人口出生率为10.36‰,人口自然增长率为3.53‰。年末全市总人口1307.69万人。其中,户籍人口653.83万人,比上年增加6.03万人。另有外来流动人口653.85万人,二者之比为1∶1。目前,苏州市已成为全国仅次于深圳市的第二大移民城市。

二、苏州市城乡一体化发展历程

(一)城乡二元结构的松动阶段

苏州市的城乡一体化发展是在改革开放以后开始的,贯穿在城镇化进程之中。在改革开放之前的计划经济时期,苏州市也和全国一样,存在着严重的城乡二元结构和差距。1978年,苏州市城乡居民收入之比为2.1,低于全国的平均水平2.57。改革开放以来,苏州市历届领导班子带领全市人民,充分发挥"天时、地利、人和"的优势,抢抓机遇,敢闯、敢干,走出了一条经济和社会快速、协调发展的道路。在这个过程中,城乡关系经历了一个从对立走向碰撞、摩擦,并最终走向融合和一体化发展的演变过程。整个过程可以分为三个阶段。①

第一阶段是20世纪80年代到90年代中期。在这一阶段,苏州市作为"苏南模式"的主要发源地,广大农民群众以兴办乡镇企业形式参与区域工业化进程中,分享工业利润。乡镇企业萌芽于20世纪50年代。据考证,全国最早的乡镇企业(当时叫社队企业)是在合作化时期出现在今天的无锡市锡山区(当时属苏州地区管辖)。由于苏州优越的区位优势、人多地少的特点,农村中存在大量急需转移的剩余劳动力。苏州农民利用自身积累,发展人民公社、生产大队与生产队办的工业企业。但是,在改革开放之前,由于国家政策的限制,乡镇企业一直处于只发芽而不开花和结果的萎缩状态,发展缓慢。改革开放以后,随着国家政策的调整,农民可以从事非农经济活动。进入80年代后,乡镇企业得到了中央的高度肯定,邓小平同志称赞它是"异军突起"②,进入了快速的成长期。在此背景下,苏州市的农民群众抓住这一机遇,大胆兴办乡镇企业,通过乡

---

① 夏永祥."苏南模式"的演进轨迹与城乡关系转型思考[J].苏州大学学报,2011(4):169-172.

② 邓小平.改革的步子要加快[M].邓小平文选(第3卷).北京:人民出版社1993:238.

镇企业实现了"农转工"的历史性跨越。这是对我国传统二元经济社会结构的一次尝试性冲击,由此,几十年来所形成的二元结构开始松动。这一阶段的工业化是内生性的,其动力和投资主要来自于区域内部的农民群众。与"温州模式"下采取个体私营经济不同的是,苏州市的乡镇企业主要采取集体所有制形式,为了平衡农村内部的利益关系,苏州市实行了"以工补农,以工建农",广大农民群众也分享了一部分工业利润,收入水平和生活水平有了明显提高,得到了实惠。

但是,这些都仅仅是农民和农村内部的调整,而从国家层面来看,城乡之间依然壁垒森严,处于严重对立状态,农民不能自由地从农村向城市迁徙和流动,导致城镇化与工业化割裂,城镇化滞后于工业化。农民"离土不离乡,进厂不进城"的政策限制就是对这种状况的真实写照,允许农民离开土地和进厂,反映的是农民可以从事非农产业,参与工业化,但是不离乡和不进城则是不允许农民参与城镇化。所以,苏州市这一阶段的工业化,仍然是在城乡分割的状态下进行的,由此带来了乡镇企业"满天星"式的空间布局,土地资源浪费严重,还造成了经济效益不高、环境污染等问题。

乡镇企业的发展,极大地促进了苏州市区域经济的发展,从三分天下有其一,到半壁江山,再到三分天下有其二、四分天下有其三,乡镇企业对冲击城乡二元结构、增加农民收入、缩小城乡差距发挥了重要作用。

第一,它增强了经济实力,推动了农村工业化的步伐。乡镇企业经过十多年的迅猛发展,极大地推动了整个苏州市国民经济与工业发展,使苏州市的地区生产总值与工业总产值增长率基本保持在两位数。按1990年不变价计算,1980年苏州农业生产总值为34.18亿元,工业产值为96.47亿元,工农业产值之比为2.82∶1。经历了乡镇企业的快速发展之后,至1995年,苏州的农业产值为52.56亿元,工业产值为1 834.54亿元,工农产值之比为34.9∶1。① 此外,乡镇企业在国民经济中所占比重逐步提高,到1990年,乡镇企业产值占工业总产值比重达到38%,对农村工业化以及农村经济发展起到了很大的推动作用(见图3-1)。

第二,吸纳了农村剩余劳动力,农民的收入和生活水平得到提升,推动了城镇化发展。通过乡镇企业这一有效载体,不断吸纳从农业转移出来的劳动力,实现了农村人口的非农业化。据统计,苏州通过发展乡镇企业吸收了120万的

---

① 根据《苏州统计年鉴》相关年份资料整理。

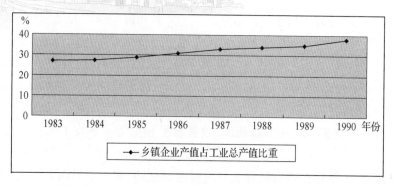

图 3-1　1983—1990 年苏州市乡镇企业产值占比趋势图

数据来源:根据相关年份《苏州统计年鉴》数据计算。

农村剩余劳动力,占农村 270 万劳动力的 44%。① 随着农村就业形势的好转,农民的收入和生活水平不断提高,促进了城乡共同富裕。到 1992 年,农民人均纯收入为 2 001 元,是 1985 年的 2.71 倍;农村的消费能力较以前得到大幅提升(图 3-2),1992 年农村居民恩格尔系数已连续三年低于城市居民恩格尔系数。此外,农村工业化的发展也推进了城镇化步伐。乡镇企业的集聚与发展开始显现对周围地区的辐射与带动作用,乡镇在人口、空间等方面不断扩张,基础设施向农村延伸,推进了最初的城镇化建设。小城镇成为非农人口的集聚区,为城乡的要素交流与沟通提供了重要的平台。

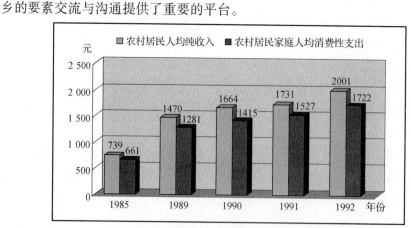

图 3-2　1985—1992 年苏州市农村居民人均纯收入与消费性支出变化图

数据来源:根据《苏州统计年鉴》(1986—1993 年)相关数据整理。

---

①　汪莉.苏南模式的演变与苏南地方政府经济职能转变研究[D].苏州大学硕士学位论文,2008:12-13.

（二）城乡关系发生碰撞和摩擦阶段

第二阶段是 20 世纪 90 年代中期到 2007 年左右。在这一阶段，以苏州市为代表的"苏南模式"发生了第一次蜕变与演进。推动这次演进的动力，一是从 1994 年开始，全国乡镇企业的发展开始走下坡路，这在以集体经济为主的苏南地区表现得尤为明显，由此就需要寻找新的区域发展动力与投资主体。二是从 1990 年开始，随着上海浦东新区的开发和开放，为苏南地区发展外向型经济提供了绝好的机遇。正是在这种背景下，"新苏南模式"应运而生。"新苏南模式"的主要内容：一是乡镇企业的改制。通过股份合作制等过渡形式，到 21 世纪初，一部分转变为民营经济形式，也有一部分仍然保留集体经济性质，而且，根据中共十四大提出的把乡镇企业发展和小城镇建设结合起来的方针，乡镇企业开始走出家庭院落，向开发区集中。二是利用外资。由于毗邻上海，有近水楼台之便，苏州市这一时期的招商引资工作成绩斐然，外资在区域工业化和经济发展中扮演着重要的角色，由此使工业化由内生性向外生性转变。为了招商引资，也需要兴办各级各类开发区，正是在这一阶段，苏州市的开发区建设如星火燎原，蓬勃发展，大大小小的开发区不计其数，往往一个乡镇，就有几个开发区。这成了苏州市的一大特色和亮点，为全国所关注。

外资经济的迅猛发展，使苏州市成为现代制造业的国际基地，率先实现了"内转外"的历史性跨越，经济总量急剧增长，财政收入随之也大幅度提高。从此，苏州进入了城乡一体化发展的新阶段，这主要体现在以下两方面：

第一，大力发展外向型经济，为城乡一体化提供了雄厚的经济基础。1991 年，苏州市合同外资仅 3.45 亿美元左右，到了 1992 年，就猛增到 42.64 亿美元，1999 年合同外资为 1991 年的 10.25 倍。外向型经济的发展使苏州成为名副其实的"外资高地"，作为经济主动力的外资对苏州市经济发展起到了关键作用。[①] 截至 2001 年年底，苏州市 GDP 约有 45% 是由外资企业创造的，进出口贸易的 60% 是由外资企业完成的，财政收入的 40% 和新增固定资产投入的 50% 由外资企业提供，进口依存度与投资对外依存度分别达到 58% 和 44%。此外，外资企业和出口加工企业的从业人员占城镇就业总人数的 40% 左右。[②] 外向型经济的发展，为城乡一体化建设提供了重要的经济保障，在经济发展的基础

---

① 陆允昌，等.苏州对外经济 50 年(1949—1999)[M].北京:人民出版社,2001:102-105.
② 洪银兴，等.长江三角洲地区经济发展的模式和机制[M].北京:清华大学出版社,2003:179.

上,政府财政收入、城乡居民收入也相应快速增长(见图 3-3 和表 3-1)。

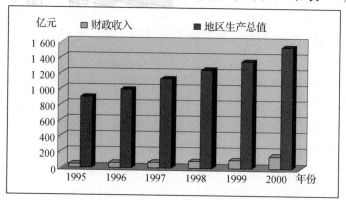

图 3-3　1995—2000 年苏州市国民经济与财政收入变化图

数据来源:根据《苏州统计年鉴》(1996—2001 年)相关数据整理。

表 3-1　1992—1999 年苏州市城乡居民收入比较

年份		1992	1993	1994	1995	1996	1997	1998	1999
城镇居民人均可支配收入	绝对数(元)	2 788	3 695	4 885	5 790	6 591	7 479	7 812	8 406
	增长率(%)	–	32.5	32.2	18.5	13.8	13.5	4.5	7.6
农村居民人均纯收入	绝对数(元)	2 001	2 558	3 457	4 444	5 088	5 219	5 347	5 308
	增长率(%)	–	27.8	35.1	28.6	14.5	2.8	2.5	-0.7
城乡居民收入绝对差距(元)		787	1 137	1 428	1 346	1 503	2 260	2 465	3 098
城乡居民收入之比		1.39	1.44	1.41	1.30	1.29	1.43	1.46	1.58

数据来源:根据《苏州统计年鉴》(1993—2000 年)相关数据计算。

第二,进行产权制度改革,推进农村的"三集中"和社保医疗领域改革,城乡一体化进程加快。在推进外向型经济发展的同时,苏州市还积极对乡镇企业进行产权制度改革,通过改革,建立现代企业制度,继续发挥乡镇企业在城乡一体化发展中的作用。截至 1999 年年底,苏州共有 11 301 家乡镇企业进行了产权制度改革,涉及总资产 435.4 亿元,占乡镇企业总数的 81.6%。[①] 此外,通过"三集中",城乡工业界限已经消除,城乡间的劳动力流动不再有制度性障碍,城乡一体化成为苏州发展的新特征。20 世纪 90 年代,苏州市的农村合作医疗得到了较快的发展,至 2000 年,农村合作医疗行政村覆盖率与参保人群覆盖率分

---

① 汪莉.苏南模式的演变与苏南地方政府经济职能转变研究[D].苏州大学硕士学位论文,2008:18.

别为97.4%和91.9%,分别较1990年上升4.2%和12.3%。1998年,苏州市建立了农村最低生活保障制度,按照城乡一体化原则,将城乡低保整体设计、同步实施,差别仅为保障标准与筹资渠道的不同。①

2002年,中共十六大提出了到2020年全国全面建成小康社会和到2050年全国基本实现现代化的宏伟目标。根据苏州市的良好发展基础和态势,江苏省委和省政府对苏州提出了"率先全面建成小康社会,率先基本实现现代化"的总体发展目标和定位,要求苏州争做全省和全国的示范区和"带头羊"。于是,苏州市的城乡一体化发展便被赋予新的历史意义和时代内涵,并被纳入小康社会和现代化建设的大背景和进程之中,这些成为其核心内容。2005年底,苏州市宣布,已经率先全面建成小康社会。

中共十六大后,在科学发展观的指引下,全国从上到下大力推进统筹城乡发展,实行工业反哺农业,城市支持乡村。但是,由于城乡二元结构经年已久,惯性很大,很难在短期内一举根治。因此,在这一阶段,苏州市的城乡关系从先前的松动状态走向激烈的碰撞和摩擦状态。工业化与城镇化开始同步推进,工业开始从村落向开发区集中,由此推动了中小城镇和城市的发展。为了兴办开发区,就必须征用农民土地,并动迁农民,但是土地和房屋的补偿标准太低,引起被征地农民不满。在这个过程中,有部分农民进入工厂和城市打工,脱离了农业与农村,但是其农民户口和身份并没有发生变化,充其量只是农民工,不能享受市民待遇。还有大量农民被排斥在工业化和城镇化之外,不能融入城市,变成了游走于工农或城乡之间的边缘人。在这种城镇化进程中,许多进入城市的人口,并不是当地的农民,而是外来人口,外来人口在地区常住人口中占有三分之一到一半的比重,他们却不能享受到和城市居民同等的待遇。

这一阶段,苏州市经济发展的要素组合模式为:国外境外资本 + 本地土地环境 + 外地劳动力。工业化和城镇化的收益,大部分以外资利润、国家税收和外地人口工资等形式归其他利益集团和群体所有。如果仅仅从苏州市来看,则表现为人口城镇化与土地等要素城镇化的割裂,由于征用了农民的大量土地,这些要素的用途由农业转变为非农业,变为城镇的一部分,长期依靠这些土地为生的农民却被排斥在工业化和城镇化之外。这种工业化和城镇化模式固然对整个区域工业化和城镇化水平的提高具有重要作用,地方经济实力和财政实力也会大大增强,但当地农民却从中受惠有限。从表3-2可知,这一阶段苏州

---

① 王庆华.苏州农村社会保障发展研究[M].苏州:苏州大学出版社,2009:31、104.

市城乡居民收入差距不仅没有缩小,反而有所扩大,二者之比2000年为1.70,2003年为1.85,2007年为2.03。在纵横交错的高速公路边,在光怪陆离的高楼大厦下,却在悄然恢复和强化着城乡二元结构。由此,苏州市的发展道路就被一些外地学者讥讽为"只长骨头不长肉""市强民穷"。这种批评虽然刻薄,但是却也不无道理。其实,这种结果不仅在苏州,而且在全国其他地区同样存在,它是传统制度与体制的必然产物,苏州市仅仅是这种现象的代表与缩影而已(见表3-2)。

表3-2 1999—2008年苏州市城乡居民收入与生活状况比较

年份	城乡居民收入比	城乡居民人均消费支出比	城市居民家庭恩格尔系数(%)	农村居民家庭恩格尔系数(%)	城乡居民恩格尔差异系数①(百分点)
1999	1.58	1.73	43.6	40.7	-2.9
2000	1.70	1.73	42.7	40.1	-2.6
2001	1.81	1.76	42.0	43.5	1.5
2002	1.73	1.82	42.1	40.6	-1.5
2003	1.85	1.99	39.0	37.3	-1.7
2004	1.93	1.80	38.0	36.8	-1.2
2005	1.94	1.82	37.4	37.7	0.3
2006	1.99	1.83	36.1	36.3	0.2
2007	2.03	1.83	37.9	35.7	-2.2
2008	2.03	1.80	39.3	35.4	-3.9

数据来源:根据相关年份《苏州统计年鉴》数据整理、计算。

(三)城乡关系走向融合与一体化阶段

第三阶段是2008年以后。中共十七大以后,国家着力推进城乡基本公共服务均等化,提出要尽快形成城乡一体化发展新格局。在这种宏观背景下,以苏州市为代表的"新苏南模式"再次蜕变与演进,城乡关系在经过前一阶段的碰撞和摩擦之后,开始走向融合,从二元结构向一元结构转变,实现城乡一体化发展。在这一阶段,广大农民不是作为看客与局外人,而是作为参与者与受益者,深度介入工业化和城镇化。一方面,工业化的动力和投资主体变得多元化和混

---

① 城乡居民恩格尔系数差异系数=农村居民家庭恩格尔系数-城镇居民家庭恩格尔系数,该系数从城乡居民生活支出角度来反映出城乡社会一体化程度,小于0.025,表明城乡居民生活质量一致;介于0.025~0.05之间,表明生活质量基本一致;介于0.05~0.1之间,表明生活质量差异较大,由二元结构向城乡一体化过渡;大于0.1,表明城乡二元结构明显。

合性,在继续保持外资发展优势的同时,经过政策调整和乡镇企业改制,民营经济和股份合作经济快速发展,部分农民的创业潜力得以发挥,身价上千万、上亿元的老板比比皆是,这对提高农民平均收入水平有重要作用。另一方面,凭借前期积累的强大经济和财政实力,在政府的强力推动下,资源配置和利益分配向"三农"倾斜,各级财政拿出巨额资金,用于支农惠农。

2008年9月,江苏省委、省政府批准苏州市成为江苏省唯一的城乡一体化发展综合配套区。同年10月,国家发改委把苏州市列为城乡一体化发展综合配套改革联系点,同时,苏州市还和重庆、成都、嘉兴市一起被国家发改委列入中国与澳大利亚合作城乡一体化发展管理项目试点城市。这一年年底,苏州市下辖的常熟市又被国务院发展研究中心确定为首个城乡一体化综合配套改革固定调研联系点。2011年11月,江苏省第十二次党代会提出:到2015年,全省以县为单位达到省定全面小康指标,全面建成体现党的十七大要求、惠及全省人民的更高水平小康社会,苏南等有条件的地方在巩固全面小康成果基础上率先基本实现现代化,当好第二个率先的先行军;推进"两个率先",必须把"三农"放在重中之重位置,坚持新型工业化、农业现代化、城乡发展一体化同步推进,健全以城带乡、以工促农机制,落实强农惠农富农政策,加快形成城乡发展一体化新格局。① 2011年12月,苏州市又被农业部确定为全国18个农村改革试点城市之一,具体承担"城乡发展一体化改革"试验。2013年4月,经国务院同意,国家发展改革委正式印发了《苏南现代化建设示范区规划》,标志着中国第一个以现代化建设为主题的区域规划正式颁布实施。该规划明确围绕到2020年建成全国现代化建设示范区,到2030年全面实现区域现代化、经济发展和社会事业达到主要发达国家水平的目标,苏南地区要重点推进经济现代化、城乡现代化、社会现代化和生态文明、政治文明建设,促进人的全面发展,将苏南地区建成自主创新先导区、现代产业集聚区、城乡发展一体化先行区、开放合作引领区、富裕文明宜居区。2013年5月,为了落实国家发改委的《苏南现代化建设示范区规划》,江苏省委、省政府召开了苏南现代化建设示范区工作会议,布置和落实国家规划。这样,苏州市的城乡一体化发展便在"两个率先"的背景下,再次被赋予新的含义和示范意义。2012年3月,苏州市城乡一体化改革试验方案经中央农村工作领导小组审定,正式获批实施。2014年3月,国家发改委决定,把苏州市作为国家发改委城乡一体化综合改革试点,这标志着苏州市

---

① 罗志军.在江苏省第十二次党代会上的报告[N].新华日报,2011-12-07.

的城乡一体化发展道路具有全国层面的意义。

在上述背景和过程中,根据国家和江苏省的统一部署,凭借强大的经济和财政实力,苏州市走在了全国、全省城乡一体化发展的前列,成为名副其实的排头兵与探路者。在2005年底苏州市已经率先全面建成小康社会的基础上,2009年8月,中共苏州市委十届十次会议提出了苏州市新的发展战略目标,即"要把苏州建设成为科学发展的样板区、开放创新的先行区、城乡一体的示范区,以现代经济为特征的高端产业城市、生态环境优美的最佳宜居城市、历史文化与现代文明相融的文化旅游城市"(简称"三区三城"新战略,新目标)。2011年,苏州市"十二五规划"提出,要力争率先基本实现现代化,其中,城乡一体化发展是率先全面建成小康社会和基本实现现代化的重要内容。

为了推动城乡一体化健康、快速发展,2008年以来,苏州市委、市政府先后颁布了10多个政策文件,来推动城乡一体化发展。其中的纲领性文件有:2008年的《苏州城乡一体化发展综合配套改革的若干意见》,2009年的《苏州城乡一体化发展综合配套改革三年实施计划》,2010年的一号文件《全面推进城乡一体化改革发展的决定》等,再加上苏州所辖市、区的文件,合计达一百多个。这些文件是苏州市推进城乡一体化发展的制度创新,形成了推动、保证城乡一体化发展的制度框架,不仅向全市各行各业、各部门发出了城乡一体化发展的动员令,规划了城乡一体化发展的总目标与进程,而且详细规定了对解决各种具体问题的实施意见。

按照《苏州城乡一体化发展综合配套改革三年实施计划》,2009年为重点突破年,2010年为整体推进年,2011年为全面提升年。为了具体组织实施城乡一体化发展工作,苏州市委、市政府及所辖市、区都成立了专门的工作领导小组,下设办公室。为了稳步推进,苏州市坚持用全面推进和先导区先行相结合的办法,来保证城乡一体化有序进行,分步实现。一方面不等不靠,雷厉风行,令行禁止,在全市范围内全面推进城乡一体化的各项工作,同时又确定了23个先导区(镇、园、片),鼓励其大胆探索,积累经验,允许试、允许闯,更允许错了就改。这些先导区,要一年一个样,三年大变样,发挥出示范带动作用。列入23个先导区的有:张家港市的金港镇、塘桥镇和现代农业示范园;常熟市的梅李镇、海虞镇、沙家浜镇和古里镇;昆山市的巴城镇、千灯镇、张浦镇和花桥镇;吴江区的震泽镇、横扇镇和同里镇;太仓市的城厢镇、陆渡镇和浏河镇;相城区的渭塘镇和阳澄湖镇;吴中区的木渎镇和太湖现代农业示范园;工业园区的唯亭镇;①虎丘区的联合片区。实践证明,这种策略是完全正确的。

2012年6月,新一届苏州市政府宣示,在任期内,要把城乡一体化作为六大战略之一,城乡一体化发展要在全国领先,使城乡发展规划、产业布局、资源配置、基础设施、公共服务、就业社保和社会管理一体化格局更为完善,城乡建设统筹推进,各项事业共同发展,村镇面貌明显改观,广大农民普遍受益,农村现代化水平大幅度提升。重点工作之一是:更加注重城乡统筹,加快形成一体化发展格局,深入推进各项改革。②

2012年7月19日,中共苏州市委十一届三次会议提出:要做大做强现代化中心城市,统筹推进城乡一体化改革发展,着力在优化中心城市功能布局、加快城乡一体化改革发展、提升城乡生态环境水平上下功夫。据此,苏州市政府工作会议提出,要以更大力度整合城乡资源,优化城乡空间布局。到2012年底确保工业企业集中度达到90%,农业规模经营比重达到85%,农民集中居住达到48%以上;居民社会保障从"低水平、广覆盖"向"高水平、全覆盖"转变;努力实现户籍人口全部享受社会保障、重病大病人员全部享有较高水平医疗救助、城乡老人全部纳入社会化服务的目标,确保养老保险和居民医疗保险实现城乡并轨。

2012年12月20日,中共苏州市委十一届四次会议进一步提出:统筹联动优化布局,构建城乡一体新格局。要把城乡一体化作为转型升级、富民强市的重要抓手,加大统筹城乡发展力度,进一步拓展城乡发展空间,不断缩小城乡差距,促进城乡共同繁荣。要在城乡一体化发展特别是形态优化、政策创新上谋求新突破。

在2013年的苏州市《政府工作报告》中,提出要深入推进城乡一体化发展综合配套改革,持续缩小城乡差距,实现城乡共同繁荣,把城乡一体化打造成苏州最大的优势和品牌。加大城乡统筹力度,推动资源要素向农村配置,优化城乡布局,拓展发展空间,着力形成以工促农、以城带乡、工农互惠、城乡一体的新型工农关系和城乡关系。要在形态优化和政策创新上实现更大突破。特别是要鼓励农民把集体资产所有权、土地承包经营权、宅基地和住房置换成股份合作社股权与城镇住房,引导更多的农民进城镇落户,加快农民市民化步伐。

2013年4月2日,苏州市召开全市城乡一体化发展大会,这是近年来苏州市规模最大的一次"三农"工作会议,来自全市1 058个行政村、55个镇以及涉

---

① 2012年12月,苏州市调整苏州工业园区行政区划,撤销了唯亭镇等3个镇,另设唯亭等4个街道办事处。
② 周乃翔.政府工作报告[N].苏州日报,2012 - 07 - 02(A04).

农街道、社区的2 000多人参加了会议。会议在总结前几年城乡一体化发展经验、问题的基础上,进一步明确提出了下一步城乡一体化发展的新思路,通过突出六个方面的工作,提升城乡一体化发展水平,即突出改革创新,突出"三个集中",突出"四个百万亩",突出强村富民,突出生态优先,突出固本强基。到2015年,力争使农民人均纯收入达到2.8万元。会议还充分学习借鉴全国其他地区的城乡一体化发展经验,邀请深圳市南岭村代表现场介绍精用土地的经验,烟台市南山村代表介绍村企合一的经验。

2013年9月,按照国家发改委的《苏南现代化建设示范区规划》,苏州市出台了《推进苏南现代化示范区建设实施方案》,提出到2020年,苏州市要达到高收入国家和地区发展水平,基本建成现代化示范区。这样,苏州市的城乡一体化发展就被置于更加广阔的背景和视野,目标和道路更加清晰。

2013年12月,为了贯彻落实党的十八届三中全会和中共江苏省委十二届六次全会关于全面深化改革的精神,中共苏州市委十一届六次全体会议通过了《全面深化重要领域改革的意见》,其中第十条是"深化城乡一体化改革",强调要"持续创新体制机制,争创城乡一体化发展国家综合配套改革试点,形成以工促农、以城带乡、工农互惠、城乡一体的新型工农城乡关系,让广大农民平等参与现代化进程、共同分享现代化成果。"为此,要重点抓好以下工作:大力发展现代农业;加快新型城镇化进程;探索改革土地制度;有序推进"三个集中";继续深化"三大合作";创新农村金融服务;加快生态文明建设;优化城乡公共服务。

2014年3月,苏州市再次召开城乡一体化发展工作会议,针对新进展和新情况,对当年的工作重点做出新的安排,包括稳步推进"三个集中",发展壮大集体经济,以发展现代农业园区为抓手发展现代农业,等等。具体包括集中资金重点扶持建设10个示范镇、10个示范村、10个农业园区和10个农业项目。

2014年6月,苏州市在昆山市千灯镇召开全市深化城乡发展一体化暨推进新型城镇化现场会,对优化提升"四个百万亩"和加大生态文明建设力度以及加快推进新型城镇化提出了具体的要求。会议分析了苏州市的城乡一体化发展进程,提出要加快转入以提升质量为主的转型发展阶段,坚持以人为本,以体制机制创新为关键,勇于探索应对之策,积极破解发展难题,努力走出一条具有时代特色、符合苏州市实际的城乡一体化发展和新型城镇化道路。

回顾上述过程,可以看出,在这一阶段,由于市委、市政府的强力推动,苏州市的城乡一体化发展有声有色,快速推进,一年一个样,三年大变样,短短五六年时间,便形成了欣欣向荣的喜人局面。

三、苏州市城乡一体化发展目标

根据国家发改委和江苏省的试点要求,结合苏州市经济和社会发展的实际,苏州市规划和部署了城乡一体化发展的目标,这些目标的确定,既坚持积极奋进、开拓创新,又实事求是、谨防冒进和急于求成,而且,随着情况的变化,及时对目标做出修改和完善。

在苏州市"十二五"规划中,确定城乡一体化发展的主要目标是:通过一段时间的努力,使苏州农村既保持鱼米之乡优美的田园风光,又呈现先进和谐的现代文明,逐步建设成为基础设施配套、功能区域分明、产业特色鲜明、生态环境优美、经济持续发展、农民生活富裕、农村社会文明、组织坚强有力、镇村管理民主的苏州特色社会主义新农村。力争在2010年的"整体推进年"与2011年的"全面提升年"基础上,加快建设步伐,率先实现城乡在发展规划、产业布局、资源配置、基础设施、公共服务、就业社保和社会管理方面的一体化新格局。在加快形成农民持续增收机制、构建和谐社会制度环境、创新农村新型集体经济发展机制、形成城乡公共服务均等化运行体系的要求下,确立了"十二五"期末,即2015年城乡一体化改革发展的具体任务与目标(见表3-3)。

表3-3 苏州市"十二五"城乡一体化改革发展目标

经济生活	至2012年农村村均集体经济收入达450万元,农民人均纯收入达到全省平均水平的1.5倍、全国平均水平的2倍以上;至2015年农村集体经济总资产突破1 500亿元,村均收入超700万元,股份化实现全覆盖,农民人均纯收入超过2.5万元,其中财产投资性收入占比超过40%,且城乡居民收入比控制在2∶1以内。
城乡规划	通过"三置换""三集中"的深入推进,至2015年苏州市农用地规模经营比重、镇村企业集中度均达90%,农村居民集中居住度达60%以上。
产业发展	农业现代化加快推进,至2012年高效农业面积占种养面积比重达60%,其中亩均效益5 000元以上的占1/3;至2015年高效农业面积占种养面积比重达65%,其中亩均效益达5 000元的超过50%。
社会保障	至2012年基本实现城乡公共服务均等化,城乡基本养老保险、基本医疗保险和最低生活保障实现并轨。
生态环境	加快推进城乡生态环境建设,至2015年苏州市区污水处理率达到98%,镇区及太湖一级保护区农村规划保留村庄达90%,其他地区达70%,陆地森林覆盖率达27%以上。

资料来源:根据江苏省发展和改革委员会、苏州市城乡一体化改革试点工作总结和"十二五"规划加工整理。

2013年,苏州市一号文件进一步修改和完善了城乡一体化发展目标,具体为,到2015年年底,"三集中"稳步推进,土地规模经营比重超过90%,工业企业集中度超过93%,农民集中居住率达到63%;农村居民收入增长超过城镇居民,人均纯收入突破2.8万元,力争达到3万元,城乡居民收入之比控制在1.9以内;农业"四个百万亩"产业布局全面落实,农业科技进步贡献率达到70%,现代农业园区建成面积100万亩以上,亩均效益5 000元以上的高效农业占比达到50%。

2013年9月,苏州市《推进苏南现代化示范区建设实施方案》提出,到2020年年底,主要发展指标为:人均地区生产总值达到18万元;城镇化率超过75%;城镇居民人均可支配收入7.5万元,农民人均纯收入3.8万元;现代农业发展水平达到95%;教育发展水平达到92%;城乡基本养老保险、基本医疗保险和失业保险覆盖率达到98%以上;人均预期寿命达到80岁,居民体质合格率达到93%,每千人拥有医生数达到2.3人,每千名老人拥有各类养老床位40张,城乡社区居家养老中心实现全覆盖;城镇住房保障体系健全率达到99%;城乡居民收入达标人口比例达到50%,基尼系数控制在0.4以内;居民人均拥有公共文化体育设施面积达到3平方米。围绕上述目标,要着力把苏州市打造成为自主创新先导区、现代产业集聚区、城乡一体化发展示范区、开发合作引领区和富裕文明宜居区。在城乡一体示范区建设中,将开展集体建设用地使用权、农民住宅所有权等抵押贷款业务试点,力争到2020年市区城市公交出行分担率达到28%,镇村公交开通率100%,等等。

2014年3月,在国家发改委决定苏州市成为全国城乡一体化改革试点城市之后,苏州市重新调整了城乡一体化发展目标:总的建设目标是,始终保持苏州城乡一体化发展的领先优势,率先开展试点探索新境界,力争成为苏南地区现代化示范区建设的样本,全国城乡发展一体化的示范区;近期目标是,到2015年年底,城镇化率超过75%,初步实现新型城镇化,农民人均纯收入力争达到2.8万元,现代农业发展水平达到90%等;远期目标是,到2020年,城镇化率超过85%,基本实现城乡发展一体化和新型城镇化,农民人均纯收入达到4万元,现代农业发展水平达到95%,城乡一体化格局基本形成。

2014年5月,苏州市制定了《苏州市城乡发展一体化综合改革试点三年实施计划(2014—2016年)》,提出到2016年年底,全市农民集中居住率要达到64%,城镇化率超过77%,农村集体总资产超过1 800亿元,村均集体收入超过800万元,农民人均纯收入超过3万元,居民最低生活保障标准不低于每月800

元,现代农业园区建成面积超过120万亩,农业规模经营比重达到93%,农业机械化水平达到90%,现代农业发展水平达到90%以上,等等。

为了具体落实这些远期目标和中期目标,苏州市又把这些目标具体分解为年度目标。在每年的政府工作报告中和城乡一体化发展工作会议上,都会对上一年度的城乡一体化发展情况进行总结,并且有针对性地提出本年度的发展目标和工作重点。

四、苏州市城乡一体化发展的主要成果

经过改革开放以来30多年持续不懈的努力,特别是经过2008年以来的努力,苏州市已经成功地走出了一条城乡一体化发展和基本实现现代化道路,取得了喜人的成绩,城乡一体化发展和基本实现现代化格局已显雏形,在全国处于明显的领先水平,成为东部发达地区城乡一体化发展和基本实现现代化的代表,也成为全国的示范区。

(一) 经济发展主要指标完成情况

综合苏州市统计局和国家统计局苏州调查队发布的《2013年苏州市国民经济和社会发展统计公报》和苏州市市长2014年《政府工作报告》等方面的有关数据,截至2013年年底(个别数据延至2014年上半年),苏州市经济发展的相关指标完成情况为:

地区生产总值:实现1.3万亿元,人均地区生产总值(按常住人口计算)12万元,按现行汇率折算约2万美元。

地方公共财政预算收入:实现1 331亿元,其中,各项税收1 138.3亿元,占85.5%;地方公共财政预算支出1 207.1亿元,其中,用于民生方面的支出673.1亿元,占55.8%。

经济结构:服务业实现增加值5 940亿元,占地区生产总值的45.7%;制造业领域新兴产业实现产值13 735亿元,占规模以上工业总产值的45.2%。

固定资产投资:完成6 002亿元,其中,国有经济投资1 517亿元,私营个体投资1 776亿元,外商投资1 222亿元。

开放型经济:实现进出口总额3 093亿美元,其中,出口1 757亿美元,进口1 336亿美元(2014年前7个月,实现进出口总额1 803.8亿美元,其中,出口

1 033.6亿美元,进口770.2亿美元);实际利用外资87亿美元,新批境外投资16.2亿美元;共有国家级开发区12家,省级开发区5家。

国内贸易和旅游:实现社会消费品零售总额3 630亿元,其中,批发和零售业零售额3 200亿元;实现旅游总收入1 569亿元,接待入境游客190万人。

(二)城乡一体化发展主要指标完成情况

截至2013年年底(个别数据为2014年上半年),苏州市城乡一体化的相关指标完成情况为:

农民人均纯收入21 578元,在全国20个重点城市中排名居首,增长幅度为11.2%;城镇居民人均可支配收入41 096元,增长9.5%。二者之比为1.91,远远低于全国的3.03和江苏省的2.39。农民的收入结构进一步优化,财产投资性收入比重达到35%以上,农村居民恩格尔系数继续低于城镇居民恩格尔系数(见表3-4)。

表3-4 2008—2012年苏州市城乡居民收入与生活状况比较

年份	城乡居民收入比	城乡居民人均消费支出比	城市居民家庭恩格尔系数(%)	农村居民家庭恩格尔系数(%)	城乡居民恩格尔差异系数(%)
2008	2.03	1.80	39.3	35.4	-3.9
2009	2.02	1.75	37.6	34.5	-3.1
2010	1.99	1.72	38.8	33.9	-4.8
2011	1.93	1.69	37.3	33.8	-3.5
2012	1.93	1.61	36.8	33.9	-2.9

数据来源:根据相关年份《苏州统计年鉴》数据整理、计算。

土地规模经营比重为91%,工业企业向园区集中度为92%,农民集中居住率为52.2%,分别比2012年提高3.2和4.2个百分点。

集体经济进一步发展壮大,新型合作经济组织达到4 168家,总资产突破1 350亿元,村均收入超过650万元,分别增长12.5%和11.7%。持股农户比例超过96%,收益分配机制进一步完善。

城乡社会保障领域一体化全面推进,社会保障体系进一步完善,全市城乡居民养老保险和居民医疗保险覆盖率达到99%以上,城乡老年居民享受社会养老保险待遇覆盖率达到100%。城乡居民最低生活保障月标准在2012年由500元提高到570元之后,从2014年7月起,进一步提高到700元,在全国处于上游水平。在全市建立了按照商业保险运作的社会医疗救助制度,覆盖到城乡各类人员。

现代农业发展成绩显著,2013年新增高标准农田6.2千公顷,总量达到105.58千公顷,占全部农田比重达到65%。建成万亩以上现代农业园区26个,千亩以上80个,现代农业园区总面积达到81.5万亩。"四个百万亩"(优质水稻、特色水产、高效园艺和生态林地各100万亩)全部落实。农业综合机械化水平达到87%,连续3年居江苏省首位。农田水利建设共疏浚河道1 788条,加固圩堤137公里。

农村生态环境保护和改善取得明显成绩,城乡生态景观的一体化局面初步形成。目前,森林资源总量达173.4万亩,陆地森林覆盖率达23.7%。通过建立生态补偿机制,率先开展湿地地方立法工作,建成太湖湿地公园等7个国家级、省级湿地公园。此外,在村庄环境治理方面也取得了较大的成绩,村庄环境整治任务全面完成,达到省级标准。积极开展美丽乡村建设,示范点环境面貌明显改善,同里等镇入选全国美丽宜居小镇。

公共财政对"三农"投入进一步增加,强农惠农政策有效落实,农业保险承担的风险保障32.3亿元,农业担保金额达到262.9亿元。

城镇化快速推进,从规模扩张向以提升品质和功能为核心的内涵式城镇化转变。城镇化率达到72.3%(截至2014年上半年,达到73.15%)。农村的公共设施和公共服务水平有了很大的改善,农民居住条件和生活环境也大为改善。2014年8月,国家住建部等7部委公布了全国3 675个重点镇名单,其中苏州市坐拥6席:甪直镇、震泽镇、海虞镇、沙家浜镇、巴城镇和浏河镇。

户籍制度的改革稳步推进,本市大市范围内户籍可以自由接转,张家港市、常熟市等实行新市民积分改革,外来人口符合一定条件,就可以取得当地户口,在社会保障、子女受教育等方面享受与城市居民同等的待遇。

城镇空间规划与镇村布局规划得到优化。目前,工业、农业、居住、生态、水利等重大专项规划基本实现城乡对接。

(三) 率先基本实现现代化进展情况

苏州市的城乡一体化发展极大地带动了现代化建设进程,从"十二五"前两年的情况看,现代化建设进展顺利,完全有望实现预定目标。根据江苏省确定的基本实现现代化的指标体系,2011年,苏州市全市基本实现现代化的实现程度为84.2%,其中,经济现代化、科教现代化、社会现代化、生态现代化、民主现代化的实现程度分别为82.9%、80%、91.5%、78.2%和88.5%。2012年,苏州市基本实现现代化的实现程度为 94.45%,比上一年提高了 10 个百分点。其中,昆山市、苏州工业园区、张家港市和常熟市已经在 2012 年率先达到基本实现现代化的指标水平,其他市、区也在 2015 年前相继达到目标。

昆山市曾名列全国"百强县"之首,以"昆山道路"而闻名。1978 年,农民人均纯收入仅 201 元,城镇居民为 496 元,二者之比是 2.47。到 2011 年,农民人均纯收入达到 20 212 元,增长近 100 倍,而城镇居民人均收入达到 35 000 元,增长 70.7 倍,二者之比缩小为 1.74 左右。到 2012 年,昆山城镇化率达到 75.1%,70% 的农民实现了集中居住,90% 的土地实现了规模经营,90% 以上的工业实现了向工业园区集中。通过大力实施"蓝天、清水、绿地、宜居、静城"五大工程,全市城乡环境质量和宜居水平大幅度提高,许多农民前些年由于羡慕城市生活,通过"农转非"进入城市,后来看到城乡差距在缩小,农民收入增加,农村的工作、生活环境更好,于是又"城转农"重新回到农村,甚至难以返回农村。可见,没有城乡一体化发展,就没有昆山的率先实现现代化。

苏州工业园区是苏州市发展水平最高的区域,以"园区经验"而闻名,其发展目标代表着整个苏州市的发展方向。自从 1994 年启动建设以来,始终把城乡一体化作为发展的一个重要方面,实现了农村形态向城市形态的巨大跨越,累计动迁农户 5 万多户,10 万失地农民成功实现了从农民向市民的转变,平等享受市民待遇。通过对乡镇体制机制的改革,彻底破除城乡二元结构,实现了园区区域一体化发展。根据规划,到 2020 年,园区要努力使街道与开发区在各个领域彻底消除差别,实现完全融合,形成布局合理的城乡一体化城市发展格局、综合竞争力强的经济一体化发展格局、共享区域发展成果和民生福祉的一体化社会发展格局、人与自然环境和谐发展的一体化生态发展格局,最终实现全面和真正的一体化发展格局。

常熟市作为全国县级综合改革试点市和国务院发展研究中心首个"城乡一体化综合配套改革联系点"的城市,到 2012 年底,农民集中居住率达到了 47%,工业企业向园区的集中率 90%,土地规模经营达到 82%,全面实现了城乡发展规划、基础设施、公共服务、就业保障、社会文明等方面的城乡对接。为了使农民和城镇居民平等享受现代生活,全市建设了一批高标准的城乡一体化示范小区,到 2013 年 5 月,开工面积 420 万平方米,竣工 220 万平方米,交付使用 130.7 万平方米,推动大量农民集中居住。常熟市在社会保障城乡一体化方面,为农民提供均等化的公共服务,基本完成了纯农人员农保转接城保的工作,城乡医疗、养老和低保也已经并轨。此外,在城乡生态文明建设方面,也取得了巨大成绩,常熟全市所有乡镇都建成国家环境优美镇,70%的行政村建成了省级生态村,打造了以虞山尚湖、昆承湖、南湖和沙家浜为核心的120平方公里生态圈,极大地改善了城乡居民的工作和生活环境。

五、苏州市城乡一体化进程与水平评估

近年来,国内外一些研究机构从不同侧面和角度对苏州市的经济与社会发展以及城乡一体化发展水平进行了评估、比较,其中影响较大者,如中国社科院多年来的全国"百强县"排名,苏州市所有市(县)全部入围前10名,昆山市、张家港市曾经名列榜首;2012年,在中国城市竞争力研究会发布的"中国最具幸福感城市排行榜"中,苏州市位列第九,比2011年上升1位;而在由中国旅游协会休闲度假分会发布的"中国最佳休闲城市"中,苏州市被评为"中国特色休闲城市"中的"园林休闲之都",其下辖的常熟市被评为"中国休闲小城",等等。这些评价和结论可以反映社会各方面对于苏州市城乡一体化发展水平的评价与认可程度,具有一定的参考价值。

那么,苏州市目前的城乡一体化发展到底达到什么水平了呢?借助国内外一些学者的研究方法,我们尝试对其进行测算和评估。

(一) 城乡一体化评估指标与方法

城乡一体化是一个动态的、系统的发展过程,涵盖经济、生活、社会、生态等多个子系统。因此,构建一套科学、合理的城乡一体化综合评估指标体系,选择合适的评估方法,十分重要。在此,我们在分析城乡一体化指标体系的原则基础上,立足苏州市实际状况,构建出综合评估指标体系。

1. 指标体系构建的原则

城乡一体化指标体系具有多维性、系统性等特点,各项指标之间应具备内在的独立性与联系性,且指标能够用数据量化。鉴于此,我们认为,城乡一体化指标体系构建应遵循以下四个原则:

(1) 多维性原则。城乡一体化指标体系应是多维的,能够真实反映区域城乡关系的诸个领域,科学地衡量城乡融合的程度。同时,多维化的指标体系可以更好地与全面建设小康社会以及基本实现现代化指标体系的对接,体现居民生产、生活等各方面的状况。

(2) 科学性原则。城乡一体化指标体系要从实际出发,科学合理地选择。一方面避免指标选择的主观性,克服主观因素对评估的影响;另一方面应注意指标层次的设置与具体指标的选取,避免数据过多或过少对评估的负面影响。

(3) 人本性原则。城乡一体化涵盖各领域,内容丰富,但其核心应是提高人民生活水平,实现城乡在经济、生活、文化等方面的全面融合与发展。因此,指标体系应以此为核心,有重点地反映城乡在这些方面的发展情况。

(4) 可行性原则。城乡一体化指标体系应结构简明,指标易于收集与监测,各项统计指标数据间应统一口径,以便提高评估的可行性。

2. 指标体系的构建

在遵循上述原则下,我们从经济、生活、社会、生态等方面进行指标选取,力争建立全面客观的评估指标体系。结合苏州市城乡一体化发展的实际,借鉴前人的相关研究成果,根据苏州市历年统计年鉴,对各项指标数值进行收集与查询,剔除了无法获取数据的指标,最终形成了苏州市城乡一体化发展综合评价指标体系,该指标体系由1个目标层,2个综合系统层,11个单项指标层组成(见表3-5)。

表3-5 城乡一体化综合评价指标体系

目标层	综合系统层	单项指标层
城乡一体化	经济、生活一体化	非农产业增加值占比(X_1) 城乡居民人均收入比(X_2) 城乡居民人均消费支出比(X_3) 农村从业人员占总人口比(X_4) 农村投资占固定资产投资额比(X_5)
	社会、生态一体化	农村居民恩格尔系数(X_6) 城镇化率(X_7) 农林水事务支出占财政预算支出比(X_8) 农村合作医疗保险参保率(X_9) 城乡最低生活保障标准比(X_{10}) 城乡建成区绿化覆盖率(X_{11})

3. 评估方法

城乡一体化发展水平的评估,需要用科学的研究方法来构建模型。我们结合国内外的研究成果,在查询相关理论著作与文献的基础上,立足科学的、适用的角度,选取了主成分分析法为研究方法,利用SPSS 18.0软件进行统计分析。

(1) 基本原理。在评估中,为了测度某种事物或现象的综合程度,我们必须考虑各项相关因素。这些可以量化且具有实际意义的因素一般称为指标或变量。由各项变量形成的指标体系虽可从较全面系统的视角反映问题，但是指标的重叠与烦冗会增加研究问题的难度。主成分分析法正是应对这样的问题而形成与发展起来的。主成分分析法是利用数学上降维的思想，通过一个正交变换，将众多的指标转换为反映原始信息量较多的少数综合指标的一种统计方法，这样的综合指标即分析中的主成分。每个主成分要求尽可能多地反映原始指标的信息，用原始指标的线性组合来解释变量的方差—协方差结构。

在对实际问题的统计分析中，为了测度某种事物或现象的综合指标，可利用少数几个主成分来代替原始数据的大部分信息，并以专业知识对主成分进行科学的解释，便可反映事物的本质规律与综合程度。

（2）基本步骤：

①对原始数据标准化，消除变量间在量纲上或者数量级上的不同；

②根据标准化矩阵求出相关系数矩阵；

③求出协方差矩阵的特征向量与特征根；

④确定主成分，对主成分进行命名并构建表达式；

⑤对主成分进行综合评价，根据成分得分系数矩阵与每个主成分的方差贡献率，对主成分进行综合测度。

（二）苏州市城乡一体化发展水平的评估

根据上述已构建的城乡一体化发展水平综合评价指标体系，我们运用主成分分析法评估苏州市城乡一体化发展水平，并结合苏州市城乡一体化发展的现状对评估结果进行分析。

1. 指标的标准化处理

为了使指标具有可比性与同趋性，将指标进行标准化处理。标准化处理有两种情形：正向指标和逆向指标。

（1）正向指标的标准化方法：$Z_{i,j} = \dfrac{X_{i,j} - \text{Min}(X_j)}{\text{Max}(X_j) - \text{Min}(X_j)}$

（2）逆向指标的标准化方法：$Z_{i,j} = \dfrac{\text{Max}(X_j) - X_{i,j}}{\text{Max}(X_j) - \text{Min}(X_j)}$

上式中，设有 i 个评价对象，j 个指标，每个指标的原始数据值为 $X_{i,j}$，$\text{Max}(X_j)$、$\text{Min}(X_j)$ 分别为第 j 个指标的最大与最小值，$Z_{i,j}$ 为 $X_{i,j}$ 经标准化之后的相应数据值。

2. 指标的主成分分析

我们将经标准化后的数据导入 SPSS 18.0 软件,计算出结果如下。

(1) 得出相关矩阵与检验结果(见表3-6)。

表 3-6 KMO 和 Bartlett 检验表

取样足够度的 Kaiser-Meyer-Bartlett 的球形度检验	Olkin 度量	0.779
	近似卡方	233.235
	df	55
	Sig.	0.000

在标准化数据基础上得出的相关矩阵和检验结果显示,各个指标的相关系数较大,绝对值大部分在 0.4 以上,说明这些变量之间具有统计学意义。同时检验结果显示,KMO = 0.779 > 0.5,P = 0.000 < 0.001,说明变量高度相关,足够为分析提供合理的基础,可以进行主成分分析。

(2) 得出公因子方差表。表 3-7 给出了初始变量的共同度值均在 0.8 以上,表明这些因素可较好地解释方差。

表 3-7 公因子方差表

因 素	初始	提取
非农产业增加值占比(X_1)	1.000	0.945
城乡居民人均收入比(X_2)	1.000	0.900
城乡居民人均消费支出比(X_3)	1.000	0.828
农村从业人员占总人口比(X_4)	1.000	0.862
农村投资占固定资产投资额比(X_5)	1.000	0.732
农村居民恩格尔系数(X_6)	1.000	0.869
城镇化率(X_7)	1.000	0.974
农林水占财政预算支出比(X_8)	1.000	0.903
农村合作医疗保险参保率(X_9)	1.000	0.977
城乡最低生活保障标准比(X_{10})	1.000	0.970
城乡建成区绿化覆盖率(X_{11})	1.000	0.949

(3) 根据总方差表与主成分特征值曲线图显示的特征值与方差贡献率状况,提取主成分(见表3-8)。

表 3-8 总方差解释

成分	初始特征值			提取平方和载入			旋转平方和载入		
	合计	方差的%	累积%	合计	方差的%	累积%	合计	方差的%	累积%
1	7.913	71.937	71.937	7.913	71.937	71.937	7.244	65.852	65.852
2	1.995	18.132	90.069	1.995	18.132	90.069	2.664	24.217	90.069
3	0.620	5.635	95.704						
4	0.238	2.168	97.872						
5	0.095	0.863	98.736						
6	0.061	0.552	99.287						
7	0.037	0.337	99.624						
8	0.017	0.157	99.781						
9	0.016	0.144	99.925						
10	0.007	0.063	99.988						
11	0.001	0.012	100.000						

第一、第二初始特征值分别为 7.913、1.995,均大于 1,累积贡献率为 90.069%,即总体近 90.069% 的信息可以由这三个成分来解释。旋转平方和载入得到的方差贡献值、方差贡献率和累积贡献率与未经旋转对比,每个成分的方差贡献值有变化,但最终的累计方差贡献率不变。

根据主成分特征值曲线图(见图 3-4)所示,曲线在主成分 2 处特征值小于 1,我们以特征值大于 1 的标准,来提取主成分,因此选 2 个主成分来代表原来的变量,前 2 个主成分的累积贡献率已达 90.069%,表明前 2 个主成分就可以代表原始变量的绝大部分信息,完全可以用来评价城乡一体化发展水平。

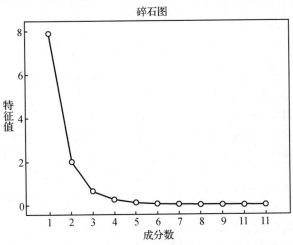

图 3-4 主成分特征值曲线图

(4) 用方差极大旋转法,导出旋转成分矩阵(见表3-9)。

表3-9　旋转成分矩阵

因素	成分	
	1	2
非农产业增加值占比(X_1)	0.972	0.004
城乡居民人均收入比(X_2)	-0.948	0.006
城乡居民人均消费支出比(X_3)	-0.058	0.908
农村从业人员占总人口比(X_4)	0.754	0.542
农村投资占固定资产投资额比(X_5)	-0.106	-0.849
农村居民恩格尔系数(X_6)	0.835	0.414
城镇化率(X_7)	0.970	0.183
农林水占财政预算支出比(X_8)	0.935	0.169
农村合作医疗保险参保率(X_9)	0.969	0.197
城乡最低生活保障标准比(X_{10})	0.650	0.740
城乡建成区绿化覆盖率(X_{11})	0.971	0.081

一般认为,因子载荷的绝对值<0.3称为低载荷,>0.3称为高载荷,越接近于1,表示对变量的解释程度越强。设F是所提取的主成分,F_1、F_2分别表示2个主成分,从表3-9可看出,第一主成分F_1更能代表X_1、X_2、X_4、X_6、X_7、X_8、X_9、X_{11};第二主成分F_2更适合代表X_3、X_5、X_{10}。

(5) 根据主成分得分系数矩阵,计算各主成分得分与城乡一体化综合评价指数(见表3-10)。

表3-10　主成分得分系数矩阵表

因素	成分	
	1	2
非农产业增加值占比(X_1)	0.164	-0.114
城乡居民人均收入比(X_2)	-0.161	0.115
城乡居民人均消费支出比(X_3)	-0.118	0.424
农村从业人员占总人口比(X_4)	0.063	0.159
农村投资占固定资产投资额比(X_5)	0.083	-0.377
农村居民恩格尔系数(X_6)	0.092	0.091
城镇化率(X_7)	0.142	-0.031
农林水占财政预算支出比(X_8)	0.138	-0.034
农村合作医疗保险参保率(X_9)	0.140	-0.025
城乡最低生活保障标准比(X_{10})	0.022	0.262
城乡建成区绿化覆盖率(X_{11})	0.154	-0.078

设 Y_1、Y_2 分别为各年在第一、第二主成分上的得分值,根据主成分得分系数矩阵表,则有计算公式:

$$Y_1 = 0.164Z_1 - 0.161Z_2 + 0.063Z_4 + 0.092Z_6$$
$$+ 0.142Z_7 + 0.138Z_8 + 0.140Z_9 + 0.154Z_{11};$$
$$Y_2 = 0.424Z_3 - 0.377Z_5 + 0.262Z_{10}$$

根据各主成分得分及其方差贡献率,构建综合评价指数得分函数:$F = W_1Y_1 + W_2Y_2$,其中 W_1、W_2 分别为第一、第二主成分的权重,其计算公式为:W_i = 各主成分的方差贡献率/方差累积贡献率,计算出权重的数值分别为:0.731、0.269。把各个主成分权重和得分分别代入综合评价指数得分函数,得出历年苏州市城乡一体化发展的得分(见表3-11)。

表3-11 1999—2012年苏州市城乡一体化发展水平的综合评价指数得分及排序表

年份	各主成分值与综合评价指数			
	Y_1	Y_2	F	排序
1999	-2.381	1.081	-1.450	14
2000	-1.549	0.384	-1.030	13
2001	-0.943	-0.593	-0.849	12
2002	-0.710	-1.165	-0.833	11
2003	0.145	-1.825	-0.385	10
2004	0.316	-0.678	0.048	9
2005	0.380	-0.612	0.116	8
2006	0.572	-0.438	0.300	7
2007	0.698	-0.292	0.432	5
2008	0.559	0.032	0.417	6
2009	0.698	0.225	0.571	4
2010	0.842	0.778	0.825	3
2011	0.716	1.318	0.878	2
2012	0.659	1.776	0.959	1

(三)评估结果分析

从整体上看,苏州市城乡一体化发展水平呈平稳上升趋势,综合评价指数从1999年的-1.450分上升到2012年的0.959分,除2007年和2008年以外,基本上是逐年稳步提高。具体来看，在以下几方面取得明显进步，同时也存在着一些问题，需要进一步解决。

第一，城乡二元结构逐步破解，城镇化稳步推进，但是产业结构仍需进一步优化，城镇化质量需要提高。我们计算出了1999—2012年的第一产业与第二、第三产业的比较劳动生产率、二元对比系数与二元反差系数，以便于对苏州市二元结构的演变进行分析。从表3-12可知，二元对比系数从1999年的0.25提高至2012年的0.36，表明苏州农业与非农业部门发展差距在缩小；由二元反差系数的数值可知，二元性逐步消失，城乡一体化正迈向整体协调阶段。二元经济结构消减必然伴随着第一产业产值比重和就业比重的相对下降，1999年苏州第一产业产值比重与就业比重分别为6.5%和22%，两者绝对差距为15.5个百分点；而2012年两者分别为1.6%和4.3%，绝对差距缩小为2.7个百分点。同时，第二、第三产业产值比重和就业比重相对上升，加上现代农业的发展，产业结构不断优化。但从比较劳动生产率数据可知，苏州第一产业比较劳动生产率较第二、第三产业的比较劳动生产率低很多，不利于城乡一体化的深入与推进。目前，苏州市第一产业的比重已经很低，达到发达国家的水平，继续下降的空间已经很小，因此，下一步的经济结构调整和优化重点应该是在第二、第三产业之间，要大力发展服务业，特别是现代服务业，以减轻工业发展对资源和环境造成的巨大压力。

城乡一体化过程必然伴随着城镇化的推进，苏州市着力推进以工业化、信息化、城镇化和农业现代化"四化同步"发展战略，2012年城镇化水平已达到72.3%，处于二元结构向城乡一体化过渡阶段。总体来说，二元系数、城镇化率与城乡一体化发展水平基本保持一致，两者共同推动了苏州市城乡一体化的发展（见表3-12、图3-5）。目前，苏州市的城镇化率在全国遥遥领先，已经接近发达国家水平，但是城镇化质量却有待提高，下一步城镇化的工作重点应该是消化和提高，重点解决好农民工市民化等与民生关系极大却又非常棘手的问题。

表 3-12　1999—2012 年苏州市二元结构变化趋势测度

年份	第一产业比较劳动生产率①	第二、三产业比较劳动生产率	二元对比系数②	二元反差系数③
1999	0.29	1.20	0.25	0.088
2000	0.28	1.19	0.24	0.083
2001	0.25	1.19	0.21	0.089
2002	0.23	1.18	0.20	0.090
2003	0.17	1.16	0.15	0.067
2004	0.16	1.13	0.14	0.062
2005	0.20	1.09	0.18	0.054
2006	0.25	1.07	0.23	0.034
2007	0.29	1.05	0.27	0.049
2008	0.28	1.05	0.26	0.046
2009	0.32	1.04	0.30	0.044
2010	0.34	1.03	0.33	0.048
2011	0.38	1.03	0.37	0.047
2012	0.37	1.03	0.36	0.046

数据来源:根据《苏州统计年鉴》(2000—2013 年)相关数据计算。

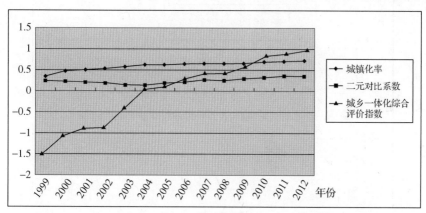

图 3-5　苏州市城镇化、二元对比系数与城乡一体化发展水平对比图

数据来源:根据《苏州统计年鉴》(2000—2013 年)整理。

---

①　比较劳动生产率指某部门产值比重与劳动力比重间的比率,它反映城乡二元结构水平及一体化程度。在二元结构加剧阶段,农业比较劳动生产率逐渐降低,非农业比较劳动生产率升高;在二元结构消减阶段情况则相反。

②　二元对比系数指二元结构中农业和非农业比较劳动生产率的比率,它反映经济发展的二元化程度;二元对比系数与二元经济结构的强度呈反方向变动。

③　二元反差系数是指农业和工业产值比重与劳动力比重之差的绝对数平均值,它反映两部门产值转换与劳动力转换之间的速度差异,它与二元经济结构的强度呈正方向变动。

第二，城乡居民收入和生活水平进一步融合，但城乡收入差距有待进一步缩小。随着以"三大合作"为主体的富民强村机制的构建，农民收入水平上升，消费结构与消费方式显著变化，生活水平明显提高。2008年以来，农民收入增长速度快于城镇居民，二者收入差距趋向缩小。城乡居民消费水平差距亦然，1999年城镇居民与农民家庭人均消费性支出分别为6 545元、3 785元，城乡居民消费水平之比为1.73∶1；2012年城乡居民消费水平之比为1.75∶1，总体上呈倒U型下降趋势。2007—2012年，城乡居民恩格尔差异系数连续六年为负，且曲线仍处于下降态势。这表明农村居民恩格尔系数低于城镇居民恩格尔系数，苏州市城乡居民消费结构相近，在生活方面一体化基本形成（见图3-6、图3-7）。但是，与20世纪80、90年代相比，城乡居民收入差距仍然处于高位，从城乡居民收入差异系数曲线①可知，城乡居民人均收入差距有拉大趋势，绝对差距从1999年的3 098元扩大到2012年的18 135元；城乡居民人均收入比从1999年的1.58上升到2012年的1.93，总体上保持在2以内，二者收入差距有待进一步缩小。

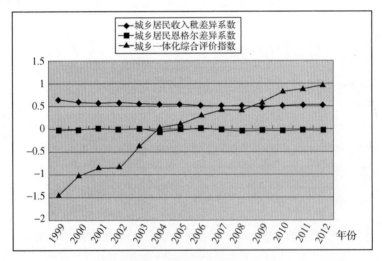

图3-6　苏州城乡居民收入差异系数、恩格尔差异系数与城乡一体化发展水平对比图
　　　　数据来源：根据《苏州统计年鉴》（2000—2013年）相关数据整理。

---

① 城乡居民收入差异系数为农村居民家庭人均纯收入除以城镇居民家庭人均可支配收入之值，它反映城乡居民收入水平差距.其变动区间为0～1，小于0.5，表明处于城乡二元结构状态；介于0.5～0.8之间，表明处于由二元结构向城乡一体化过渡时期；大于0.8，表明城乡一体化基本完成。

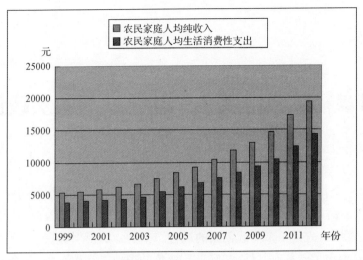

图 3-7　1999—2012 年苏州市农民家庭人均纯收入与人均消费性支出图

数据来源:根据《苏州统计年鉴》(2000—2013 年)相关数据整理。

第三,城乡社会、生态等领域齐步并进,共同推进一体化进程,但是仍然需要进一步提高和深化。苏州城乡社会保障制度率先接轨,极大地推动了城乡一体化发展步伐。2010 年苏州在岗职工五大社会保险参保人数达 219.822 万人,五大社会保险覆盖率均在 99% 以上。农村社会事业发展迅速,社会保障体系日趋完善。截至 2012 年年底,苏州全市已经实现了城乡医疗、养老保险和低保的并轨。但是,目前的社会保障水平与城乡居民的需求相比,还存在一定差距,应该在此基础上,进一步提高保障水平,满足群众需要。特别是要配合户籍制度改革,解决外来人口的社会保障问题。

目前,贯通城乡的一体化生态景观系统初步形成,基础设施也基本实现了在城乡间均衡配置和对接。但是,这些成果还需要进一步巩固和提高。

第四章　苏州市城乡一体化发展的实践创新

作为一个排头兵与探路者,苏州市在推进城乡一体化发展过程中,没有现成的经验与做法可以照搬,只有在实践的过程中不断摸索。因此,苏州市的城乡一体化发展首先是一个实践创新的过程,对城乡二元结构进行了全方位的改革与冲击,走出了既具有共性,又有自己特色的道路。在改革中,各个方面相互制约,相互配合,取得了综合配套改革的明显成效。

一、在八大领域全面推进

城乡一体化涉及经济社会发展的方方面面,相互掣肘和制约,单方面突进势必会因受到其他方面的拖累而失败。苏州市在城乡一体化进程中,审时度势,坚持从城乡发展规划、产业布局、资源配置、基础设施、公共服务、社会管理、就业保障和生态建设八个方面全面推进。这八个方面既经纬交织,又环环相扣,相互衔接,相互促进,是实现城乡一体化的八条必不可少的小路。八条小路总体汇成一条通往城乡一体化的康庄大道,编织出了一幅城乡一体化发展的锦绣图画。

城乡发展规划一体化是指以规划制度改革为突破口,打破城乡二元地域分割,引导城乡空间有序融合,率先实现市域规划全覆盖,促进"三集中"。

城乡产业布局一体化是指发挥重点园区的龙头作用,强化区、镇间的配套协作,形成紧密联系的配套产业链,以城乡产业的联动发展推进城乡一体化进程,加快形成以高新技术产业为导向、先进制造业为基础、现代服务业为支撑、现代都市农业为特色的现代产业体系。

城乡资源配置一体化是指创新土地、资产、资金等生产要素的配置形式,积极探索以工促农、以工强农、以企联村、以企带村的新路子,推动城乡要素双向流动,优势互补。

城乡基础设施一体化是指以市域交通与环境基础设施为重点,形成无缝对接、城乡一体的基础设施网络,助推城乡生活同质化,全市形成"六纵六横二环五高"的交通大网络。

城乡公共服务一体化是指加快完善覆盖城乡、惠及全民的公共服务体系,保障城乡公共服务均等化。所有乡镇都成为江苏省教育先进镇,城乡医疗体系有机结合和对接。

城乡就业社保一体化是指统筹城乡劳动就业,缩小城乡收入差距,推进社保并轨,实行城乡居民低保、医疗保险和养老保险的一体化。

城乡生态建设一体化是指用同一标准衡量城乡环境,促进城乡环境共同改善。

城乡社会管理一体化是指与上述各项一体化相配套,推动区镇管理体制改革,加快实现政府管理由单项管理向多元化、综合管理为主的转变,在社会管理创新方面进行有益的探索,积累成功的经验。

二、用"三集中"优化要素空间配置格局

在优化城乡空间格局的过程中,苏州市大力推进"三集中",即农民向社区集中,工业企业向园区集中,土地向规模经营集中。

到2013年底,苏州全市已有52.2%的农户实现了集中居住,累计有46万户农户、130多万农民实现了居住地和身份的转换。通过农民向小区的集中居住,既可以整理原有村落,改变长期以来分散居住造成的浪费土地、污染环境、生活不便问题,又可以降低自来水、燃煤气、有线电视、上网等公共服务的成本。

在实行农民集中居住之前,苏州市农民大部分居住在自然村落,数量多,规模小。2005年,苏州市共有自然村20 914个(行政村3 336个),其中50人以下的自然村2 435个,占11.64%;51~100人的8 054个,占38.51%;101~300人的8 516个,占40.72%;301~800人的1 670个,占7.99%;801~2 000人的224个,占1.07%;2 000人以上的15个,占0.07%。村庄总人口276万人,平均每个自然村人口为132人,最小的仅有6户人家。通过近年的村庄撤并和集中居住,全市范围内规划确定了农民集中居住区2 517个。到2011年底,苏州市的自然村减为10 170个,行政村减为1 168个,另成立了200多个涉农社区,

其中最大的涉农社区人口达到7.5万人,超过了一个正常的乡镇人口。昆山市原有1 193个自然村,合并后仅有120个被列入保留村庄名单,其中花桥镇原有342个自然村,现在只保留了10个。这些集中居住点统一规划,打破了村的界限,重新组合,扩大规模,提高土地和公共资源的利用效益,往往一个社区集中了过去几个村的居民,而以往一个村的居民,现在也往往被安置在几个社区。例如,昆山市花桥镇原先的古南村,有2 000个居民,现在被改造为绿地社区,居住了2.1万人,来自五湖四海,其中约40%是上海人,其余来自安徽、陕西、四川、湖北、河南、黑龙江和浙江等地,还有200多个外国人,被称为"国际社区"。昆山市陆家镇合丰村本村人口不到4 000人,外来人口竟有6万人。这为当地农民群众带来商机和收入。该村村民徐品章,利用拆迁安置房,发展"房东经济",入住了13户房客,每月有4 000多元的房租收入。而地处吴江区经济技术开发区的叶明村,原先有550户,1 529人,从2003年开始动迁安置,村民被安置在4个社区,包括叶泽湖花苑、山湖花园、城南花苑和西湖花苑。这4个社区也还有原先其他村的村民,正是所谓的"两个泥人打碎再做成两个,我中有你,你中也有我"。有些社区,还有大量的外来人口,实现了外来人口与本地人口的真正融合。①

苏州市相城区近年以"三集中"为突破口,促使农民转变长期以来形成的传统生产和生活方式。2011—2012年,共建成49个安置小区,693万平方米安置房,使40 278户农民实现了集中居住,集中率达到42.7%。有7 472家企业进入各类工业园区,集中率达到90.5%。农民承包土地全部实现了流转和规模化经营。

在农民集中居住的小区里,实现了"生活城市化,环境园林化,社会关系亲情化"。小区布局合理,环境优美,阅览室、保健室、老年人活动中心、超市等生活设施一应俱全,十分方便,凡是城市里有的,农民小区里也有。而且,由于距离市区较远,空气更加清新,噪声更小,居住环境更加惬意,深受农民欢迎。这就为农民向市民的转变,提供了重要的平台和物质基础,迈开了重要的一步。

通过工业企业向园区集中,可以解决乡镇企业发展过程中所遗留的布局过于分散等问题。目前,苏州市共有国家级开发区12个,分别是:苏州工业园区、苏州高新技术开发区、昆山经济技术开发区、张家港保税区、苏州太湖旅游度假

---

① 报道组.城乡一体化中的新农村(系列实地采访)[N].苏州日报,2012-07-03(1)、2012-07-04(1)、2012-07-05(1).

区、昆山国家高新技术产业开发区、吴江经济技术开发区、常熟经济技术开发区、张家港经济技术开发区、太仓港经济技术开发区、吴中经济技术开发区和浒墅关开发区,在全国名列前茅。另外,还有一批省、市级开发区。到2013年底,全市已有92%的农村工业企业进入工业园区,基本上改变了农村工业企业分散布局的混乱状态。

通过土地向规模经营集中,可以解决家庭经营规模过小带来的与市场脱节、劳动效率低、收入难以提高等问题,为发展现代高效农业创造条件。苏州市实现土地规模经营的平台是建立土地股份合作社,即农民首先把承包土地集中到土地股份合作社,取得股份,然后由土地股份合作社集中发包,实现规模经营。在规模经营中,建立了一批万亩方、千亩方、百亩方。到2013年,全市已有91%的承包耕地实现了规模经营,全市建成了一批万亩、千亩和百亩以上规模的农业园区,另外还有一批家庭农场,总面积达到近百万亩。例如,苏州市高新区通过土地承包权流转,实现了规模经营,在此基础上,种植生态大米,6 860亩水稻生产了280万公斤大米,每公斤在5~7元,生态米在10元以上,总产值达1 600多万元。

为了鼓励土地规模经营,苏州市财政设立耕地保护专项资金,农民把耕地流转给土地股份合作社,除流转费收入外,财政每年每亩再补贴400元。吴江区、张家港市对于流转土地用于规模经营的农户,每年每亩补贴300元。高新区财政则向农民发放水稻直补、水稻良种补贴和农资综合补贴,全年累计达到250万元以上,受惠农户3 340户,对列入"四个百万亩"的水稻种植,在市级每亩400元的生态补偿基础上,再发放200元的区级生态补偿。这些都对促进土地流转集中和增加农民收入发挥了重要作用。

三、用"三形态"优化城乡空间格局

在城乡一体化进程中,城乡空间结构的演变是一个值得关注和探索的问题。在全国许多地方,随着青壮年劳动力外出打工,一方面,农村人口结构发生重大变化,呈现出"三八(妇女)六一(儿童)九九(老人)"形态;另一方面,由于人口的外流,致使大量房屋闲置,村容凋敝,成为空壳村,走向衰落。苏州市在城乡一体化过程中,同样遇到这类问题,为了优化城乡资源配置,重新整合和优化城乡空间结构,提出了"三形态"理念,即让城市更像城市,农村更像农村,园区更像园区,以此来矫正20世纪80年代以来工业化和城镇化过程中由于规划滞后所导致的"走过一村又一村,村村像城镇;走过一镇又一镇,镇镇像农村"那种城乡形态和功能不分的混沌状态,避免农村走向衰败。通过大力度的环境整治,城乡面貌大为改观。特别是在农村的集中居住区,楼房成行,绿树成荫,繁花似锦,其中还夹杂和点缀着楼台亭阁,公共服务设施一应俱全,生活比以前更加方便,农民既可以享受城市现代文明,又保留了田园诗般的乡村文明,生活水平和幸福指数大大提高。

在优化城乡空间结构的过程中,苏州市按照加快融入城市化、加快就地城镇化、加快农业现代化的"三种形态"和现代社区型、集中居住型、整治改造型、生态自然型、古村保护型"五种模式",打破村域界限,重新规划,对镇、村进行了较大力度的撤并,对不同的镇、村,进行功能分工。2013年6月,苏州市规划部门公布了《苏州市镇村布局规划编制导则》,明确将根据"保护、利用、改造、发展"原则,统筹安排村庄布点,在保留传统村落的同时,划定城市化地区、基本农田保护区和生态控制区等区域,并按照区位特点分类进行村庄布点。对于村庄,分为农业村庄和工业村庄,前者是指主要从事农业生产的人及其抚养并共同居住的人口的聚居点,后者则是指村庄内的村民主要从事工业生产的人及其抚养和共同居住的人口的聚居点,其中从事工业生产的人口占总就业人口的比重大于80%。工业村庄的人口计入城镇常住人口。对于现有工业,要逐步向镇以上的工业园区集中。如此一来,城乡之间的产业分工和空间布局进一步合理化,既有利于提高工业的聚集效益,又有利于农业的规模经营以及环境保护。在规划的实施过程中,对于保留的村庄,农户可以按照规划,适当翻建房屋,而对于规划保留以外的村庄,要防止乱搭乱建新的房屋,避免造成新的浪费。

与此同时,苏州市启动了美丽镇村建设工程。为了美化农村空间,苏州市把农村村庄环境整治工作作为一项重要内容,着力改善农村人居环境,建设美丽苏州,努力打造"水清、畅流、岸绿、景美"的江南人居新环境。据此,积极推动农村生活垃圾分类收集、源头减量和资源利用工作,并加强农村工业污染治理,最终优化城镇、工业、农业、居住的空间布局,使城市更像城市,农村更像农村。到2012年7月底,全市共完成7 709个自然村庄的整治,占全部整治任务的75.8%,其中达标三星级康居乡村86个,二星级康居乡村528个,一星级康居乡村1 064个,环境整治村4 394个。① 2014年,苏州市提出,计划用3-5年的

---

① 钱怡.让苏州任何地方都经得起看[N].苏州日报,2012-07-15(1),2012-08-14(1).

第四章 苏州市城乡一体化发展的实践创新

时间,建成21座郊野生态公园,其中在年内要恢复湿地1.65万亩,打造全国最大的城市湿地群,在市区则要新增绿地500万亩,绿化率达到37.7%。并且要整治一批城郊接合部、城中村、棚户区和老旧小区,以及一批背街小巷、河道和低洼易涝片区。到2016年,全市陆地森林覆盖率达到29%以上,自然湿地保护率达到50%以上。

为了充分展现苏州农村之美,全市共确定了16个美丽镇示范点和71个美丽村示范点。美丽镇包括张家港市凤凰镇、常熟市海虞镇、太仓市沙溪镇、昆山市周市镇、吴江区震泽镇、吴中区木渎镇、相城区黄埭镇和高新区浒墅关镇等,美丽村包括张家港市长江村、常熟市燕巷村、太仓市印北村、昆山市姜巷村、吴江区农创村、吴中区天池村、相城区迎湖村和高新区树山村等,覆盖到了苏州市除工业园区以外的所有区、市。2013年1月,苏州市评选出幸福乡村,常熟市蒋巷村、张家港市永联村、吴中区旺山村被授予"苏州市幸福乡村"荣誉称号,张家港市长江村、常熟市梦兰村、常熟市康博村、太仓市东林村、昆山市金华村、昆山市市北村、吴江区龙降桥村、吴中区湖桥村、吴中区三山村和相城区灵峰村被命名为"苏州市十大幸福乡村"。

苏州市的美丽镇村建设取得了显著成效,在由国家住房和城乡建设部组织的中国人居环境奖评比中,2006年,苏州市下辖的张家港市获得此奖;2007年,昆山市获得此奖;2010年,原吴江市获得此奖;2011年,常熟市获得此奖;2012年,太仓市获得此奖。至此,苏州市的县级市实现了中国人居环境奖的全覆盖,在全国地级市中遥遥领先。另外,昆山市巴城镇生态宜居工程建设等项目还获得了2012年中国人居环境范例奖,太仓市连续4年获得"中国最具幸福感城市"称号。2013年3月,在由中国社会科学院城环所等单位发布的《中国城镇化质量报告》中,苏州市的城镇化质量在全国地级以上城市中,排名第九,在超大城市和特大城市中,名列第四,仅次于深圳、北京和上海。这些也从一个侧面反映了苏州市城乡一体化发展的成就与质量。

吴中区坐拥太湖、东山、西山等山水名胜,古村落众多。在乡村整治过程中,重视保护每一个古村庄的原始风貌和自然特色,不使它们"千村一面",清代民居、民国民居随处可见,形成了小而精、大而全、自然生态、文化保护四类村落特色,营造出了人居与自然融合的山水村庄。居住其中,既能够充分沐浴大自然的宁静幽美,又能够接受传统文化的熏陶,更能够享受现代文明的成果,真有"人间新天堂"的美好感觉。正是凭借这些山水、文化,2012年底,苏州市的太湖景区被提升为国家"5A"级旅游景区。例如,地处太湖中的西山岛上的衙甪里村,历史悠久,文物众多,但是又是一个贫困村。在近年的建设和发展中,为妥善保护这些文物,环岛公路也要为古桥和古树让路。也许再过几十年,才能更加体现这些措施的先见之明和这些古村落的价值。

著名的历史文化名镇同里镇,在发展旅游产业的过程中,高度重视村庄环境整治工作,走可持续发展道路。该镇的做法和经验在于:上下一心,高度重视村庄环境整治,将其作为重要的民生工程;全民参与,建立环境保护志愿者队伍;根据本镇实际,开展有针对性的整治工作;建设环境整治长效机制,放眼长远,保持环境永久美好。经过努力,收到了良好效果,不仅古镇内部的核心旅游区在庞大的旅游队伍压力下,环境依然美好,而且古镇下辖的村庄,环境质量也有了明显提升,有些村庄达到了"三星级康居乡村"标准。这些经验对于全国其他一些重点旅游区的环境保护工作,具有重要的借鉴价值。

千灯镇是一个有着深厚文化底蕴的古镇,既是顾炎武的故乡,又是昆曲的发源地。该镇在城乡一体化发展中,把保护古镇特色和现代化建设有机结合起来,打出了"三块牌子":中国历史文化名镇、科学发展十佳镇和城乡一体化示范镇;形成了"四大功能区":现代工业区、现代农业区、城市建成区和现代商贸物流园;实现了"四个一体化":居住生活一体化、就业增收一体化、社会保障一体化和公共服务一体化。通过这些工作,最终既保留了江南水乡千年古镇的特色,又融入了"四化"结合的现代文明,使千灯镇真正成为居民安居乐业的福地。

即使那些没有悠久历史的小型村镇,同样也在城乡一体化发展中受到改造和提升,村镇面貌焕然一新。常熟市蒋巷村是最近几年涌现出的一个明星村,其知名度直追江阴市的华西村,依靠本村集体经济发展的雄厚财力,在经济快速发展的基础上,按照建设"五个蒋巷"(绿色蒋巷、优美蒋巷、整洁蒋巷、和谐蒋巷和幸福蒋巷)的目标,投入200多万元资金,对村里的河道进行疏浚并在河面建桥,把全村的水系贯通,以便为村民营造更好的宜居环境。

相城区北桥街道灵峰村,人均收入2万多元,比较富裕,在发展经济、建设新农村的过程中,高度重视生态文明建设和环境保护工作,成为江苏省"环保第一村"。该村有36个自然村庄,6.9平方公里,6 149名村民,还有8 000多名外来人口。多年来,灵峰村把打造宜居村庄环境作为提高村民生活质量和幸福指数的突破口,根据实际,进行功能分区规划,把全村分为行政和生活配套服务区、居民集中住宅区、工业园区和农业示范区。根据规划,把36个村庄分为8个保留村和28个控制村,按照"六整治,六提升"的要求,进行村容整治和基础设施建设。在机制建设上,实行"一家一只垃圾箱,一家几棵责任树",引导农民提高环保意识，自觉参与到生态文明建设和环境保护中。另外，还投入巨资，建设污水处理工程，处理净化生活污水和工业污水，使河水保持清澈。村里还对废荒滩和滩涂地进行改造，建成农民公园，供村民休憩，同时发展观光农业，实现了一举多得。

四、用"三置换"保障农民权益

在"三集中"过程中，涉及大量的农民之间、农民与政府之间的权利交换问题，弄得不好，就会出现侵犯农民权益的问题，或者出现"大锅饭""一平二调"等老问题，走回头路。在全国各地，都曾经大量出现强迫农民集中土地、强迫拆迁的问题，甚至引发了大量的恶性案件和群体性事件，"三集中"是一个十分棘手的问题。

苏州市为了保证"三集中"与"三形态"的顺利推行，切实保障其中所涉及的农民权益，化解和减少土地征用、房屋拆迁中的矛盾，大胆创新，改革传统的土地征用与房屋拆迁办法，代之以"三置换"：一是鼓励农民以农村土地承包经营权置换成土地股份合作社新股权或社会保障。农民在土地股份合作社中的股份量化到人，按股分红，并且可以继承，权益完全可以保障；或者以被征用的土地，置换成社会保障的权利，不用缴费，就可以领取养老等社会保险，从而保证被征地后的生活出路，2014年7月，苏州市区被征地农民的保养金由每月630元提高到了每月700元。二是以农民宅基地及住房置换成城镇住房或三产用房，保证农民的居住需要，一般新的住房质量都有所改善，面积也不减少，可以有2～3套公寓房。三是以集体资产所有权、分配权置换成社区股份合作新股权，使农民对集体财产的权利落到实处，并且股权固化，可以继承，即使进城或者迁移，也依然不变。在"三置换"的基础上，进而让农民进城、进镇、进社区，实现由农民向市民的身份转换。

在"三置换"中，其中第一个置换切实保障了农民对承包土地的权益，免除其后顾之忧，并推进了土地集中。第二个置换切实保障了被拆迁农民的权益，农民家家都住进了宽敞明亮的别墅或拥有几套公寓房，其住房条件大大超过城镇居民。既可自住，又可出租，有了稳定的收入，形成了所谓的"房东经济"，成为农民的重要收入来源之一。第三个置换则成功解决了长期以来集体所有制中所有者缺位虚幻、利益无法落实的难题，使集体财产量化落实到农民个人，并真正为他们带来收入，这也成为农民收入的另一条重要来源。

"三置换"是一个机制创新,它成功化解了长期以来困扰各级地方政府的土地征用与房屋拆迁这个"天下第一难"问题,实现了各方共赢,保证了城乡一体化进程中的土地征用、房屋拆迁、资产重组等顺利进行,同时也为农村土地流转提供了合理可行的机制,是农地流转和房屋拆迁制度改革的可贵探索。在这个过程中,苏州市较少发生大的群体性或恶性事件,这在全国都属少见。

五、用"三大合作"推动农村集体经济改革

集体经济是"苏南模式"的重要特点,也是苏州市广大农民群众的重要资产,但是,在新的历史时期,集体经济又不能继续沿用过去的"大锅饭"体制,而必须明晰产权,落实农民群众的所有权和收益权。在苏州市的城乡一体化发展过程中,探索出了通过"三大合作"对农村集体经济进行改革的新路子。"三大合作"是指土地股份合作社、社区股份合作社和专业合作社,以及按照股份合作社原则组建和派生出来的富民合作社、就业合作社等。

2001年以来,苏州市就已经逐步在全市范围内推广了土地股份合作社,近年来,在原有的土地股份合作社的基础上,探索进行再创新,合作农场就是一大实践,它是苏州市农民在农村集体土地流转与集中过程中创造出的一种新型土地流转和经营模式。所谓"合作农场",就是按照"政府引导、农户自愿、明确股权、提质增效、责任共担、利益共享"原则,在农村土地股份合作社的基础上,实行入股农户共同参与经营、并由农村土地股份合作联社统一管理的新型土地经营模式。根据调查,昆山市锦溪镇在2014年起的第二轮土地流转承包过程中,推广了前几年在长云村经过试验总结出的"合作农场"模式,用以代替以前的大户承包模式。按照这种模式,全镇的1.9万亩耕地,农户每亩可以增加流转收入300多元,而且农村土地股份合作联社可以增加收入1 000万元,用于进一步向农民分配或者用于集体福利。这种农地流转模式还有利于扩大土地经营规模,推广农业机械,解决农民就业等问题。同样,太仓市东林村对于全村的1 800亩耕地,采用合作农场经营模式,把土地资源掌握在村集体经济组织手中,实行"大承包,小包干",聘请种田能手担任农场场长,由其包干管理费用,并对农场雇工考核和发放工资。通过这种经营模式,实现了富民强村,2013年村级集体经济收入超过2 000万元,其中来自农业的部分超过一半,农民人均纯收入达到2.6万元。

社区股份合作社是增加农民收入的重要平台和来源。通过大力发展社区股份合作社,明晰了集体经济中存量资产和增量资产中的产权,"人人是股东,家家有股份,年年有分红",实现了"资源资产化,资产资本化,资本股份化,股份市场化",形成了农民持续增收的新机制。随着城乡一体化的深入发展,大批农民进入社区居住和生活,实现了从农民到市民的转变。那么,进入社区的农民是否还能继续享受以前在集体资产中的股份权益呢?苏州市在这方面也进行了探索,坚决保护农民的原有权益。昆山市花桥经济开发区在全区 15 个农村社区股份专业合作社探索实行"股权固化",确保集体资产保值增值,股随人走,村民利益不受损失,无论村民搬迁到何处工作和生活,原有的股权永远不变,也永远享受分红,而且股权还可以继承。姑苏区的新塘社区,几经变迁,农民变成市民,但是集体资产却保留下来,达到 2.5 亿元,一年的投资收入达到 1 800 万元,通过股份合作经济的形式,使这些集体资产量化到人,让农民持股进城,有了一份稳定的收入来源。在具体操作上,有自己的明显特色:一是在股份量化上,全面推行与农龄挂钩,农龄从 1958 年村集体资产起步时算起,到 2005 年止,其中,1958—1989 年间,由于集体经济发展缓慢,两年算一年农龄;1990—2005 年,集体经济发展快,一年算一年农龄。二是在股权管理上,实行"死不减,生不增",股权可以继承。三是在入股对象上,征地农转非人员可以同等享受。个人持股最多的有 29.5 股,最少的有 1 股。每股每年分红 120~180 元,几年来,共向农民分配红利 1 483 万元,使失地进城农民生活得到保障。[①] 2014 年 7 月,在国务院关于我国户籍制度改革的意见中,提出要切实保障农业转移人口及其他常住人口的合法权益,包括集体收益分配权,不能以放弃这些权利作为农民进城落户的条件。而苏州市进行的的这些改革,与中央的精神是一致的。

在发展现代农业的过程中,苏州市成立了一大批专业合作社,其中,有生产领域的,流通领域的,也有服务领域的,合作社既有农民之间的合作,也有农民与高等院校、科研院所的合作,这些专业合作社在引导农民采用现代农业科学技术、提高农业经营规模、组织起来走向市场、解决就业、增加收入等方面,都发挥了重要作用。其中典型者如太仓市蒋氏绿色产业合作社、张家港市特种水产协会、昆山市周市镇南美白对虾协会、相城区蔬菜协会、张家港市乐余镇苗木基地、常熟市葡萄种植基地、苏州未来水产养殖场、昆山市张浦镇龟鳖技术研究会养殖基地,等等。为了促进农民专业合作社的规范和有序发展,2013 年,苏州市

---

① 报道组.新塘农民背着"股证"进城[N].苏州日报,2012-07-21(A03).

农办制定了《苏州市农民专业合作社星级评定管理办法》，对农民专业合作社开展星级评定活动，按照8大方面、53条细分标准进行考核，确定一星级、二星级和三星级级别，获得星级的合作社，可以获得项目优先、贷款优先等优惠扶持政策。这种评定活动，以后也将推广到其他形式的农民合作社中。

对于失地农民，特别是年龄较大、缺少文化技能的"4050"农民群体，苏州市也千方百计为他们开辟就业渠道，成立就业和富民合作社，保证他们收入和生活水平不断提高。例如相城区上浜村，有400多户失地农民，大多是"4050"群体。针对他们虽然文化技能低、但是能够吃苦耐劳的特点，创立了琳桥绿化公司，利用边角地，种植苗木，号称"绿色银行"。经过几年发展，资产达到1 000多万元，年经营收入达到4 500万元，员工人均年收入3万多元，并带动村集体可支配收入达到450万元，农民人均纯收入由2006年的9 051元增加到2011年的15 390元。2012年上半年，苏州市高新区通过富民和就业合作社，共帮助2 783名失地农民实现再就业，其中困难人员1 226人；扶持创业296人，带动就业2 381人。

在发展股份合作经济的过程中，苏州市各个市、区、镇、村八仙过海，各显神通，探索出了不同的合作形式。吴中区湖桥村是发展股份合作经济的成功范例，其经验在全国产生了广泛影响。① 该村地处苏州市远郊，濒临太湖，原有发展基础并不好，2003年以来，在新任村党委书记徐顺兴的带领下，发挥后发优势，走出了一条具有特色的成功发展道路。湖桥村的发展经验，除了大力推进工业化、大力发展股份合作社等共性以外，在组建农民集团公司、落实村民自治、民主管理、优化村域功能分工方面也进行了卓有成效的探索。该村组建了被称为中国历史上第一家农民集团公司；健全和完善了建立在股份合作制和村民代表大会基础上的民主管理制度；制定和实施了村域规划，把全村划分为科技工业区、现代农业区、商贸经济区、公益事业区、农民安置区和社区集中区等。湖桥村的经验，破解了我国城乡一体化发展和新农村建设中的许多难题，具有重要的借鉴价值。

相城区黄桥街道，通过组建村级集体经济组织，探索为失地农民开辟增收新渠道。2011年底，依托9个村社区股份合作社股民，共同出资，成立了新型村

---

① 2012年8月26日，《人民日报》以"湖桥，连接农民的'幸福桥'"为题，报道了湖桥村的共同富裕之路；2012年11月3日，中央电视台《焦点访谈》栏目，也报道了湖桥村的发展经验；苏州市农村经济研究会课题组的调研报告《苏州农村现代化进程中的湖桥样本》，全面总结了湖桥经验。另外，关于湖桥村发展经验，我们还将在本书的第十二章作为案例详细介绍。

级经济联合体——苏州金之桥经济发展有限公司,参与本镇城镇化建设。该公司以村集体入股和各村社区股份合作社为主,同时通过银行融资和政策扶持,共筹集资金 2 亿元。特别是本地 7 000 多户家庭均有股份,人人是股民。2012 年,公司就实现了赢利,年终平均每户分红 2 000 元。

高新区枫桥街道津梁村,2005 年以村级资产量化到每一位村民,来保障农民收入,在全市范围内较早建立了 24 个股份合作社,村民农龄折股量化,年底按股分红,拓宽农民致富渠道。到 2012 年,该村股份合作社拥有厂房 18 000 平方米,门面房 800 多平方米,租金每年有 300 多万元。到 2012 年底,每股分红标准提高了 5 元,达到 68 元,28 412 股的分红总额达到 193 万元。再加上民发富民合作社的分红,总计有 300 多万元的股红分给村民。

吴中区尧南村,自 2002 年以来,先后组建了 7 家股份合作社:物业公司 2 家,置业公司 1 家,生态葡萄公司 1 家,茶叶公司 1 家等,农民持股率达到 100%,其中,以现金投资入股的农户 825 家。2012 年,村集体经济收入达到 1 350 万元,合作社利润 470 万元,户均分红 4 126 元,比上年增加 238 元,覆盖到 1 139 户。

相城区望亭镇项路村,三次产业协调发展,村级经济突飞猛进。通过对全村的 5 645 亩土地统一发包,减少承包户数,扩大承包规模,提高种植效益,形成水稻和蔬菜基地,相应地提高村土地发包收入。同时,发挥交通便利等区位优势,吸引 185 家企业入驻,形成升降机和电子两类产业,每年可以获得厂房租金等收入 900 多万元。加上建设农贸市场,发展商贸业,每年可以带来 300 多万元的收入。到 2012 年,村级总收入达到 1 603 万元,其中可支配收入 1 447 万元。根据下一步发展规划,到 2015 年,村级收入将达到 2 000 万元以上。

六、用公共服务均等化缩小城乡差距

长期以来,我国的城乡差距不仅表现在货币收入差距上,更表现在非货币收入差距上,农民不能享受城镇居民的公共服务。苏州市在推进城乡一体化的过程中,着力缩小这一方面的城乡差距,率先实现城乡并轨,使农民也同城镇居民一样,享受基本的公共服务,包括义务教育、养老保险、医疗保险、失业保险、最低生活保障,以及道路交通、绿化环保、文化娱乐、自来水、商场超市、体育健身等方面。

2012年全国"两会"期间,时任中共江苏省委常委、苏州市委领导在接受中央媒体采访时说:"城乡社保并轨是一项民心工程。宁可少上项目,也要拿出足够的财政资金实现城乡社保一体化。只有把城乡社保体系构筑好,才能充分体现一个城市的发展水平,才更有利于提升社会和谐水平。"

早在2003年,《苏州市农村基本养老保险管理暂行办法》就已颁布,苏州在全国率先进行农村社会保障改革的探索。2001年,苏州全市农村社会养老保险参保人数为12.9万人,到2003年底,达到91.5万人,2007年为182万人。2011年初,苏州市委做出《关于苏州率先基本实现现代化的决定》,明确提出加快社会保障城乡一体化进程,力争在3年之内推进农村基本养老保险、新型农村合作医保、农村最低生活保障与城镇社会保障并轨。2011年7月,苏州市率先实现了城乡居民低保的并轨,每人每月标准为500元。当年年底,苏州市政府又颁布了《关于加快推进苏州市城乡养老保险和居民医疗保险并轨的指导意见》,要求在2012年实现这两大社保城乡并轨。2012年初,《苏州市居民社会养老保险管理办法》实施,12.9万名农保人员被全部纳入城乡统一的居民保险。2012年底,苏州全市成功实现了新型农村合作医保向城乡居民社会医保的转轨,各类参保人数近800万,包括城镇职工、外来务工人员和城乡居民,农村居民与城镇居民享受平等的医保待遇。这样,全市比计划提前一年,实现了城乡社会保障并轨。这样,苏州市就在全国率先实现了城乡社保并轨和一体化,农民参加养老、医疗等社会保险的达到近100%。农村低保更是应保尽保,并且标准与城市接轨拉平,从2013年7月起,苏州市进一步把城乡低保标准提高到每人每月630元,全市有近5.2万低保对象受益,每年需增加资金3 000多万元。另外,低保对象还可以享受爱心超市券、水电燃气等补贴,每人每年150元左右。2014年7月,苏州市城乡低保标准又进一步提高到每人每月700元。目前,苏州市的城乡社保水平在全国明显处于领先地位,特别是医疗保险待遇,城乡居民医保政策范围内的住院结付比例平均达到70%以上,其中太仓市和昆山市已经取消了住院费用结算封顶线。据国家人保部的专家评估,这已经达到了国际先进水平。

在苏州市的工业化和城镇化过程中,产生了大量的失地农民,对他们能否妥善安置,不仅涉及这些农民和家庭的生存问题,而且关系到社会稳定。为此,苏州市对失地农民实行养老保险城乡并轨,使他们也能享受和城镇居民相同的养老保险待遇。以浒墅关开发区为例,自2008年以来,已经有5 000多名失地农民相继享受到养老保险待遇,每月可以领取到1 200元退休金,比不并轨的

600元翻了一番,而且每年还以10%的速度增长,这就确保了这些农民的需要,受到他们的欢迎。

以下是苏州市下辖的几个市、区城乡社会保障并轨的剪影:2012年,吴江区"农保"与"城保"全面接轨,城镇、农村的低保对象享受当时江苏省的最高低保标准,提高到了每人每月600元。吴江区的人均公共卫生服务经费达到70元,居于江苏省领先水平,实现了"村村接通公交车,家家喝上自来水,人人手中一张卡"。①

太仓市在医保体制方面的创新具有重要推广价值。2008年以来,太仓市整合了新农合和城镇居民医保两大险种,城乡居民参加统一的居民医疗保险,把农民和城镇居民纳入统一的医保体系,使基金规模扩大了一倍,也使居民医疗保险报销比例比新农合提高了38个百分点。目前,太仓市农民的参保费用是每人每年120元,公共财政补贴280元,平时看小病可以报销500元,住院可以报销70%,看大病费用超过20万元的可以报销85%。此外,对社会医疗救助对象实施多渠道补助,大病、重病结报率为100%,并取消了所有参保人员大病住院结报封顶线。②2011年,太仓市通过引入商业保险运作机制,建立起了覆盖城乡居民的大病补充医保制度,初步形成了以"基本+补充"为特色的大病医保模式。其基本做法是:社保局按照职工每人每年50元、居民每人每年20元的标准,从医保基金中提取,向保险公司购买大病再保险;医保基金不足时,由财政承担。这一模式收到了良好效果,受到群众的普遍欢迎。太仓市每年有200多人的医疗费用在15万元以上,约占参保人数的万分之五。通过大病再保险,使他们避免因病致贫或返贫。

以下几个例子则能反映出太仓市农民从社会保障改革中得到的真正好处和实惠:沙溪镇有位农民,2011年由于进行骨髓移植手术,花费75万元,报销了67万元,报销率达90%;年仅11岁的小女孩许俊云,家境贫寒,与爷爷、奶奶依靠低保为生,却不幸患上恶性肿瘤,2011年仅治疗费就达到近20万元,其中,医疗保险报销了11.2万元,个人需要负担8.7万元,其家庭根本无法承担。通过大病再保险,赔付了4.1万元,再加上社会捐助,才渡过了难关;沈九荣,58岁,患癌症,医疗费用47.8万元,报销比例达89%;唐凤琼,46岁,外来务工人员,

---

① 杨晴初,王伟建.苏州市吴江城乡低保今年底将提高至600元[N].人民日报,2012-05-05.
② 徐允上,高振华.太仓农民大病报销接近职工水平[N].苏州日报,2012-05-07(A02).

患脑溢血,医疗费9.9万元,报销比例达80%。①

吴中区越溪街道珠村社区的农民张根男的例子反映了低保改革给困难农民带来的好处:2003年,他被查出患有细胞瘤,为了治病,生活陷入困境。当年,村里就为他办理了低保,每月120元(当时,城镇居民的低保标准是每月260元)。2010年,吴中区推进城乡低保标准一体化,张根男也和城镇居民一样,每月提高到420元,后来又几次提高,达到了570元。此外,逢年过节,区和街道办还给他送去电视机、洗衣机、米、油、被子、毛毯等慰问品,帮助他渡过难关。

吴中区长桥街道新北村村民许木林的例子则能反映养老保险改革给农民带来的好处:由于参加了农保置换城保,2005年他60岁时,办理了退休手续,开始享受与城镇职工相同的养老保险待遇,每月385元。到2012年,提高到883元,加上参加村股份合作社的分红,2011年收入达到13 316元,基本可以满足正常的生活需要。

农村基础设施也是公共服务的一个重要方面。苏州市在城乡一体化进程中,大力推进农村基础设施建设,农村的改水、改路、改厕全覆盖,公共交通实现了村村通,所有乡镇都可以实现在15分钟内上高速公路。农村生活污水处理和燃气全面推进,近60%的村开展了生活污水集中处理。90%以上的村被纳入"户集、村收镇运、县处理"的垃圾无害化处理体系之中。2013年,全市用于农村配电网建设投资4 940万元,完成新建和改造农村台片450个,使农村电网供电能力和质量得到很大提高,实现了新农村电气化全覆盖。太仓市早在1992年就成为江苏省第一批、苏州市第一家农村用电标准化县。此后,继续不断加大对农村电网的改造投资,2006年成为国家电网公司首批"新农村电气化建设示范县"。

在城乡基本公共服务均等化方面,苏州市还延伸到社区服务体系建设领域。2012年11月,苏州市颁布和实施《苏州市城乡社区服务体系建设"十二五"规划》,根据该规划,到2015年,苏州市要建立起15分钟公共服务圈,为城乡居民平等提供劳动就业、社会保障、养老和医疗、人口计生等全方位服务。为了实现这些目标,重点推进5大工程,即社区服务三级设施完善工程、社区服务人才提升工程、社区扁平化网络化服务推进工程、社区服务管理信息化整合工程和"三社联动"发展创新工程。这些工程的实施,把城乡基本公共服务均等化目标落到实处,有力保证农民确实能够像城镇居民那样,享受到均等化的公共服务。

---

① 张蕾.江苏太仓:重症患者不再因病致贫[N].光明日报,2012-09-04(14).

第四章 苏州市城乡一体化发展的实践创新

七、用户籍制度改革填平城乡居民之间的最大鸿沟

长期以来,我国的城乡二元结构和差距主要是靠户籍制度维系的,不破除这道障碍,就不能去除笼罩在农民心头上的阴影,也不能真正实现法律上的城乡一体化。苏州市在城乡一体化过程中,对农村户籍制度改革也进行了有益的探索。早在2003年,苏州市就已经颁布了《苏州市户籍准入登记暂行办法》,取消了农业户口与城镇户口的称谓,统称为居民户口。2007年,又对该办法进行修订完善。该办法实施6年以来,市区共迁入人口17.5万,其中包括引进大学生6万余人,投资和购买房屋迁入4.5万人,办理"三投靠"人员6.1万人。从2011年1月1日起,《苏州市户籍居民城乡一体化户口迁移管理规定》正式实施,规定在全市范围内实行城乡统一的、以拥有合法固定住所为基本条件的户口迁移户籍登记管理制度。这就取消了以往居民户口迁移所需要的房屋产权证年限、工作地域、参保关系等条件限制,鼓励农民进城安户。对于那些确实已经进入城镇,有固定住所与收入的农民,可以为其办理与城镇居民相同的户口或居住证,使他们成为名副其实的市民。对于农民的安置房,可以办理土地证与房产证,具有完整的产权。由于在上述过程中,特别在"三置换"过程中,农村户口含金量陡升,甚至超过城市户口,反而出现了部分城镇居民要补办农村户口的逆向流动,这也就使得这场用农村户口置换城市户口的改革阻力出奇的小,得以顺利推进。该规定实施以来,到2014年7月,全市范围内共迁移人口18 659人,其中由县级市迁入市区的10 381人,由市区迁往县级市的3 445人。

如何对待外来人口是户籍制度改革的关键内容。在苏州,工业化的快速推进创造了大量的就业岗位,除了吸收本市农村转移的劳动力以外,还吸引了大量的全国各地的劳动者前来就业,于是,苏州外来人口急剧增加。2000年,苏州市外来人口与本地人口之比为2∶8,到2010年,这一比例变为4∶6,其中,昆山市、苏州工业园区、吴中区和相城区的外来人口都已经超过了本地人口,在木渎、玉山等镇,外来人口甚至是本地人口的数倍以上。2011年以后,外来人口进一步增加,与本地人口各占一半,占江苏省外来人口总数的三分之一以上,并且还在呈现迅速上升势头。据此,2011年4月1日,苏州市率先试行了《苏州市居住证管理暂行办法》,到2012年7月,已经累计受理637.5万张,制作下发611万张,实现了符合申领条件的流动人口居住证发放全覆盖。按照规定,凡是年

满16周岁以上,在苏州有固定住所,生活相对稳定的流动人口均可以申请居住证。居住证内记录了个人基础身份信息以及社保、计生等信息。获得居住证后,持有人可以在教育、驾驶培训和申领机动车牌照、卫生医疗、人口计生、劳动就业保障、公共交通、住房保障、户籍准入、园林旅游九方面享受与苏州市常住户籍居民同等或基本同等的待遇。①

张家港市的市民积分制户籍制度改革探索特别值得一提:目前该市有外来人口64万人,超过该市户籍人口的2/3,为了解决外来人口工作和生活中的种种问题,方便他们入户、入学和就医,使他们顺利转化为新市民,张家港市政府在江苏省内首先推出《新市民积分管理暂行办法》,攒够积分就可以享受同户籍人口一样的同城待遇。具体做法为,凡是已经办理居住证(或暂住证)的非张家港市户籍人口,在当地连续工作或居住一年(含一年)以上,经本人申请,就可以纳入新市民积分管理范围。计分标准由基础分、附加分、扣减分三部分组成。其中,基础分指标包括个人素质、参保情况和居住情况三项内容,附加分指标包括紧缺适用人才、专利创新、表彰奖励、社会贡献和投资纳税等七项内容,扣减分指标包括违反计划生育政策和违法犯罪等内容。新市民可以选择积分入户、积分入学、积分入医等待遇,既可以"通盘全上",也可以"单独零点"。② 通过这项改革,为外来人口融入本市打开了一扇希望的大门。但是,从实践来看,条件过严,门槛过高,效果有限,只有少数外来人口达到要求,大多数外来人口还是被拒之门外。

八、发展非农产业以优化农村产业结构

毋庸讳言,在我国,由于多种原因,农业的经济效益比较低,特别是种植业收益更低。因此,为了打破城乡二元结构,首先必须打破过去在计划经济体制下所形成的城乡分工,改变农民只能困守土地而从事农业生产的状况,必须允许农民进入第二、第三产业领域,分享其较高的比较利益,由此对整个农业和农村经济结构进行一场深刻的调整与变革。

人多地少是苏州市的基本市情,它决定了转移农村剩余劳动力和拓宽农村

---

① 吴诚.流动人口居住证发放全覆盖[N].姑苏晚报,2012-07-14(1).
② 王乐天.攒够积分就享受同城待遇[N].苏州日报,2012-05-04(A02).

经济领域是苏州市"三农"工作的重要内容。只有转移农村剩余劳动力,优化人地关系,才可能提高农业劳动生产率,也才能增加农民收入。为此,就必须跳出"三农"来寻找解决"三农"问题的出路,这就是大力发展非农产业,促进农村经济结构由单一的农业结构向农工商综合发展的方向转变。在计划经济体制时期,由于国家政策的限制,苏州市也和全国其他地区一样,农民只能困守土地而从事农业生产,剩余劳动力问题十分突出,劳动的边际生产率几乎到了零甚至负数的地步,农民收入和生活水平自然也就很难提高。改革开放以后,由于国家政策的调整和松动,允许农民进入非农产业,于是,苏州市在20世纪80年代抓住这一难得的机遇,大力发展乡镇企业,推动工业化与城镇化。乡镇企业从产业划分来看,主要是第二、第三产业,即加工业和服务业,由此带动了农村经济结构的巨大变化。尽管在乡镇企业发展初期存在一些争论,但是实践证明,它对转移农村剩余劳动力、发展经济、繁荣市场、增加农民收入和财政收入等都发挥了重要作用,对盘活整个农村经济发展,也起到了重大作用,使农村经济发展豁然开朗,呈现出一条金光大道。20世纪90年代后,乡镇企业经过改制,转变为民营经济和新型集体经济,但是,企业仍然存在,对区域经济发展和增加农民收入的作用依然存在。2010年底,苏州市三次产业比为1.7:56.9:41.4。当然,经济结构调整是一个长期的过程,不仅三次产业之间,而且其内部,都必须不断地调整优化。时至今日,苏州市农业在经济中所占比重远远低于全国和江苏省的水平,工业化和城镇化水平在全国遥遥领先,大大高于全国的平均水平,处于全国产业结构的制高点,拥有极大的比较优势。

可以设想,如果没有非农产业的发展,苏州市的农民仍然困守土地,就根本不可能有今天欣欣向荣的苏州新农村。在中央提出的社会主义新农村建设总体要求"生产发展、生活宽裕、乡风文明、村容整洁、管理民主"中,关键是发展生产,而发展生产的关键则是拓宽农村经济领域,发展非农产业。苏州城乡一体化发展的实践充分证明了这一点。在苏州市集体经济的发展壮大过程中,主要依靠发展非农产业,增加集体收入,例如发展物业服务、厂房和商用房租赁、旅游业经济、建筑业等。在苏州农民收入构成中,工资性收入和经营性收入占了大头,而这两块主要来自于非农产业。

目前,由苏州农民兴办的民营企业和集体企业比比皆是,其中有些已经发展为上市公司,有些已经进入世界或者全国500强企业。2014年8月18日,全国工商联在京发布了"2014中国民营企业500强"榜单,苏州市有20家企业上榜,其中江苏沙钢集团有限公司位居第6,恒力集团有限公司位居第11,盛虹集团有限公司和江苏永钢集团有限公司跻身前100强。全国工商联同时还发布了"2014中国民营企业制造业500强"和"2014中国民营企业服务业100强"榜单，苏州有28家企业入围"中国民营企业制造业500强"、1家企业入围"中国民营企业服务业100强"，这些企业大都是由农民兴办的，是由原来的乡镇企业转制而来的。

下面4个镇、村的材料有助于我们了解苏州市农村非农产业发展及其对推动城乡一体化发展的贡献情况：

吴中区的历史文化古镇木渎是苏州市城乡一体化先导区之一，最近几年，大力推进经济结构的调整与转型，在巩固工业化成就的基础上，大力发展商贸业等第三产业，兴办了凯马广场、金桥汽车零配件产业园等商业载体，从事汽车商贸、软件、电子商务、创意文化等服务业。在工业内部，则痛下决心，毅然关闭或搬迁了金猫水泥、吴盛钢铁等传统产业，既腾笼换凤，发展新兴产业，又保护环境，改善生态。在农业内部，则依托本地资源，发挥地方优势，打造了一批农业特色产品和旅游产品，例如苗木花卉种植、藏书羊肉和古镇旅游等。通过结构调整，全镇经济快速发展，农民收入相应快速提高。2008到2011年，全镇地区生产总值从55.2亿元增加到93.6亿元，财政收入从11.55亿元增加到20亿元，其中地方财政收入从6.31亿元增加到12亿元，镇级可用财力从2.9亿元增加到4.9亿元，分别增长了69.6%、73.2%、90.2%和69.0%。在经济发展、财力增强的基础上，木渎镇大力重视和发展社会事业，实现经济和社会的协调发展。社会事业的发展，以民生为导向，特别是把失地、进城农民的补偿和安置放在重要位置。2008—2011年，共发放失地补偿金1.6亿元，支付农转城镇级补助5 361万元，共为3 278名农转城人员办理了退休手续。为了减轻拆迁户的负担，对他们的安置小区，免收物业管理费。诸如此类的优惠政策都深受农民欢迎，使农民真正从城乡一体化发展中得到了实惠。

相城区渭西村，被称为"老板村"，2001年以来，该村抓住行政区划调整机遇，调整经济结构，大力发展工业经济，逐步形成了纺织印染、五金机电、化工建材等工业基地。2011年，销售额30亿元，村民人均收入23 000元，村集体收入6 513万元。结合工业经济发展，该村2004年成立了股份合作社，把5 000多万元存量资产量化到每一户村民，使他们变为股民，累计分红达5 000多万元。凭借强大的经济实力和集体收入，该村还为村民兴办了医疗、自来水、粮食、蔬菜、老年人生活补助等福利项目，全村居民真正过上了幸福的生活。

高新区枫桥街道，由于土地征用，已经没有土地和农业，需要寻找新的出路。近年来,他们坚持以工业经济为主体,以三产服务业为补充,双轮驱动,发展壮大街道经济总量,提高效益。并且调整提高二、三产业的内部结构,发展新兴产业和现代服务业,积极推动企业上市,2013年以来,已有4家企业成功上市。为了发展二、三产业,街道还加强产业园区建设,吸引大批创新型和规模型企业入驻,发挥集聚效应。这些措施收到了明显成效,2014年上半年,完成工业总产值485亿元,实现利润12.1亿元,并且力争全年工业总产值突破1 000亿元。

常熟市虞山镇勤丰村,是10年前由原先的3个经济薄弱村合并而成,村级集体经济薄弱,农民收入低。最近10年来,大力推进转型发展,一方面,整合原有小企业资源,建设标准厂房出租,另外还建成了新的写字楼和商铺,用于发展休闲、娱乐和购物等服务业,形成了布局合理、特色明显、竞争力强的服务业格局,使集体经济收入成倍增加。与此同时,发展现代农业,通过土地承包权流转,集中了3 000多亩土地,创新农业经营模式,采用合作农场、家庭农场等经营方式,采用先进的技术方式和优良品种,种植有机果品、蔬菜和生态大米,取得了良好效益,2012年村级收入达到3 142万元,农民人均纯收入24 975元。村级集体在收入增加的基础上,拿出上亿元用于村基础设施建设和社会事业建设,改善民生,使全村居民真正享受到发展的成果。

九、农业现代化与工业化、城镇化、信息化协调推进

作为江南鱼米之乡,苏州市在大力推进工业化与城镇化的同时,并没有放弃和忽视农业,而是把农业现代化作为率先基本实现现代化的重要内容,坚持以农业现代化促进工业化与城镇化,以信息化促进农业现代化,"四化"协调推进。多年来,苏州全市现代农业6大类21项监测指标领先全省。

在发展现代农业的过程中,苏州市重点抓了以下工作:

第一,由政府规划和推动,实施"四个百万亩"农业布局。根据《苏州市"十二五"现代农业发展规划》,预计到"十二五"期末,苏州现代农业发展的总体目标是,农业增加值要超过210亿元,粮食总产量10.5亿公斤以上,蔬菜自给率每年提高2个百分点,陆地森林覆盖率达29%以上,高标准农田占比达到75%以上,亩均效益5 000元以上的高效农业面积占比达到50%。

2012年12月,苏州市政府下发保护和发展农业"四个百万亩"实施意见的文件,2013年1月,苏州市十五届人大二次会议通过了《关于有效保护'四个百

万亩',进一步提升苏州生态文明建设水平的决定》,即要力争用2～3年时间,确保农业"四个百万亩"落实到位,总面积不低于415万亩。在"四个百万亩"中,优质水稻110.56万亩,特色水产100万亩,高效园艺100万亩(其中蔬菜面积50万亩),生态林地105万亩。各市(区)分解指标为:张家港市53.8万亩,常熟市81.1万亩,太仓市48.6万亩,昆山市49.7万亩,吴江区84.4万亩,吴中区53.3万亩,相城区22万亩,苏州工业园区4.56万亩,苏州高新区12.3万亩。

到2013年,"四个百万亩"已经全部"落地上图",其中,优质水稻112.18万亩,特色水产103.04万亩,高效园艺96.9万亩,生态林地100.97万亩,合计413.09万亩,基本完成了目标任务。这为苏州市的农业生产地区提供了很好的发展机遇,以往,这些地区由于要承担环境保护任务,不能发展工商业,经济发展落后,农民收入难以提高。现在,这些地区被列入"四个百万亩"工程范围,享受到多方面的政策优惠和扶持,经济发展和农民增收空间扩大。例如,地处吴中区临湖镇的陆舍村,由于濒临太湖,加上交通不便,经济发展滞后。自从被纳入"四个百万亩"范围以后,规划建成"一轴、两区、三园、四片"格局。全村3 000多亩土地,集中流转,规模经营,财政补贴2 200万元用于农业基础设施建设,每亩水稻每年可以获得1 000元的财政补贴,每亩净收益可以达到3 000元以上,村民可以每亩每年获得1 000元的流转保底收入,还有望进一步提高。加上工资性收入等,总收入比以前大大提高,一举摘掉了"落后村"的帽子。

第二,大力提高农业机械化水平。农业机械化是现代农业的重要内容。在计划经济时期,我国虽然也高度重视农业机械化,但是,由于当时有大量剩余劳动力,成本极低,因而从经济核算角度看,用农业机械代替人工劳动并不合算。改革开放后,随着农民收入的增加,劳动力成本大幅度上升,这就为推广农业机械化提供了经济基础,而农业机械化的高效率和舒适性又可以使农民摆脱几千年来传统农业下繁重、高强度的劳动,所以,农民欢迎和期盼农业机械化。苏州市在发展现代农业的过程中,大力推进农业机械的使用,既降低农民的劳动强度,又提高劳动效率,降低成本。到2013年,苏州全市农机总动力170万千瓦,大中型拖拉机4 011台,联合收割机2 526台,水稻插秧机3 914台,秸秆还田机械4 070台。全市的农业综合机械化率达到87%,其中,主要农作物的生产机械化率达到92%,机耕水平达到100%。水稻和小麦是苏州市的主要粮食作物,劳动量大,是推广机械化的重要领域,水稻实现了从耕地、播种、管理、收割到烘干的全程机械化,机械插秧达到85%,机械收割达到100%。为了推进农业机械化,市财政投入大量资金,帮助农民购买农业机械,2012年,全市购买农机资金达到2亿元,其中,中央和省级财政补贴6 000万元,县区财政补贴6 700万元。为了推进农业机械化,全市还成立了一批农机合作社,集中为农民提供农机服务,以提高农机使用效率。到2013年6月,全市经工商部门登记的农机合作社达260家,其中,省五星级2家,四星级9家,三星级42家,持有专业证书的农机从业人员达到9 201人,占到全部农机人员的近40%。典型者如张家港市,2012年10月,以92.37分的高分通过了考核验收,成为江苏省首个基本实现农业机械化的市(县)。到2012年9月底,该市共拥有大中型拖拉机943台,小型拖拉机1 674台,小麦播种机1 376台,联合收割机692台,插秧机1 006台,还有秸秆还田机、静电喷雾机、粮食烘干机等农业机械4.37万台,农机总动力达到35.3万千瓦,小麦、水稻等主要农作物的生产机械化程度达到97%以上。农业机械化有力促进了张家港市的粮食增产、农业增效和农民收入的增加。

为了打造"四个百万亩",苏州市对分散和小块土地进行整治,扩大地块面积,为机械化耕作创造条件。吴江区震泽镇是江苏省15个省部级合作项目之一的国家级农村土地整治示范项目,2010年以来,投资1.68亿元,涉及16个行政村和全镇80%的农田,通过土地平整复垦及开发和农田水利、田间道路等工程项目,把一块块1亩多大的细碎地块,扩大为几十亩、上百亩的大块农田,田成方,渠相通,路成网,其中8个农业园区,单体面积达到500亩以上。在此基础上,实行机械化耕作,农业劳动生产率大大提高,生产成本下降,收益增加。

第三,建设现代农业园区。农业园区是发展现代农业的重要载体,20世纪90年代中期,苏州市就开始建设现代农业园区,2005年以后,农业园区迅速增加,其中,75%是由市政府推动建立的,另有6%是国家级的,19%是省级的。按照农业"生态、生产、生活和生物"的新四大功能,以及"水稻规模化、蔬菜设施化、水产标准化、营销现代化"的要求,全市规划建设130万亩农业园区,占耕地种养面积的一半。农业园区中,从经营范围看,有一些是现代设施农业和旅游农业园,包括休闲观光采摘园60家,休闲农庄109家,现代农业示范园54家,农业主题公园17家,农家乐128家,民族村7家。从级别看,有国家级农业园区3家,省级农业园区9家。2014年9月10日,苏州市政府发布通知,认定张家港市凤凰水蜜桃产业园区等18家农业园区为苏州市首批市级农业园区。这些农业园区是集现代理念、技术、体制和管理于一体的现代农业载体,完全颠覆和改造了传统农业。

在发展现代农业、建设现代农业园区的过程中,苏州市各地充分发挥本地的资源优势,重视保护和扩大特色产品。吴中区山水兼备,环境优美,依托西山现代农业示范区、太湖现代农业示范园和澄湖现代科技生态农业示范园三大龙头,"接二连三"延长农业产业链条,拓宽农业经营范围,形成了东部传统农业、中部高效农业、西部特色农业三大板块,实现了科技、生态、文化和旅游的有机结合。特别是西部板块,经过多年的培育和发展,形成了"六加一"的特色农业结构,即一杯茶、一棵菜、一株苗、一只蟹、一头羊、一羽鸡加果品产业,全区共有3万亩蔬菜、3万亩茶园、5万亩苗木、7万亩果品、3万头湖羊、10万头生猪、13万亩特种水产和100万羽家禽,年产值可达30多亿元,有些地方,特色农业占到农民收入的一半以上。吴中区还利用太湖山多水多、花多果多的优势,把现代农业与农家乐旅游紧密结合起来,2012年吴中太湖国家旅游度假区获批成为五星级旅游景区,用经营旅游的理念和思路来经营现代农业,开展了丰富多彩的农家乐旅游活动,一年四季都有主题旅游,做足了农业与旅游结合的文章。例如二月份的赏梅旅游,三四月份的赏油菜花旅游、赏桃花旅游,四五月份的采茶旅游、采摘枇杷旅游,六月份的采摘杨梅旅游,九十月份的采摘橘子旅游,整个冬季的品尝羊肉旅游,等等。这些农家乐旅游,既为农民带来了可观的经济效益和收入,同时也满足了城市居民的物质和精神需求。

  常熟市的现代农业园区通过多元化投入、规模化经营和合作化联系,不断提高现代化水平和经济效益。该市现代农业产业园面积达到27万亩,其中核心区面积6.5万亩。最近几年,它们分别与南京农业大学、扬州大学、上海交通大学联合,组建了新农村发展研究院,并与江苏省农科院蔬菜研究所签订了产学研战略合作协议。所有这些,都创新了农业园区的发展理念,提高了在农业高新技术和重大关键技术领域的创新能力,推动了这些大学和科研机构的成果转化,实现了多方共赢。

  相城区作为"全国现代农业示范区",在建设现代农业园区方面也取得了很大成绩。通过加大投入力度,建成了一批起点较高、规模较大、效益较好、带动力较强的现代农业园区,形成了东部特种水产养殖区、中部休闲观光农业区、西部优质高效种植区的现代农业产业格局,建成了阳澄湖现代农业产业园等一批农业园区,重点发展大闸蟹、猕猴桃、樱桃、蓝莓、葡萄、杨梅、冬枣、无公害蔬菜等特色种养殖业,同时建成了农产品质量检测、运输、销售等综合配套设施。全区农业规模经营比重达到91%,高标准农田比重达到70%,农业综合机械化水平达到78%。位于相城区黄埭镇的新巷村,依靠4 500亩通过流转而集中起来的土地,通过与中科院武汉植物园等科研单位合作,发展以花果生产为主的高效特色农业,村级年总收入达到1 700多万元,可支配收入768万元。作为苏州"四个百万亩"的基地之一,相城区的阳澄湖现代农业产业园对18 000多亩养殖池塘实施连片化改造,并且按照"政府搭台,企业运作,农户参与"原则,创新经营机制,把改造后的2/3养殖面积交给当地农民经营,由此催生出了90多个家庭农场,不仅实现了规模经营,而且推动了农业经营方式的改革。地处阳澄湖莲花岛上的莲花村,有300多户人家,1 200多人,通过养殖大闸蟹,发展农家乐旅游,既保护了生态环境,又大幅度增加了收入,户均年收入突破了20万元。

太仓市是国家农业部2012年认定的国家现代农业示范区,连续6年被评为江苏省高效农业先进县。按照"生态、高效、富民"的目标,太仓市大力发展现代农业,到"十二五"期末,高标准农田要占到85%,实现规模化、机械化生产,集约化和品牌化经营。2014年7月,农业部对全国现代农业示范区建设情况进行通报:根据对153个国家现代农业示范区的测评,太仓市以83.8分的综合得分,名列榜首,比全国综合平均分64.7分高出19.1分。太仓市在农业示范区建设中,充分发挥现代农业园的观光旅游功能,引进大量花卉品种,成为首批农业园区4A级景区,通过举办花卉节,吸引游客,既有利于增加农民收入,又有利于改善环境,2012年共接待游客160.75万人次,收入达2.8亿元。

张家港市的现代农业示范园区占地1 000多亩,由现代农业投资有限公司投资3 000万元建成,由常青农业科技发展有限公司经营,包括防虫网棚522亩、防虫网+7米单栋棚278亩、8米薄膜大棚80亩、葡萄园120亩,另外还有配套的日处理能力5吨的蔬菜废弃物处理中心1座和育苗中心2 000亩。园区培育了"常阴沙"农产品品牌,市场反应良好。

第四,政府财政高强度补贴农业。为了加快现代农业的发展,根据农业所面临的自然和市场双重风险,苏州市各级政府加大了对农业的支持力度,向农业提供政策性保险,提高农民抵抗风险的能力。2006年,苏州市开始建立农业保险体系,到2013年上半年,已经建立了由国险、省险、市险和县险四个层次、包含20多个险种的农业保险体系。7年来,苏州市政策性农业保险累计受益农户75万户,投保392.5万户次,承担了124.4亿元风险保障,其中,农民实际缴纳农业保费8 028.69万元,得到赔付1.46亿元,赔付明显大于保费,确实降低了农业风险水平。2012年,政策性农业保险金额30.22亿元,在1亿多元的保费投入中,财政投入达到80%以上。另外,还有农业担保累计173亿元。农业保险的保障对象,一是种植业,包括小麦、水稻、油菜等,2012年,水稻保险金额达到每亩600元,小麦500元,油菜500元;二是养殖业,包括养猪、养鸭等。例如,2009年,昆山市千灯镇推出了蔬菜大棚保险,农民每亩缴纳528元保险费,就可能获得最高3.65万元的赔付。由于政府的强力扶持,有效降低了农业风险,调动了农民的积极性。2013年6月,张家港市进一步率先把政策性农业保险由种植业、畜牧养殖业推广到水产养殖业领域,对20亩以上的内塘螃蟹养殖大户统一参保,保险面积1 524亩,每亩保额2 000元,保险费率为5.5%,共提供保险金额304.81万元,保费16.76万元,其中90%由政府补贴。由此,苏州市就把政策性农业保险覆盖到农业所有领域,这对保护农民利益,促进和保证农业生产发展,无疑具有重要意义。

第五,培育现代农民。农业现代化的关键是农民的现代化。适应现代农业发展的需要,苏州市各级政府与苏州农业职业技术学院等多所农业院校合作,大力培育新型职业农民,即要使农民有文化、懂技术、会经营,以从事农业生产、经营、管理、服务为职业。通过培育职业农民,改变目前普遍存在的农村青壮年外出打工,妇女、老人、儿童种田的劳动力不合理构成,从整体上提高农业劳动力素质。2012年太仓市专门出台了《关于大力培育新型职业农民的意见》,提出到"十二五"期末,太仓市持有专业证书的各类新型职业农民达到11 000名,其中,具有中专以上学历的占一半,占农业从业人员的40%。在这11 000名职业农民中,生产操作型的种植能手6 000名,养殖能手2 000名,技能服务型的农机手1 000名,农技员1 000名(具有硕士以上学历的100名),农产品营销经纪人500名,创业型的合作社、农业企业负责人500名。这样,就形成了数量充足、结构合理、素质良好的新型职业农民队伍。为了达到这个目标,太仓市开展多种形式的培训方式,如聘请南京农业大学、安佑集团和上海奶协的教授与专家,为农民授课,效果良好。截至2012年年底,共开展了120期专业技术培训,培训农民达到10 168人次。还有南京土壤研究所的3名博士常驻太仓,开展农业科研,指导农民使用现代科技。①

第六,运用现代信息和其他科学技术发展现代农业。在发展现代农业过程中,苏州市重视综合运用各种现代科学技术,打造智慧农业。2013年1月,苏州御亭现代农业产业园在相城区望亭镇开建,该园运用物联网、移动通信、云计算等技术,重点发展智慧农业,建设1座2万亩的智慧农庄。在智慧农庄中,从农业生产、农产品储藏到农产品销售的各个环节,都运用了相关先进技术,解决了

---

① 高振华,等.太仓到"十二五"期末要培育万名持有专业证书的新型职业农民[N].苏州日报,2012-12-24(A05).

农业污染、农民与市场对接的大量问题,集中体现了现代农业的各方面特征。太仓市现代农业园则启用负氧离子自动监测系统,每3分钟就自动更新一次数据,向游客展示"天然氧吧"的优良生态环境。

第七,大力发展生态农业。针对近年我国愈演愈烈、不断加剧的环境污染和食品安全问题,苏州市在发展现代农业的过程中,积极探索资源循环利用的生态农业发展之路。对此,苏州市农业科学院研究探索出了苏南规模种养业废弃物原位资源化循环利用创新模式,在全市许多农业园区中得到推广。例如,用秸秆野草、瓜皮菜叶等养殖蚯蚓,用蚯蚓养殖鸡鸭等家禽,家禽粪便则可以作为农作物的肥料。如此既实现了资源的循环利用,又解决了环境污染、食品安全问题,可谓一举多得。太仓市东林生态养羊场把废弃的农作物秸秆变废为宝,用来养羊,再把羊粪还田,形成"田养畜,畜肥田"生态循环模式,养羊场每年可以消化秸秆4 000吨,出栏羊30 000头,亩均综合效益可达万元以上,同时也解决了焚烧秸秆污染环境这个老大难问题,实现了经济效益、环境效益和社会效益的统一,一举多得。

张家港市永联村在发展现代农业的过程中,把一二三次产业结合起来,走出了一条经济效益和生态效益、社会效益兼顾的循环性生态农业道路。第一,利用本村的钢厂排出的废蒸汽,发展大棚反季节鲜花,可以节省燃料成本200万元,冷却的水还可以用于灌溉。第二,实行稻鸭共养,一举多得,鸭子在稻田里成长,可以灭虫、锄草、肥田,节省了肥料、农药、饲料等成本,还提高了水稻的产量和质量,除去销售鸭子的收入,每亩水稻增收200多元。第三,利用濒临长江的地理优势,开发以江鲜经济为特色的乡村旅游,每年可以吸引游客30万人,旅游收入达到8 000万元,成为村级经济收入的一个重要来源。

第八,创新现代农业体制机制。与传统农业不同,现代农业必须有与现代科技和市场经济相适应的体制机制。在这些方面,苏州市也进行了大量的探索和创新。太仓市在探索工业化、城镇化和现代化同步的过程中,摸索出三条路:在发展现代农业上,走园区化、合作化、产业化和农场化的"四化"道路;在体制机制上,走社区股份合作、土地股份合作、农民专业合作、投资富民合作、农村劳务合作并举的"五大合作之路";在统筹城乡发展上,走发展规划、产业布局、基础设施、公共服务、就业保障、社会管理"六个一体"之路。

发展家庭农场也是苏州市创新现代农业经营体制的重要内容。2013年中央一号文件提出,要扩大农业经营规模,发展家庭农场。此前几年,苏州市在这方面已经进行了大量探索,积累了许多经验,通过发展种养大户、专业合作社和家庭农场,使农业经营主体多元化。特别是最近几年,通过土地股份合作社等平台,实现了土地承包权的流转和集中,进而创办了一批家庭农场,扩大经营规模,取得了显著效果。2013年,江苏省工商局出台了《关于充分发挥工商注册职能做好家庭农场登记工作的意见》,规定凡是从事谷物种植的家庭农场,土地经营规模应在100亩以上,从事蔬菜、水果、园艺作物种植的则为30亩以上,水产养殖的为50亩以上。与全国、省的其他地区相比,苏州市的家庭农场增长速度并不是很快,而是稳步增长。2013年3月,苏州市第一家家庭农场注册登记成立,截至2013年6月,苏州市共成立家庭农场20家,家庭农场主要采取个体工商户、个人独资企业和有限责任公司三种形式。为了规范家庭农场的发展,2013年9月,苏州市出台了《关于培育发展示范性家庭农场的通知》,明确示范性家庭农场应该符合"有资质、有技能、有规模、有实施、有标准、有品牌、有效益、有信誉"的标准和条件,其中对每一方面的标准又有量化的、可操作性的指标。按照这些标准,截至2014年6月,苏州市共有家庭农场、集体农场和合作农场3 000多个,专业大户1.4万户,市级以上农业龙头企业171家。例如,太仓市浮桥镇的张友其等3户农民,联合组建家庭农场,规模达到140多亩,全部实现机械化操作,大大提高了生产效率和经济效益,2012年实现利润十多万元,收入水平快速提高。张家港市庆桂家庭农场经营规模达到250亩,是现有家庭农场中经营面积最大的。这种家庭农场,在苏州市其他地方,也很普遍。还有一些村则发展以村集体为单位的合作农场,它由村集体经济组织发起,农民以土地、劳动力、资金等要素入股,从事农业生产、加工和销售。这些集体经济组织有效解决了农业规模经营问题,实现了富民强村的目的。2013年5月,常熟市成立了首家村级合作农场——勤川合作农场,它由村集体经济组织发起,集体经济占主导,农民自愿参加,成为农业企业,共同进行农业经营活动。这种集体农场改变了一家一户分散经营的模式,用规模化经营、机械化耕作、企业化管理、市场化运作的方式,提高了农业经营规模和竞争力。按照规划,到2015年年底,常熟市将建成60家村级合作农场。

十、多管齐下提高农民收入和生活水平

城乡一体化发展的实质,是要补齐"三农"这块短板,缩小城乡差距,让广大农民群众共享改革与发展成果。所以,提高农民群众收入和生活水平是城乡一

体化发展的落脚点,而农民群众的收入和生活水平是否更快增长,则是检验城乡一体化发展成败的最重要的指标。对此,在2013年全国"两会"上,苏州市市长周乃翔指出:"农民能否得到实惠,是评价城乡发展一体化最重要的标准。"

在城乡一体化发展中,苏州市农民的收入和生活水平迅速提高,与城镇居民的差距越来越小。随着消费水平的提高,农民的消费结构也进一步优化,享受型消费不断增加,恩格尔系数继续下降,到2014年上半年降到27.9%。在消费支出中,排在前三位的分别是:食品支出、文教娱乐用品及服务支出、交通和通讯消费支出,特别是旅游支出、交通工具支出和燃油支出增长速度快,表明农民消费结构档次明显提高。

作为"全国百强县"第一名的昆山市,坚持走共同富裕道路,着力缩小农民内部的收入差距。2012年,昆山市专门出台了《关于进一步促进低收入农民增收改善收入群体结构的意见》,根据率先基本实现现代化的要求,力争通过4项措施来减少低收入群体,扩大中等收入群体,形成"橄榄型"收入群体结构,使低于平均收入水平75%的低收入农户数量低于25%,而达到平均收入水平75%到150%的中等收入群体比例达到50%以上。4项措施是:充分就业保增收,扶持创业促增收,完善保障稳增收,扶贫帮困助增收。①

在城乡一体化进程中,苏州市的农民收入来源发生了重大变化,呈现出多元化特点。目前农民收入主要有4个来源:就业收入、财产性收入、农业收入和保障收入。据2014年上半年的统计数据,苏州市农民人均可支配收入12 035元,其中,工资性收入占56.8%,经营净收入占21.2%,财产净收入占9.6%,转移净收入占12.4%。

通过在非农产业领域就业,获得工资性收入,是农民的最主要收入来源。随着工业化和城镇化的快速推进,一方面,大量农民减少甚至失去土地,成为无地村、无地户,只能在非农产业中寻找就业机会,另一方面,非农产业中确实也创造了大量的就业岗位,为农村劳动力转移提供了机会。到2011年年底,苏州全市农村劳动力就地就近向城镇转移劳动力达到160万人,占农村劳动力的98%以上。为了扩大农民就业,苏州市确定了城乡一体化就业目标,每年免费培训城乡劳动者25万人,确保本地新成长的劳动力和失地农民就业率达到90%以上,创建充分就业村达到98%以上,全市社会登记失业率控制在4.5%以内。在23个城乡一体化先导区中,全面建立了各种劳务合作社培训农民就

---

① 张卉春.低收入农户吃"增收套餐"[N].苏州日报,2012 – 07 – 25(A08).

业和创业。

发展集体经济,获得财产性收入,是苏州市增加农民收入的另一条重要渠道,也是其一大特色与亮点。财产性收入对那些失地农民尤其重要,在工业化和城市化进程中,他们失去了祖祖辈辈赖以谋生的土地,虽然获得了一些一次性货币或者实物补偿,但是,如果没有新的收入渠道,这点补偿很快会坐吃山空。苏州市解决这个问题的经验就是,发展集体经济,采用股份合作社形式,让农民家家都有股份,成为股东,开辟财产收入新渠道,为农民转市民打下坚实的经济基础。在本章的第五部分,已经介绍了苏州市通过三大合作发展集体经济的情况,这些新的集体经济组织在增加农民收入方面发挥了重要作用。

例如,2005年以来,苏州市高新区的社区股份合作社实现了全覆盖,分红水平不断提高。在有些农户,夫妻二人,分红可以达到5 000~10 000元,加上其他收入,可以保证农民过上体面、富足的生活。2012年,高新区枫桥街道24个村的股份合作社净收入达5 124万元,股红分配总额为3 933万元,每股分红61元,比2011年增加6.59元,增长12.12%,人均分红976元,户均分红3 660元。自2005年以来,7年累计分红已达2.1亿元。同年,高新区狮山街道8 137户动迁居民获得股份合作社分红2 633万元,户均3 000多元,平均每股分红65元,比2011年的60元增长了8.3%。相城区元和街道5万失地农民在2006年集资6 000万元组建的苏州元联置业有限公司,4年来的分红已经收回了本金,2012年实现营业收入近亿元,农民喜获2 000多万股红,另外向国家纳税4 500万元。

吴中区积极发展"一村两楼宇",建设服务型用房和经营性物业用房,使集体经济快速发展。2012年,全区共有40个村集体收入超过千万元,户均分红3 500元。近年来,由全区10个镇组建了农村集体经济15家集团公司,惠及所有农户,累计注册资本超过10亿元。这些集团公司按照集团化运作、资本化经营、市场化开发、多元化发展的模式,不断发展壮大。2013年,全区股份合作社户均分红4 000元,农民人均纯收入2.3万元。按照规划,到"十二五"期末,全区集体资产将超过320亿元,收入达30亿元,农民人均纯收入3万元以上。其中,长桥街道2012年村均收入2 521万元,农民的投资收益率在10%以上。长桥街道的经验在于,以社区股份合作社的形式,吸收农民投资入股,每户入股上限为5万元,用于建设厂房商厦等项目,自营或者出租,获得稳定收入,年终按照每户入股数量进行分红。特别是随着集体经济资产的增加,大胆探索,进行制度创新,按照现代企业制度管理企业,在股份合作社的基础上,组建集团公司,下设房产置业、城乡一体化和物业管理3个分公司。预计到"十二五"期末,集体资产将达到50亿元,集体经济收入4.6亿元,村均年收入突破3 500万元。而横泾街道尧南社区的农民,2012年7大合作社共获利470万元,户均分红4 126元,比2011年增加238元,覆盖了全社区的1 139户。

张家港市的永联村是苏州市的首富村,有3 240户、10 440个村民。2012年,总销售收入达到380亿元,实现利税23亿元,村民人均纯收入28 766元,综合经济实力名列全国64万个行政村第三名。永联村的经验在于,在村党委书记吴栋材的带领下,走上了工业化与城镇化和现代农业相结合的共同富裕道路。在2002年集体企业改制时,保留了25%的集体股份,把它的分红收入用于村集体福利事业。2012年,集体可支配收入超过了8 000万元。依靠强大的经济实力,永联村村民过上了"城里有的,永联都有;城里没有的,永联也有"的生活,农民不仅洗脚上岸,而且接轨现代文明,96%的村民实现了集中居住,96%的耕地实现了规模化经营,96%的劳动力实现了就地就业,96%的村民享有比城市人更加优越的社会保障。多年来,村里投入巨资,建成了文化活动中心、图书馆、电子阅览室、文化广场、水幕电影、智能卡口等现代化生活设施,还组建了艺术团、舞蹈队、锣鼓队、龙狮队等文艺团队,农民可以享受养老等11项社保待遇。在此基础上,到2012年底,还投入2 000万元,推进信息化工程,实现全村"信息一卡通",做到"家家有电脑,户户能上网,人人一卡通,全村一网通"。不仅农民生活,而且生产和社会管理,也实现了信息化。

在工业化和城镇化进程中,尽管苏州市的土地面积在急剧减少,农业增加值在地区生产总值中的比重已经很小,农业收入对农民的收入贡献也在下降,但是,政府和农民并没有忽视这一收入来源,通过调整农业结构,发展高效农业,提高单位面积土地的产出率和收益率,来增加农民收入。例如,地处相城区的盛泽村,大力调整农业经济结构,发展特色农业,2011年,村级经济收入460万元,村民人均收入18 400元。在发展特色农业的过程中,他们从上海引进5个新葡萄品种,并且采取土地承包租赁的经营方式,由本地的种植业大户承包,实现承包户与村集体的共赢。对于传统的水稻种植,通过引进新品种,以小包装进入超市销售。另外,他们还引进鸡头米种植。所有这些举措,都大大提高了农业种植业的经济效益,实现了优质、高效和生态的统一,不仅农民收入大幅度提高,而且村子里的道路、环境有了很大改善,农民还可以享受从未有过的体检等福利。

保障收入是政府财政对农民的转移收入。到2012年底,苏州市已经实现了养老、低保和医疗保险的城乡并轨，农民不交或者少交部分费用，就可以享受到与城镇居民相同的社保待遇。其中的经费来源，主要依靠各级政府财政投入。这就改变了我国长期以来的农业、农村财富向工业和城市的单向输入，不仅切断了农村财富的流出和损失渠道，而且反过来开辟了工业和城市财富向农业和农村的输入渠道，率先实现了工业反哺农业，城市支持农村，实现了国家对三农由负保护到零保护，再到正保护的历史性转变，其意义非同一般。

为了促进农民持续增加收入，共享发展成果，苏州市还加大了涉农补贴力度，包括老年农民补贴、土地补贴等。2012 年，全市累计发放涉农补贴 3.6 亿元。例如，张家港市南丰镇 17 533 户农民，从 2011 年 3 月到 2012 年 1 月，共获得各类涉农补贴 1.2 亿元，其中最高的农户，达到了 1.8 万元。

为农民提供政策性农业保险也是政府降低农业经营风险、增加农民收入、减轻农民负担、扶持农业发展的一条重要渠道。2012 年，苏州市财政共为 36 万户农民提供了政策性农业保险，保险金额 30.2 亿元，财政补贴的保险费达到 8 610 万元，占总保费的 83.46%。而农户获得赔偿 2 774 万元，受益农户 8 036 户次，户均理赔金额 3 452 元。新增保费以不增加农民负担为原则，在市内各级财政之间分摊。另外，市财政还加大了对高效设施农业保险的奖励和补贴力度，提供保险保障 8.91 亿元，保费收入 3 893 万元，占总保费收入的 37.74%。在保险品种中，新增加了养鸡、养羊等保险，提高了对育肥猪、大棚蔬菜的保险规模。而根据《2013 年苏州市农业保险实施意见》，从当年 6 月份开始，苏州市调整农业保险政策，加大支农和惠农力度，小麦、油菜和水稻的政策性农业保险下调 10%，但是保险金额则提高 11% 左右，同时，降低起赔标准和免赔率，起赔点由 30% 降低到 20%，免赔率由 50% 降低到 30%。调整后，新增加的保费全部由政府承担，但是增加的保险赔偿则由农民享受。所有这些措施，极大地降低了农民所承受的农业风险，确保了农民经营收入的稳定增长。

以上 10 个方面就是对苏州市城乡一体化发展道路的归纳和总结。正是通过这 10 个方面的大胆实践和创新，才形成了苏州市独具特色的城乡一体化发展道路，也才取得了令人瞩目的成就。

第五章 苏州市城乡一体化发展道路的理论解读与创新

苏州市城乡一体化发展中的许多实践创新,是与传统理论不尽相合的。正确的做法,不是用传统理论来束缚实践创新,而是用实践创新的成果来检验、丰富和发展传统理论。对于苏州市城乡一体化发展道路,我们不仅需要从实践层面进行总结和归纳,而且需要从理论层面进行解读,由此检验传统的经济和社会发展理论,为理论创新提供素材,从而使苏州道路不仅具有实践借鉴意义,同时发挥其理论创新意义。

一、"三集中"的理论解读与创新

在苏州市的城乡一体化发展实践中,"三集中"是一个重要内容。通过"三集中",成功地化解了全市工业化、城市化和农业现代化过程中的诸多问题,使"三化"得以顺利推进。

(一)"工业向园区集中"反映和适应了工业化的本质要求

工业化是绝大多数国家和地区经济发展过程中不可逾越的必经阶段。通过工业化,各地实现了从农业经济向工业经济的转变,从而使产业结构有了一个质的飞跃。苏州市也不例外,改革开放以来,工业化突飞猛进,取得了很大成绩,成为我国重要的加工业基地,在全国名列前茅,号称"世界工厂"和"制造业基地"。然而,同全国工业化一样,苏州市工业化初期中一个很大的问题和教训在于,工业布局过于分散,缺乏聚集效益,从而导致工业化整体效益大打折扣。

工业经济在本质上是要求集中进行的,它不仅有必要,而且有可能在空间上集中进行。工业所需土地相对较少,在一块较小的土地上,就可以容纳大量的人口和资本，从而使集中成为可能。在工业生产的过程中，需要有大量的基础设施，企业之间还要进行分工协作，产生大量的交换与运输活动。如果企业在空间上集中，就会大大降低平均分摊的这些成本，此即聚集效益。在"三线"建设时期，我国曾经违背工业布局规律，按照"山、散、洞"原则布局，造成了极大的浪费。改革开放以后，苏州市是我国乡镇企业的主要发源地之一，限于当时的认识，乡镇企业的空间布局却是"满天星"式的。这种布局不仅缺乏聚集效益，企业投资成本过高，而且带来土地浪费、环境污染等问题。这是苏州市工业化走过的一段弯路，其造成的损失是巨大的。

1992年，党的十四大提出了把乡镇企业发展同中小城镇建设结合起来的战略思想，由此，苏州市也开始了乡镇企业从分散走向集中的过程。在这一过程中，各类工业园区应运而生，成为乡镇企业、外资企业以及其他新办企业的空间载体与平台。特别是按照产业分类，对工业园区和开发区进行分类，进而实现了更高层次的相同或者关联产业在空间上的集聚，使不同的工业园区各具特色。

苏州市的这些经验是值得肯定和推广的，它从理论上验证了：第一，工业化的空间布局理论，即二、三产业的空间布局不能分散，必须适当集中，以产生聚集效益，提高土地等资源配置效率，所以，不仅乡镇企业时期的分散布局必须调整和集中，而且今后的工业化更应该避免走企业分散布局的老路。第二，开发区是企业集中的有效空间载体，在开发区内，统一修建基础设施、教育科研设施和生活服务设施，企业之间也便于开展协作。第三，产业发展与开发区建设是内容与形式的关系、演员与舞台的关系，二者之间必须协调发展，不能脱离产业发展去建设开发区，否则，建成的开发区没有产业支撑和企业入驻，只会造成土地、资金等资源的另一种浪费。

（二）"农民向小区集中"反映和适应了城镇化的本质要求

城镇化是与工业化相伴而行的。在工业化过程中，随着人口和其他生产要素在空间上的集中，逐渐产生了城镇，并进而发展为城市，实现了整个社会结构的变化，由农民社会变为市民社会。因此，城镇化的本质是以人口为龙头，各种生产要素从农村向城镇的集中过程。

最近几年，全国各地都在大力推进农民集中居住，但是称谓不同，有些地方叫作"迁村并居"，有些地方则叫作"村落整理"。然而，在全国一些地方，让农民集中居住却受到来自某些方面的批评，被指责为农民"被城市化"或者"被集中"。我们认为,对此要区别对待,具体分析。的确,在有些地方,农民并不愿意集中居住,他们或者已经习惯于祖祖辈辈在四合院式的房屋中居住和生活;或者留恋于在院落周围种植蔬菜瓜果,饲养家禽,打井取水,满足家庭生活需要,贴补家用,降低生活成本;或者家中还需要有储藏室,用于存放粮食、农具;等等。在进小区、上楼居住之后,这些便利通通没有了,带来了新的问题,生活成本太高且不方便。这些批评有一定的道理,它提醒我们在农民集中居住问题上,必须要有条件。

在苏州市乡镇企业的发展初期,与工业布局的分散相对应,人口也呈现分散状态,"离土不离乡,进厂不进城"使农民的职业转换与空间转换相分离,工业化与城镇化相脱节,城镇化滞后于工业化,在工业迅速发展和比重提高的同时,从事工业的劳动力仍然分散在农村,城镇人口的比重没有相应提高。这导致农村人口居住分散,土地浪费严重,而且造成在农村实现基本公共服务均等化,例如通煤气、通自来水、通公共汽车、通电话和修建医院、学校、文化站等公共设施时,没有规模效益,成本过高。另外,苏州市也有相当数量的创业者和农民工,他们外出创业或打工,甚至举家外迁,农村家庭的房屋闲置,造成"空壳家庭"甚至"空壳村"。这部分房屋和土地资源闲置,造成另一种形式的浪费。在新农村建设过程中,如果不加区分地对这些家庭和村庄的房屋进行翻建,无异于缘木求鱼。因此,必须把工业化、新农村建设和城镇化结合起来,具体途径就是让农民集中居住,而对原有的房屋和土地进行整理与用途转换,由此可以解决上述诸多问题。在苏州市的城乡一体化发展的过程中,引导农民群众集中居住是一个重要内容,特别是一些经济发达的镇、村,拿出大笔资金,建设了一批高标准的小区,不仅有住房,而且商店、学校、娱乐设施等一应俱全,功能完善,环境优美,受到农民群众的热烈欢迎。

从苏州市的经验看,在让农民集中居住时,要充分尊重农民的意愿,保护他们的利益不受损失。对于原有住房,按照"拆一补一"或者更加优惠的标准进行补偿,往往每户农民可以得到2~3套、总面积在200~300平方米的公寓房,房屋有土地证和房产证,可以交易和继承。这些农民家庭往往自己住1~2套,剩余房屋用于出租,可以获得一笔稳定而不菲的收入,完全可以抵消用水、买菜等方面增加的支出,收入和生活水平不仅没有下降,反而提高了。至于粮食和农具存放问题,则可以通过集中建设仓库等方式解决。所以,在这种方式下,农民并不是被强迫集中居住,农民是欢迎和期待集中居住的。反之,如果农民在集中居住过程中利益受到侵犯,收入和生活水平下降,他们则不会欢迎和配合政府发起的集中居住号召——那样的集中居住,确实是"被集中"。特别是政府不能光盯着其中腾挪出的土地,与开发商结盟,损害农民利益,那样就背离了农民集中居住的初衷和本义。2014年7月发生的轰动全国的江苏省泗洪县7位农民因为土地征用和房屋拆迁中利益受损、9次上访无效、愤而在中国青年报社门口喝农药自杀的事件,就是这一方面的典型反面案例,一批干部因此受到处分,7位农民也被刑拘,应该以此为戒。另外,在一些经济条件较差的地区,由于非农产业发展水平低,就业岗位少,农民收入不高,政府财政实力弱,因此农民集中居住应该缓行。

苏州市农民集中居住的实践,在理论上验证了:第一,工业化必须与城镇化协调推进,二者的本质要求都是集中,以产生聚集效益和规模经济,特别是城镇化不能长期滞后于工业化,在工业向园区集中的同时,必须相应推进农民向小区集中,这是城镇化的最基本的要求。第二,作为一项巨大的社会变迁工程,农民变市民并不是仅仅通过集中居住就可以在一朝一夕内完成的,它是一个漫长的过程,特别是对于中老年农民来说,要使他们在短时期内改变长期形成的农村生活观念和习惯,是不可能的,类似于在小区内打井、毁草种菜、拉绳晾衣服等生活习惯问题,经过一段时间的示范与适应之后,是有可能转变过来的。第三,站在农民的视角,集中居住应该有利于增加和提高他们的收入与福利水平,而不是相反。如果农民集中居住在整体上有利于提高土地的资源配置效率,产生正收益,则这部分收益应该在政府、农民和其他利益相关者之间合理分配,达到均衡状态,农民才会从内心理解、支持和配合集中居住活动。

(三)"土地向规模经营集中"反映和适应了现代农业的本质要求

工业化与城镇化并没有取消和消灭农业,相反,它们要求农业更好、更快地发展。与传统农业的一家一户小规模分散经营不同,现代农业必须实行规模经营。根据一些资料,"目前,欧盟地区农业户均经营面积达20~30公顷,美国家庭农场经营面积更是达到250~300公顷。与欧美地区不同,东亚地区的农户经营面积要小得多,尽管如此,随着农村和农业人口的持续减少,农户户均耕地面积也有所扩大,韩国户均耕地面积从20世纪60年代的0.8公顷提高到目前的1.39公顷,农业的规模经营和机械化程度不断得到提高。因此,随着城市化的推进,农业规模经营的强化是一条普遍规律。"[①]另据有关资料,目前,我国每个农业劳动者平均占有耕地仅 0.4 公顷,为英国的 3%,日本的 16%,韩国的 36%。由此导致我国农业劳动生产率很低。2010 年,9 个发达国家的农业劳动力人均增加值平均为 38 347 美元,4 个中高收入国家是 3 607 美元,4 个中低收入国家是 622 美元,我国仅为 545 美元,只比印度的 507 美元稍高一些。[②] 这么小的农业经营规模,既不利于增加农民收入,也不利于提高我国农产品在国际市场上的竞争力。

现代农业之所以必须实行规模经营,是因为:从农业产业化的要求看,只有实行规模经营,才能降低成本,增加利润,提高经济效益;从农业专业化要求看,只有实行规模经营,各个地区的农业生产才能统一规划,集中种植某一种或某几种农作物,例如集中种植粮食、蔬菜、水果等;从农业机械化要求看,只有实行规模经营,才能扩大地块面积,以便统一使用大型农业机械进行耕作、收割、脱粒、烘干、防治病虫害、兴修水利道路等农业基础设施;等等。[③]

进入 21 世纪以来,苏州市在全国率先开始了从传统农业向现代农业的转变,这与超小规模的家庭经营之间产生了尖锐的矛盾。苏州市人均耕地不到 1 亩,户均也仅有 3 亩左右。在这种超小经营规模的基础上,不仅无法发展现代农业,而且也很难提高农民收入。据测算,苏州市每户种 3~5 亩时,是负效益,政府必须补贴,农户才愿意耕种;每户种 30~50 亩时,农户可以自我平衡,勉强维持;而当每户耕种 300~500 亩时,耕地就成为高效资源,农业才有吸引力。因此,为了发展现代农业,必须在农村剩余劳动力转移的基础上,实现土地向种田能手的集中。苏州市通过土地股份合作社、家庭农场等形式,实现了土地承包经营权的集中,并向本地或外地的种田能手集中流转,从而实现了土地的规模经营,取得了明显效果,对发展高产、优质、高效和生态的现代农业和增加农民收入,都发挥了重要作用。根据一些典型调查,在家庭农场和专业合作社经营模式下,苏州市粮食种植的亩均纯收益可以达到 1 000 元以上,水果种植可以达到近万元,均明显高于农户的分散经营。

苏州市土地集中的实践在理论上证明了:第一,现代农业与规模经营之间

---

① 唐茂华. 城市化演进的多元形式及其借鉴:基于历史和跨国视角[J]. 学习与实践,2011(1):18-30.

② 郭熙保,等. 农业规模化经营:实现"四化"同步的根本出路[N]. 光明日报,2013-02-08(11).

③ 夏永祥. 论中国农村土地经营权的集中[C]//迟福林. 中国农民的期盼. 北京:外文出版社,1999:202-211.

存在着高度的相关性,在超小经营规模的基础上,不可能发展现代农业。第二,改革开放以来,我国农村的家庭承包经营制在当时具有一定的合理性与优越性,克服了人民公社体制的弊病,但是,对于家庭承包经营制的优越性不能无限和长期夸大,不能用僵化的观念对待它,而要在创新中发展,特别是它的超小经营规模问题,必须解决。第三,不能望文生义地把欧美等发达国家的家庭农场与我国的家庭承包经营制画等号,以前者的存在证明后者的永恒性,二者之间不仅规模悬殊,而且经营机制不同。要借鉴西方国家发展家庭农场的经验,建立我国的家庭农场,实现对家庭承包经营制的进一步改革,为现代农业发展奠定体制与机制基础。

二、"三形态"的理论解读与创新

"三形态"也是苏州市城乡一体化实践中的重要内容。它不仅解决了许多实际问题,而且具有重要的理论价值。

工业化、城镇化与农业现代化的正常结果,应该是形成合理的城乡空间结构,即适应产业分工的需要,城乡在空间形态上应该有明显区分,城市更像城市,农村更像农村。这里的"像",不仅仅是指形似,而更应该是神似。在城乡发展规划中,一个很重要的问题,是如何处理城市与农村、城市与产业之间的空间布局。国内外专家在这方面有许多理论探讨,形成了不同的理论,在实践中也有许多尝试。有些主张城市摊大饼式的向外延伸,侵蚀农村;有些主张在城市之间杂以农村与绿化带,以改善生态①;有些主张产城同一,以节约交通和生活成本②;有些则主张城市不同区域进行功能分工,生产区与生活区分离;等等。对于这些不同的规划理念和实践,既需要借鉴中外各国几百年的经验教训验证其对错,更需要在我国城乡一体化进程中,总结各地的经验来创新和提升。

苏州市在乡镇企业发展初期,由于"离土不离乡,进厂不进城"的限制,城乡空间结构很不合理,农村中分布着大量工厂,使农村不像农村。而一些小城镇则人口太少,集中度不高,功能不全。与此同时,在城镇化快速扩张过程中,由

---

① 例如霍华德的田园城市规划理念。
② 例如建国初期,北京市的城市规划,实际上就是按照这种理念进行;近年,有些学者重新提出"产城同一"观点。另外,可参阅仇保兴.简论我国健康城镇化的几类底线[J].城市规划,2014(1)。

于拆迁安置成本太高等原因,一些城市郊区的村落被绕过,没有被改造,随着城市的对外扩张,它们被包在城市中间,形成"城中村",是城市中的贫民窟,与周边的高楼大厦形成鲜明对照,极不协调,使城市不像城市。所以,在城乡整体空间结构上,呈现出混沌不分的状态。

而"三形态"做法则有效地解决了这些问题,通过城乡产业分工,构建了合理的城乡生产和生活空间格局,使农村更像农村,山清水秀,景色宜人,集中发展生态、高产、优质、高效的现代农业,并成为城镇居民休闲旅游的好去处。而通过农民集中居住,特别是对"城中村"的改造,使城市更像城市,不仅城镇居民,而且居住在农村小区的农民,也可以享受城市的现代文明。例如苏州市下辖的常熟市的蒋巷村、张家港市的永联村、太仓市的金星村和昆山市的大唐村等,都是这一方面的典型代表,的确是社会主义新农村,是人间新天堂,居住和生活在其中,人们感到心旷神怡,其乐无比。当然,并不是所有农民都要进城集中居住,而是要根据每个村庄的土地分布范围、交通便利等因素,实行统一规划,相对集中居住,既方便生产,又方便生活。例如,在人口稠密的平原地区,农民小区之间的距离约为3~5公里。加上通过工业向园区的集中,则不仅解决了农村污染和土地浪费问题,而且实现了二、三产业的聚集效益。这样,通过"三形态",一个布局合理、功能完善的城乡空间格局呈现在我们面前。

苏州市"三形态"的实践在理论上验证了:第一,在城乡空间规划上,城与乡两大空间不仅要有明确的界限,而且要有合理的功能分工,特别是在农村空间中,不应该承担农业与旅游业以外的其他产业发展功能。第二,在城市内部,要积极推进产业与城镇在空间上的融合,功能复合的空间布局确实有一定的合理性与优越性,有利于解决交通拥挤、时间和其他生活成本高等问题,因此,每一个城市的发展,都应该把产业发展与人口集聚结合起来。通过产业发展,为进城人口提供充足的就业岗位,达到安居乐业。但是,过分机械地理解产城同一,也会导致出现环境污染、生活质量下降等问题,因此,不仅整个城市应该优化产业结构,淘汰高污染产业,而且,对于不同的产业,也应该实行空间集中,即产业集聚,通过不同产业在某一个园区的集中,形成具有不同特色的工业园区,实现不同园区之间的分工。这些经验对于丰富和发展我国的城乡规划理论,无疑是有借鉴价值的。

三、"双置换"的理论解读与创新

"三置换"是苏州市在农村集体经济改革中的一个重要内容,它与"三集中"等改革是密切配合、环环相扣的,所要解决的现实问题,既是为农村土地集中和实现规模经营提供了一种机制,同时也为深化农村集体经济改革提供了一种途径,破解了长期以来困扰我们的集体经济发展中的产权不清等现实问题。而其中的两大置换即土地承包权置换土地股份,集体资产所有权置换资产股份是股权改革的两大实践,称为"双置换"。置换完成之后,农民以股权形式体现其在集体经济中的所有权,并以分红形式实现其作为所有者的经济收入,或者以获取社会保障权利实现其补偿。

如前所述,在家庭承包经营制下,存在着发展现代农业与超小规模经营之间的矛盾。在一段时期内,国家曾经寄希望于通过农民依法、自愿和有偿地流转土地承包权来解决这一问题。但是实践证明,土地自发流转不规范,随意性大,效果有限,迫切需要有一种更好的途径来深化这一改革。正是在这一背景下,近年以来,苏州市在学习借鉴其他地区经验的基础上,探索出把农民土地承包权置换成土地股份的成功做法,实现了土地承包权的集中,然后由一些种田能手或者家庭农场集中承包,规模可以达到几十亩到几百亩,这就有效解决了土地经营规模偏小的问题,有利于农业统一规划和统一种植,发展现代农业,提高农业的经济效益。通过把农民的集体资产所有权置换成资产股份,同样有利于集体资产的流动和重组,能够妥善解决这一过程中的复杂利益关系,为农村集体经济寻找到一个合理的实现形式。

以上两种置换在实践上都是对农村集体经济的改革,在理论上极大地丰富了我们对集体经济历史使命、实现形式和发展趋势的认识。应该说,在人类社会的发展历史中,农业集体经济的出现并不是偶然的,它是生产的社会化与生产资料的分散占有和使用的矛盾演变的必然结果。在资本主义国家的发展过程中,解决这一矛盾的途径是在土地私有制的基础上,通过土地出租,建立大农场或者家庭农场。对于资本主义大农业中的生产关系,马克思在《资本论》中论述地租理论的那一部分,进行了深入透彻的分析。实践证明,这种制度安排是成功的,它促进了西方国家农业的健康稳定发展,以5%左右的农业人口,保证了全国人口的农产品供应需要,还有大量剩余部分用于出口。但是,建立大农场并不是解决这一矛盾的唯一途径,1894年,恩格斯就在《法德农民问题》中,论述了小农经济的历史局限性以及必然灭亡的命运,并提出了建立农业合作社来解决这一矛盾的设想。恩格斯肯定了丹麦社会党人所提出的计划:把个体农户结合为一个大田庄,共同出力耕种,并按土地入股、预付资金和所出劳力的比例分配收入。这里的农业合作社,本质上就是集体所有制经济。

所以,无论是从理论推演上看,还是从实践上看,集体经济的产生和存在确实有它的必然性,对集体经济应该有客观公正的分析和评价,不能采取全盘否定的态度,简单地把它和大锅饭、低效率画等号。但是,集体经济要想显示出它的优越性和生命力,不断生存、发展和壮大,承担起自己的历史使命,必须与时俱进,进行改革和创新,特别是要选择一个科学合理的实现形式。作为一种好的形式,它应该有利于明晰产权,实现所有者的权益,最终达到提高资源配置效率的目的。可以说,人民公社体制不是实现集体所有制的好形式,它的最大弊病在于,即使在"队为基础"的生产小队内部,财产权利也是模糊不清的,没有量化到人,从理论上讲,所有生产队社员都是它的主人,对生产队财产拥有所有权,但是却无法准确知道自己到底拥有多少财产。这种模糊性在社员流动时就充分表现出来,例如,一个姑娘嫁入某生产队,尽管她没有为这个生产队带来任何财产,但是却自然而然地成为这个生产队的一员,拥有财产权,可以参加劳动和分配。反过来,该生产队一个姑娘出嫁到其他生产队,尽管她以前也曾经为这个生产队积累了一定财产,但是却不能带走分文。如同《再别康桥》所云:"悄悄的我走了,正如我悄悄的来;我挥一挥衣袖,不带走一片云彩。"加上集中劳动、统一分配下劳动考核的困难性,必然会出现社员对集体财产不关心、干活"磨洋工""大呼隆"等问题,也就注定了人民公社缺乏效率和解体的命运。

苏州市的"双置换"改革,有效地解决了上述问题,通过股份化,使资产资本化,资本股份化,股份量化到人,按股分红,把集体资产落实到每一个人的名下,每个农民可以确切地知道自己在集体经济中有多少份额,也可以按照自己在集体资产中拥有的资产获得相应的收益,从而真正实现了自己对集体资产的所有权和收益权。这样,每个农民也才既有权利,也有兴趣去关心和提高集体资产的使用效率,杜绝浪费和流失。可见,"双置换"成功地解决了长期以来困扰我们的集体经济产权不清、使用效率不高的老大难问题,为我们寻找到了另一种更加高效的集体经济实现形式。

"双置换"是苏州等地区的广大农民群众在家庭承包经营制的基础上,深化农村集体经济改革的大胆创新,在实践和理论上都颠覆了传统的集体经济观念与做法。它既为农村集体土地承包权流转提供了一种重要和高效的体制保证,也对于我们在理论上正确认识集体经济的实现形式具有重要价值。1997年,中共十五大曾经提出国有经济可以有多种实现形式,由此推动了国有经济从长期以来的独资产权结构向股份制和混合经济的转变,实践证明是成功的。而集体经济同样应该有多种实现形式,人民公社时期的集体经济形式和家庭承包经营制下的集体经济形式,并不是集体经济的唯一形式或者最终形式,我们也可以在新的形势下,探寻更加有效的实现形式,而苏州市的"双置换"在这方面做出了可贵的探索,有力地证明了这一点,这对深化农村集体经济改革是具有重要意义的。

四、"土地换社保"的理论解读与创新

"土地换社保"是"三置换"中的又一个置换,是苏州市等地近年在城乡一体化实践中创造出的另一个成功经验,它所涉及的问题与前两个置换不尽相同。"土地换社保"曾经受到一些人的批评,认为它侵犯了农民的公民权,其理由在于,土地承包权是农民的财产权,应该有偿让渡,而享受社会保障是农民的公民权,理应由国家提供,不应该让农民用自己的财产权去换取公民权,那样做等于是侵犯了农民的利益,而国家则逃避了应尽的责任与义务。对此,我们需要在理论上进行解读和辨析。

(一)"土地换社保"是农村土地征用补偿和构建农村社会保障制度的创新形式

"土地换社保"是政府和农民群众在长期探索对被征地农民的补偿形式和构建完善的农村社会保障制度的过程中形成的。一方面,在改革开放初期,各地对被征地农民主要采取就业安置补偿形式,只要农民放弃土地,政府和企业就可以向其提供一份工作,使他们有一份稳定的收入,以维持失去土地后的生计问题。应该说,这种方式使工业化与城镇化、土地城镇化与人口城镇化同步推进,有一定的合理性与优越性。但是在实践中,由于被征地农民的文化科技素质较低,不能完全适应安置企业的需要,加之随着我国就业制度改革的深入,市场化程度越来越高,劳动者的下岗和流动成为常态,因此,要想让安置的劳动者稳定地在一个企业长期就业,不仅对企业是一个沉重的负担,而且对劳动者

本身也未必有利。后来，这种补偿方式越来越少，渐渐消失，代之以货币补偿形式。在货币补偿形式下，政府向被征地农民一次性支付一定数量的货币，作为其以后的生活来源，而不再无限期地承担其他义务和责任。这种方式的优点在于简便易行，但是其问题在于：一是各地规定的补偿标准过低，与土地出让金之间形成巨大落差，造成农民的收益流失，而且无法保证失地农民今后的生计需要。二是有些失地农民拿到货币补偿后，或者投资失败，或者短期内挥霍浪费，坐吃山空，今后生计同样没有着落，形成新的社会问题。因此，迫切需要探索一种新的能够保证农民权益不受侵害，特别是有利于维持他们长远生计的补偿形式。另一方面，中共十七大后，党和国家按照实现城乡基本公共服务均等化的战略部署，加快在农村构建社会保障制度，在加大国家财政投入的同时，参保农民也必须缴纳一部分费用，而在有些地区和有些家庭，农民无力缴纳这部分费用。于是，就需要探索统筹解决这些问题的新思路。

正是在上述双重背景下，"土地换社保"应运而生，它同时化解了土地征用补偿和构建社会保障制度的两大难题，一举两得，既能够为农民今后提供长期而有保障的生活来源，同时又可以减轻一次性货币补偿方式下政府和企业的巨大资金压力，从而实现多方共赢，受到各方的普遍欢迎，在实践中表现出很大的优越性。

（二）"土地换社保"中农民公民权与财产权的交换

我们认为，"土地换社保"对于认识农民与国家之间的权利和义务划分，以及农村社会保障的改革途径，都做出了大胆的探索，提供了有益的启示。

的确，在"土地换社保"中，涉及被征地农民的公民权与财产权，存在着农民两种权利的交换，对此应该正确认识和处理，以确保农民的合法权益不受侵害。从农民享受社会保障的权利而言，它是基于农民的公民权而产生的一种社会权利，社会保障制度是以政府为主体，通过国民收入的分配和再分配，对全体社会成员的基本生活需要给予保障的一种制度安排。社会保障制度的一个基本特征是公平性，对所有社会成员应该一视同仁。作为我国广大农民群众来说，自然也应该有权利要求政府向他们提供社会保障。从全世界大多数国家的情况来看，社会保障的资金来源于财政投入、用人单位缴纳和参保者个人缴纳三部分，各方的缴纳比例对所有社会成员应该是统一的。作为农民来说，如果其要享受社会保障，也必须预先缴纳一部分费用，例如在我国的"新农保"和"新农合"中，农民都要缴纳一定的费用，然后才能享受社会保障的相应权利。

"土地换社保"中还涉及农民的财产权。按照我国有关法律规定,农村土地属于农民集体所有,国家虽然有权力为了社会公共需要征用农民土地,但是必须进行合理补偿,补偿费用由土地补偿费、安置补助费、青苗费和土地上的附着建筑物补偿费构成。农民的这种财产权应该得到保护和兑现。而在"土地换社保"中,则把农民的这两种权利有机地糅合在一起,互相交换和抵消。也就是说,农民实际上是用放弃部分土地补偿费作为代价,换取和冲抵其参加和享受社会保障待遇时应该缴纳的费用。这种做法并非不合理和不可行。

(三)"土地换社保"中农民权益的保护

在"土地换社保"中,问题并不在于侵犯了农民的财产权,而是在于,一是在两种权利的交换和冲抵过程中的数量比较;二是农民与城镇居民在享受社会保障时的缴费比较。

就第一个问题而言,应该说,在相当一部分地区的"土地换社保"中,农民权益受到损害,其应该得到的补偿费用远远大于其应该缴纳的社保费用。长期以来,我国对农民征地补偿标准过低,严重侵犯了广大农民的利益,引起农民的强烈不满和抵触。最近几年,各地正在逐步较大幅度提高补偿标准。所以,在"土地换社保"中,不应该笼统地讲二者互换,而应该车是车,炮是炮,各走各的道,各算各的账。首先根据农民被征用土地的面积和补偿标准,计算出他们应该得到的补偿费用,然后再参照"新农保"和"新农合"中的标准,计算出农民应该缴纳的费用。二者相抵之后,如果前者大于后者,多余部分应该退还给农民,或者应该提高其今后的社会保障待遇标准。当然,如果后者大于前者,农民也要补足差额部分。

就第二个问题而言,的确,在我国的二元社会结构下,农民与城镇居民在社会保障上存在着巨大差距,城镇居民只要缴纳一部分较少的费用,就可以享受较高水平的社会保障待遇,他们没有条件,也没有必要用土地或者其他财产权去交换社会保障权。而广大农民群众长期以来基本没有社会保障。中共十七大以来,国家加快在农村构建社会保障制度,以消除农民与城镇居民在基本公共服务上的差别,尽快形成城乡一体化发展的新格局。在这个过程中,应该比照城镇居民社会保障制度的做法和缴费标准,建立农村的社会保障制度,例如在"新农保"和"新农合"中,中央财政和地方财政要承担较大的投入责任,而不能在"土地换社保"的名义下,侵犯农民应有的合法权益。而且,就全国广大农村而言,被征地农民毕竟只是一小部分,如果非要强调"土地换社保",那么那些未被征地的农民群众,又何年何月才能享受到社会保障的普照之光呢?又如何能够尽快形成基本公共服务均等化和城乡一体化发展的新格局呢?

总之,"土地换社保"作为具有中国特色的一种制度安排,既有很大的合理性,又有一定的局限性与过渡性,它能够化解我国农村改革和发展中的许多问题,值得肯定和推广,但是,随着时间的推移,我国农村土地征用和农村社会保障制度不断健全,就不一定非要再采取这种置换形式,而是两笔账分开算,国家该给农民的土地征用补偿就应该全额补偿给农民,而农民该缴纳的社保费用也应该全额缴纳,孰多孰少清清楚楚。然而,当务之急则是在农民两种权利的交换过程中,应该构建科学合理的机制,妥善处理其中涉及的各方面利益关系,特别是要加强保护农民这一弱势群体的利益,最终形成城乡一体化发展的新格局。

五、"三大合作"的理论解读与创新

"三大合作"也是苏州市在城乡一体化发展的过程中,在借鉴其他地区相关经验的基础上做出的一大创举。"三大合作"与"三集中""三置换"及农业现代化是密切相关的,土地股份合作社主要是在实现土地集中的过程中,为了置换农民的土地承包权而搭建的平台和组织形式;社区股份合作社主要是为了置换农民集体财产权而搭建的平台与组织形式;专业合作社是在发展现代农业的过程中,为了解决分散的农民与大市场之间的矛盾、提高农民的组织化程度和竞争力而搭建的平台和组织;其他形式的股份合作社是为了增加农民收入等需要而搭建的平台和组织。

对于合作经济,理论界的看法存在分歧。前面我们曾经提到,1894年,恩格斯就在《法德农民问题》中,论述了小农经济的历史局限性以及必然灭亡的命运,并提出了建立农业合作社来解决这一矛盾的设想。新中国成立后,我国农村土地制度的演变走了与西方国家不同的道路,而基本上是按照恩格斯所指出的农业合作社道路演进的。在20世纪50年代初期,我国通过土地改革,建立了小农经济,很快,便出现了小农经济与国家工业化、农业现代化的矛盾以及两极分化等问题。为此,从1953年开始,我国开展了农业社会主义改造运动,农业社会主义改造的实质和目的是为了解决小农经济与现代化大农业以及共同富裕之间的矛盾,具体是用公有制代替私有制。几经演变,从初级合作社到高级合作社,再到人民公社,实行"三级所有,队为基础"。其后20多年的实践证明,人民公社这种集体所有制形式并不是一种有效的制度安排,需要改革。许多人据此对整个农业社会主义改造运动,特别是对前期的农业合作社予以否定。我们认为,这并不是历史唯物主义的科学态度。我国农业社会主义改造和农村集体经济发展中的教训,并不在于把小农经济转变为合作经济,而主要在于把农业合作社转变为人民公社。应该说,在农业社会主义改造前期,建立初级合作社和高级合作社基本上是正确的,错误在于,后期的改造过急,速度过快,没有充分尊重农民的意愿,特别是把高级合作社快速升级为人民公社,把人民公社体制作为集体经济的唯一实现形式,集中生产,统一分配,那是低效率的,也是完全错误的。

中共十一届三中全会以后,我国在农村实行家庭承包经营制,农户分散占有土地等生产资料,分散生产,"交够国家的,留足集体的,剩下都是自己的"。这一改革固然取消了生产队层面的集中生产和统一分配,解决了农村集体经济组织内部的平均主义问题,有利于调动农民的生产积极性,但是,在发展现代农业和建立社会主义市场经济体制的大背景下与过程中,却重新产生了农户超小规模经营与现代农业发展之间的矛盾,以及分散的小农经济与大市场之间的矛盾,问题似乎又重新回到了农村土地改革后、农业社会主义改造运动前的状态。进入21世纪以来,这一矛盾表现得更为明显。解决这个矛盾的根本办法和出路,就是要大力培育、发展和改革农村集体经济,发展合作经济。因此,"三大合作"确实是农村经济改革与发展的必然产物,是完全符合农业、农村生产力发展的要求的,实在应该是情理之中的结果。

更何况,改革开放以后,国家调整政策,允许农民进入非农产业领域,于是出现了乡镇企业。在非农产业领域,规模经济的要求更高。在资本主义社会的发展历史上,为了解决社会化生产与小私有制之间的矛盾,企业制度也经历了从个人业主制到合伙制,再到股份制的嬗变过程。所以,以我国目前的经济发展水平和生产社会化程度,非农产业领域既不能长期和大面积地维持小规模的个私经济,也无法在短期内大规模地把企业改制为股份有限公司,而介于二者之间的股份合作制便是一种合理的产权制度安排。

股份合作制曾经被一些人批评为"非驴非马",认为它不是一种规范的所有制。但是,也许正因为如此,才显示出来它的优越性和生命力,可以作为集体经济一种新的实现形式,克服人民公社体制的弊病。股份合作制集合了股份制和合作制的特点,每个成员既是所有者,也可以是劳动者。它的最大优点,在于明晰产权,通过股份配置,每一个农户可以准确知道自己在股份合作社中的财产数量,并且根据自己的持股数量,行使管理权和分配权,做到同股同权,同股同益。由此也就解决了人民公社体制下的产权模糊不清、侵占他人权益的问题。

为了使股份合作社健康发展,在股份合作社外部,必须处理好与各级政府的关系,要接受乡镇企业发展中的教训,实行政企分开,股份合作社作为一个独立的法人,自主经营,照章纳税,政府不仅不能干预股份合作社的经营,而且不能随意向它们摊派。在股份合作社内部,在股份量化到户的基础上,应该强化民主管理。要制定股份合作社章程,按照同股同权原则,每个股民都应该有平等发表意见的权利和机会,遇到意见分歧,应该进行表决,少数服从多数,从而做出决策。股份合作社应该财务公开,接受股民监督。这样,就真正实现了集体经济的民主管理。再加上村民代表大会制度、党员代表大会制度、村规民约等制度,就构建了一套完整的乡村治理制度框架,切实推进农村民主政治建设。

六、城乡一体化发展中政府职能的理论解读与创新

政府强力推动是苏州市城乡一体化实践的一大特色。但是,对于这一特色,理论界同样存在着不同看法。苏州市是"苏南模式"的主要发源地,政府对城乡一体化的强力推动实际上是"苏南模式"的"路径依赖"和延伸。美国斯坦福大学的政治学教授戴慕珍曾用"地方政府公司主义"来概括"苏南模式"的主要特点,温铁军教授等则进一步运用地方政府公司主义理论对苏州市等苏南地区过去30多年的发展道路进行剖析和总结。在他们的笔下,对"地方政府公司主义"贬大于褒。

的确,市场与政府的职能划分是经济体制改革的核心问题。中共十四届三中全会通过的《中共中央关于建立社会主义市场经济体制若干问题的决定》提出,在社会主义市场经济体制下,要首先发挥市场在资源配置中的基础性作用,然后发挥政府的宏观调控职能。中共十八届三中全会通过的《中共中央关于全面深化改革若干重大问题的决定》在总结过去几十年改革经验教训的基础上,提出要发挥市场在资源配置中的决定性作用和更好发挥政府的作用。那么,应该如何看待在市场对资源配置起基础性或者决定性作用的背景下政府对城乡一体化发展的强力推动作用呢?难道二者之间是矛盾的吗?抑或说,难道苏州市政府在城乡一体化发展中的职能是错误的、侵犯了市场边界吗?对此也需要

具体分析。

用"地方政府公司主义"来概括苏南地区的经济发展道路特色,确实是抓住了要害。那么,地方政府为什么要如此留恋和维护、强化自己的经济职能呢?它们"进入"和"退出"经济与社会活动的依据到底是什么呢?也许,布坎南的公共选择理论有助于对这一问题的解释。公共选择理论的主要贡献和价值在于,它揭示了政府也是一个"经济人",是一个特殊的利益集团,其利益并非任何时候都和社会利益是一致的,从而提出了对政府行为进行监管的忠告和建议。依据公共选择理论来分析苏州市的"地方政府公司主义",可以发现,地方政府之所以乐此不疲地介入经济活动中,某种程度上是为了该利益集团的特殊利益。这种特殊利益既包括可以与社会利益兼容的、所换取的乡镇企业对农村基础设施、教育等社会事业的投入,也包括未必完全能与社会利益兼容的个人升迁,更包括与社会利益相背离的政府官员个人的贪腐行为和"寻租"所得。

那么,究竟应该如何评价"地方政府公司主义"在经济领域中的功过得失呢?在我们看来,经济体制作为一种资源配置方式,评价其在经济领域功过得失的标准,应该是是否有利于提高资源配置效率和促进经济发展。但是,对于这个问题,可以从不同的空间和时间尺度来进行分析。如果仅仅从局部范围看,由于地方政府的介入,客观上对本地区的企业发展起到了保护和促进作用,特别是在贷款担保、招商引资方面,地方政府亲自出马,开出优惠得多的信用保证和政策支持,从而使得本地区的政府和企业在与其他地区的政府和企业的竞争中,处于绝对的优势地位,最终也确实有利于本地区的经济发展,使GDP、财政收入、利用外资等最能显示政绩的指标遥遥领先,在各种排名评比中,名列前茅,为本地区赢来巨大声誉。但是,如果放在全局的视野内和市场经济体制的框架内看,"地方政府公司主义"其实是不合理的,它类似于国际贸易中的保护主义,对其他地区的政府和企业是不公平的,与构建统一的市场体系也是背道而驰的。如果其他地区的政府和企业也效仿与实行"地方政府公司主义",其结果或者会形成"诸侯经济",或者会形成恶性竞争,导致在招商引资中,"肥水"流入外人"田"。

即使在微观领域,"地方政府公司主义"也并不利于提高资源配置效率,会造成严重浪费。政府发展经济,往往会不计成本,注重速度和数量,而忽视效益与质量,因此,人民群众从中受益有限,居民的幸福指数提高速度远远低于政绩指标的增长速度。一个可以佐证这一结论的证据是,苏州市的城乡居民收入和消费水平在全国的排名,明显低于人均GDP等指标的排名。这一现象被批评为

"市强民穷",这一点,前文已经述及。另一个例子是,在苏州市,亮化工程达到了登峰造极的地步,夜间整个城市灯火辉煌,恍若白昼。为此不仅花费了巨额财政资金,而且严重影响居民休息,还破坏了树木花草的正常生长,成了名副其实的光污染。日本一位教授对此慨叹"简直不可思议",认为如果是在日本,纳税人是绝对不允许政府这样干的。而苏州市的广大群众对此也是怨声载道,多次通过人大、政协等渠道反映,但是问题却得不到解决。这难道与"地方政府公司主义"毫无干系吗?正是"地方政府公司主义"造成的资源大量浪费,决定了它虽然可以在一段时期内推动经济的快速发展,却是不可持续的,等到经济发展速度超过了资源的可承载能力时,其增长速度必然会下降,如果遇到不利的外部因素作为导火线,甚至会导致经济的崩溃。目前,苏州市在经过几十年的经济高速增长之后,正面临着这些问题,资源和环境的制约作用越来越大,廉价的土地、劳动力和资金时代已经过去,可持续发展面临严重考验,迫使经济发展必须转型。为了实现转型,必须进行制度创新,而制度创新的关键是必须淡化"地方政府公司主义",从"强政府+弱市场"向"强市场+弱政府"转变,加快转变政府职能,变全能政府为有限政府,大幅度地从经济活动中退出,让位于市场。① 对此,我们还将在第八章进一步分析。

"地方政府公司主义"另一个必然伴生的弊病是政府官员腐败。由于政府官员深度介入经济活动,手中掌握着大量的资源配置权力,甚至主动设租、索贿受贿,这就必然导致腐败。正如英国历史学家阿克顿所言:"权力,不管它是宗教还是世俗的,都是一种堕落的、无耻的和腐败的力量。""权力趋向腐败,绝对权力趋向绝对腐败。"②改革开放以来,特别是在过去的10多年中,苏州市的官员腐败也呈高发态势,出现了大大小小的"姜人杰"③,这难道与严重的"地方政府公司主义"没有耦合关系吗?对此,必须从经济体制和政府职能上去反思,方能提出有针对性的治本之策。

对"地方政府公司主义"在经济领域作用的批评,并不等于也否定它在社会领域中的作用,特别是在城乡一体化发展中的作用。经济和社会的发展本来就是结合在一起的,必须统筹考虑,更何况社会治理本来就是政府的首要职能。社会发展与经济发展既有密切联系,又有重大区别。经济发展以增加物质和精

---

① 夏永祥.强政府与弱市场:苏南模式的制度创新[J].苏南科技开发,2004(8).
② 张绪山."权力腐败论"与现代民主政治[J].百年潮,2011(3):42.
③ 姜人杰原为苏州市副市长,主管城建等工作,在2001—2004 短短的 3 年中,索贿、受贿达 1.08 亿元,于 2011 年 7 月被执行死刑。类似案件,在苏州市绝非个别。

神财富为目的,在市场经济体制下,表现为企业追求利润、政府追求 GDP 和财政收入等。而社会发展则以改善民生、提高居民幸福指数为目标。经济发展是社会发展的基础,社会发展是经济发展的目的。只有把经济发展的成果合理分配和使用,才能提高社会发展水平,使二者保持协调。但是,在社会发展中,由于并不以追求利润为目标,相反,却要通过大量支出,用于提高居民福利,因此企业对此并没有浓厚兴趣,即使其承担社会责任,也是有限的,只能作为一种补充。正是由于市场在社会发展中的无能为力,决定了政府应该大举进入社会发展领域,大行其道,大有作为,这才是政府的本来职能和正事。此时,我们借用"地方政府公司主义"来表述地方政府在社会发展中的地位与职能,虽然并不准确,但主要是为了说明政府对此职能责无旁贷,应该主动和全面"进入",而不应该寻找借口"退出"。由于经济发展是社会发展的基础,政府介入社会发展的前提是拥有雄厚的经济实力,因此,从时间顺序上看,社会发展相对滞后于经济发展是合理和可以理解的。

改革开放以来,苏州市的发展过程实际上也就是一个经济和社会的综合变迁过程,涉及经济和社会的方方面面。尤其是在城乡一体化发展过程中,既包括经济发展,更包括大量的社会事业发展。在这个过程中,经济领域的"地方政府公司主义"是否顺理成章地扩展到社会领域了呢?客观地说,在这一时期内,苏州市的"地方政府公司主义"在社会发展中有不俗表现,同样可以看作是全国的典型代表。在经济发展的基础上,苏州市的各级政府利用手中掌握的大量财富,促进社会事业发展,改善民生,取得了显著成绩。在乡镇企业时期,通过"村社理性",内部化处理外部性风险机制,调节和平衡村社内部的收入分配关系,并且以工补农,以工兴农,拿出大量资金,用于兴建农村道路、水利等基础设施,发展教育事业等。进入 21 世纪以来,随着各级财政实力的进一步增强,在中央提出科学发展观、统筹城乡发展、加快构建城乡一体化发展新格局的战略部署之后,苏州市政府在这一方面表现出更多更大的作为,取得了巨大成绩。

因此,可以毫不夸张地说,"地方政府公司主义"在苏州市的城乡一体化发展中,可圈可点之处甚多,大有功劳,如果没有政府的强力推动,就不会有城乡一体化的快速推进。①

---

① 夏永祥."苏南模式"中地方政府公司主义的功过得失[J].苏州大学学报,2012(4).

七、城乡一体化发展必然性与渐进性的理论解读与创新

苏州市作为全国的发达地区，在小康社会建设和现代化建设中，先行先试，经过30多年的创新探索，分步分阶段推进城乡一体化发展，渐成正果，印证了城乡一体化发展的必然性与渐进性。苏州市的实践表明，城乡一体化发展既是我国经济和社会发展的必然趋势，同时又要分阶段渐进实现。

苏州市之所以能够成功走出一条城乡一体化发展道路，并不是偶然的，是经过了几十年的不懈努力的。当年的"苏南模式"应该是它的起点，通过兴办乡镇企业，进入非农产业，分享其利润，并反哺农业，富裕农民，繁荣农村。正是得益于乡镇企业的发展，这一时期苏州市的农民收入速度明显快于江苏省和全国，城乡差距较小。

进入20世纪90年代中期，"苏南模式"开始向"新苏南模式"转变，乡镇企业改制，转变为民营企业或股份制企业。也正是在这个时期，受益于上海浦东新区开发的"溢出效应"，苏州的外资经济迅速崛起，发展壮大，成为苏州经济发展新的动力与支柱。外资经济固然有许多积极作用，但是对于广大农民群众而言，则好处有限。为了大规模兴建工业园区，占用了大量农田，产生了众多的"无地村"，甚至"无地乡（镇）"，失地农民没有得到妥善安置，工业化和城镇化不仅没有为他们得来好处，反倒使他们陷入窘境，成为游走于城乡之间的非农非工、非乡非城的"社会边缘人"。在GDP、财政收入、利用外资、全国百强县排名等指标上，苏州市在全国名列前茅，但是，在这块土地上创造出来的财富，当地农民所得甚少，苏州的城乡居民收入比反而有所扩大，继续缩小受到了很大的瓶颈制约。

自从中共十六届三中全会提出科学发展观以来，按照统筹城乡发展，以工促农，以城带乡的发展思路，中央形成了一套系统的解决"三农"问题的思路与政策。也正是在这种背景下，催生出了苏州探索实践城乡一体化发展的成功道路。苏州市的广大农民群众有资格，也有权利享受在这块他们祖祖辈辈居住的土地上创造出的改革与发展成果，政府也有责任推动城乡一体化改革与发展。否则，如果仍然延续城乡二元结构，就对不住广大农民群众，也不可能真正建成小康社会和实现现代化。可见，苏州市的城乡一体化发展成果，并非一日之功，而是经过了30多年持续不懈的努力，即使在2008年被确立为江苏省和全国城

乡一体化示范区后,也不是一下子全面推开,而是首先确定了23个先导区先行先试,这既是因为限于财力,也是为了积累经验。在这一阶段,苏州市也存在着要求过急、速度过快、标准过高等问题,对此我们也将在第八章进一步分析。

正确认识事物的发展趋势与目标和分步实现目标是两个同等重要的问题。看不到事物的发展趋势,满足于现状而不思进取,是"右倾"错误;而不顾条件,企图一步到位,毕其功于一役,勉强要把明天或者后天的事情提前到今天来做,则是"左倾"错误,二者具有同样的危害。在城乡一体化发展问题上,应该看到,经过改革开放以来几十年的快速发展,我国的财富总量已经大大增加,政府掌握的财力增加更快,与此同时,城乡差距却进一步扩大,这是一幅极不协调的画面。中共十六大后,胡锦涛提出我国已经进入"工业反哺农业、城市支持乡村"阶段的判断是客观的,其后中央做出的一系列推进城乡一体化发展的决策和部署也是完全正确的,我国有必要,而且有能力推进城乡一体化发展。要把城乡一体化发展放到全面建成小康社会和基本实现现代化的进程中去考虑,作为一个重要内容与指标。诚如习近平所说,小康不小康,关键看老乡。这是矛盾普遍性的体现,各个地区没有特殊性。在这种背景下,各地都应该积极和认真贯彻中央的部署与决策,大力推进城乡一体化发展,而不应该无所作为、尸位素餐、不思进取,更不应该以种种理由拖延城乡一体化发展。

当然也要看到,苏州市是我国发达地区,拥有雄厚的经济基础,可以为城乡一体化发展提供强大的经济支撑,而全国各地区发展基础和水平差异很大,不仅城乡一体化发展的阶段划分不同,而且进度和水平也必然存在差异,其他地区不能简单照搬苏州的做法和经验,搞"一刀切",而应该从本地区实际出发,走出具有自己特色的道路,这是矛盾的特殊性。鉴于此,我们在第七章将要分析以苏州、鄂州和成都为代表的东中西三大地区不同的城乡一体化发展道路。

早在2005年底,苏州全市已经率先全面建成小康社会,到2015年,全市将率先基本实现现代化。通过城乡一体化发展,城乡差距被消弭,广大农民群众迈入小康社会和现代化社会的门槛,一个不含水分的真正惠及全体社会成员的全面小康社会和现代化社会将展现在世人面前。

苏州的今天,就是全国其他地区的明天。

第六章　苏州市城乡一体化发展道路的特色与经验

苏州市作为我国东部发达地区的一个典型代表,作为一个探路者,经过几十年来的实践,其城乡一体化发展道路越来越清晰,特色越来越明显。总结苏州道路的特色和经验,对于全国其他地区具有重要的借鉴价值。

一、重视发挥集体经济的重要作用

重视发挥集体经济在城乡一体化发展中的作用,是苏州市城乡一体化发展道路有别于其他地区的一个明显特色。目前,苏州市的农村集体经济发展水平在全国明显处于领先地位,尽管苏州市的外资经济、民营经济发展规模很大,档次很高,但是,集体经济仍然找到了自己的生存和发展空间,与其他经济形式相互补充,合作共赢。

按照制度经济学的"路径依赖"理论,无论一个国家,还是一个地区的改革与发展道路,总是要植根于自己以前的发展基础和制度背景,因而必然会打上具有自己特色的烙印。在城乡一体化发展中重视发挥集体经济的作用,既是"苏南模式"的"路径依赖"和延续,同时又是"苏南模式"在新的历史时期的改革与创新。

在城乡一体化发展的过程中,首先面临的一个问题是:谁是发展的主体?所谓发展主体,不仅是发展的组织者,而且是发展的投资者和管理者。发展主体的确定,取决于当时当地的所有制结构,凡是存在于所有制结构中的每一种经济成分,都有可能成为发展主体,承担相应的责任。具体到城乡一体化发展而言,毫无疑问,农民应该是名列第一的发展主体,但是,我国农村经济制度下的农民财产形式,决定着农民参与和承担发展主体的具体形式。

新中国成立以后,我国农村经济制度经历了一个复杂的变迁过程。在20世纪50年代的农村社会主义改造过程中,小私有制被改造为公有制经济,即集体所有制经济。1958年以后,在人民公社体制下,集体经济采取"三级所有,队为基础"的具体形式。其后20年的实践证明,这种形式并不利于农村生产力的发展。1978年以后,在农村经济改革过程中,废除了人民公社体制,转而实行家庭承包经营制。从理论上讲,家庭承包经营制仍然是集体经济,不过是把生产队集中统一经营改变为以家庭为单位的分散经营。但是实际上,从全国各地区的情况看,在相当多的地区,特别是西部地区,在实行家庭承包经营制以后,集体经济名存实亡,除了土地在法律上还是集体所有制以外,其他集体财产已经荡然无存,成为名副其实的"空壳村"。由此也就没有集体收入,在新农村建设和城乡一体化发展中,集体组织就无法成为发展主体,很难发挥集体的力量以承担一定的投资和管理责任,只能单纯依靠农民个人力量和政府帮助。即使如浙江省这样的发达省份,也一直以发展民营经济见长,集体经济的发展则是一条短腿。在个人和政府力量有限的情况下,必然导致资金缺乏、管理不到位等问题,城乡一体化发展步履维艰。

苏州市集体经济的发展有着悠久的历史和深厚的基础,一直是地区发展的一大亮点和优势,早在20世纪80年代,在发展乡镇企业的过程中,苏州市作为"苏南模式"的主要发源地和代表,它区别于"温州模式""珠三角模式"等其他区域发展模式的主要特点,就是采用集体经济形式,由村、乡(镇)集体经济组织投资兴办乡镇企业。这一时期的乡镇企业发展对于当时的整个国民经济发展和解决"三农"问题发挥了重要作用。这种模式固然有许多弊病,但也不是一无是处。在20世纪90年代的乡镇企业改制过程中,苏州市并没有对集体资产完全"一卖了之";在近年的城乡一体化发展过程中,集体经济更是得到了长足发展,取得了很大成就。

在新的历史时期,要探索农村集体经济的有效实现形式,充分吸取人民公社模式的教训,不能重蹈覆辙。苏州市在近年发展集体经济的过程中,并没有简单复制传统的人民公社模式,而是大胆创新和探索,把股份合作社作为一种新的更加有效的集体经济实现形式。这些股份合作社的内容、经营领域和功能不尽相同,但是其本质都是集体经济,集合了农民群众的各种要素,农民群众能够参与民主管理,并且通过分红的形式实现农民群众的收益权。股份合作制充分体现了集体所有制下农户的权利、利益和责任,每个农户都像爱护自己的财产一样,爱护股份合作社的财产,也完全落实了农户作为所有者与劳动者应该承担的责任。如果股份合作社经营失败,出现亏损,农户也要承担相应的责任与损失。

股份合作社类似于有限责任公司,随着它的发展壮大,应该因势利导,推动它向高级形式转变。在木渎、湖桥等镇、村,随着股份合作社的发展壮大,已经成立了集团公司,按照现代企业制度进行管理和运作。所有这些,都是顺应生产力发展要求,尊重农民意愿,自然而然发展和演变的。这就为我国农村改革中的产权制度改革积累了有益的经验。

苏州市现有的农村集体资产,一部分来源于集体土地和乡镇企业转制过程中保留的部分,在当年的乡镇企业转制过程中,有些村镇顶住压力,并没有把集体资产全部卖光,而是保留了一部分,作为集体股份,随着资产增值,这部分资产越来越大,分红也越来越多。2013年,全市仅社区股份合作经济组织分红总额就达到12.07亿元。另一部分则来自于转制以后新形成的部分。在工业化、城镇化和农业现代化过程中,许多村集体组织集资成立了大批社区股份合作社,兴办产业,多元化经营,包括开发商业地产,建设标准厂房和集宿楼出售或者出租,同时大力发展现代农业、物业管理等产业,由此形成了一批优质集体资产,可以获得稳定的收入。例如,张家港市南丰镇发展集体经济的经验是:建造集体厂房和商铺用于出租;成立物业公司、劳务公司,为政府、企业和居民提供服务,获得收入;成立资产经营公司,获得经营收入,等等。而吴江区盛泽镇黄家溪村发展集体经济的经验则是,建设标准厂房和集宿楼、门面房,用于出租,同时建设农贸市场,既方便农产品销售,又可以增加集体收入。

为了进一步促进集体经济发展,2013年,苏州市政府颁发了《关于鼓励积极盘活存量建设用地促进土地节约集约利用的实施意见》,规定对农村存量建设用地不足的集体经济组织,按照"一村二楼宇"的原则安排留用地,楼宇可以作为社区服务用房和经营性用房,以增加集体经济组织的财产性收入。据此,到2014年8月,苏州全市已经立项和确定的建设项目达到178项,总投资160亿元,建设物业载体410万平方米。这使集体经济实力进一步增强。2014年5月,苏州市决定,进一步推进股权固化改革,使集体资产折股量化到人(户),努力提高分红水平,鼓励农民增资扩股,发挥集体经济在城乡一体化发展特别是解决农民就业、增加农民收入方面的作用。2014年6月,苏州市提出要支持集体经济组织联合发展、转型发展,确保年内集体总资产增长12%,村级集体经济收入增长10%,以此带动农民人均纯收入增长11%以上。

为了探寻集体经济的有效经营管理体制,苏州市吸取过去乡镇企业时期

"政企不分"的教训,解决"两块牌子、一套班子、一本账"问题,积极开展"政经分离"探索。例如,2005年以来,苏州市枫桥镇在原有24个行政村的基础上,组建了7个社区和24个村级股份合作社,把农村集体经济组织承担的社会管理和公共支出职能剥离开来,把集体资产经营管理职能交给集体经济组织,使其真正按照市场规律独立运营,而社会治理职能则交给街道和社区,治理费用由街道财政负担,不再向集体经济组织摊派。这一改革试点取得了良好效果。2014年5月,苏州市借鉴枫桥镇经验,决定在更大范围内开展集体经济"政经分离"试点,以便进一步发展新型集体经济,更加注重提升集体经济质量,加强集体经济资产监督管理,保护农民利益。

通过几年的实践,我们可以看出,集体经济在苏州市城乡一体化发展中发挥了以下重要作用:

第一,增加农民收入。不断提高农民收入是城乡一体化发展的重要目标。在工业化和城镇化过程中,许多农民的土地被征用,失去了祖祖辈辈赖以谋生的收入来源,虽然他们也曾经一次性地得到了政府的补偿,但是这部分补偿无法保证他们今后的长期生活需要。有些农民虽然还有一些土地,但是面积很小,不能形成规模效益。通过各种股份合作社,一方面促进了农民土地承包权的顺利流转,实现了农业规模经营;另一方面又可以为农民分红,形成财产性收入,还为农民提供了大量的就业岗位,使他们获得工资性收入,从而为农民提供了长期而稳定的收入来源,保证了农民收入的稳定增长。这方面的数据我们在第五章已经列举。

第二,改善农村基础设施。在城乡一体化和新农村建设中,农村基础设施建设是一个重要方面,包括道路、河道、供水、供电、文化、绿化、环保等项目建设。为此需要有大量投资,这些投资不可能全靠上级财政拨款和银行贷款,也较难引进其他社会投资。集体经济的发展,可以有效解决这一问题。在苏州市,集体经济组织每年从其收入中拿出一部分,用于本村这些方面的建设。可以发现,凡是集体经济发展得好的村子,基础设施建设也较好,道路通畅,河道清澈,环境优美,村容整洁;而凡是集体经济发展得较差的村子,基础设施建设都比较落后,不是不想建设,而是没有资金。

第三,向农民提供福利。在苏州市,2012年底,已经实现了城乡养老、医疗和低保三大社会保障项目的并轨,这些资金缺口主要依靠财政投入。除此之外,在农村其他社会福利方面,财政资金显得力不从心,这就需要村集体经济投入。在那些集体经济发展得好的村子,兴建了公园、俱乐部、养老院等娱乐、休闲场地和设施,还组织农民去外地免费旅游,为他们免费体检,建立健康档案,在统一的医疗保险报销以外再报销剩余部分,等等,大大缩小了与城镇居民在这些方面的差距,甚至超过了城镇居民。例如蒋巷村、湖桥村等,农民的居住生活环境和福利水平,连许多城镇居民也羡慕不已,这都得益于集体经济的发展和投入,有能力拿出钱来办这些社区福利事业。

第四,组织农民走向共同富裕。各种形式的集体经济组织把农民有效组织起来,解决了分散的小农户与大市场之间的矛盾,降低了农户的经营风险与成本,而且帮助了那些能力较低、资源较少的农户,带动他们共同富裕,缩小农村内部的收入差距。在股份合作社里,一般都要尽可能地吸收绝大多数村民参加,而且对入股有上限规定,尽量缩小各户的持股和分红差距。在这方面,苏州市各地兴起的富民合作社的作用尤为明显。

苏州市在城乡一体化中发展集体经济的经验,对于全国其他地区具有重要的启示和借鉴价值:

首先,要充分重视发挥集体经济的作用,使其独当一面。在计划经济体制下,我国在集体经济发展方面确实有许多教训。改革开放以后,全国各地农村都实行家庭承包经营制,这是正确的。但是,在一些人的心目中,对集体经济缺乏客观公正的分析和评价,存在认识上的误区,采取了全盘否定的态度,简单地把它和大锅饭、低效率画等号。在全国许多地区,集体经济已经名存实亡,除了保留土地名义上的集体所有制以外,几乎再没有其他集体资产,也没有集体收入。我们认为,目前我国农业的发展,仍然面临着发展现代农业、建立市场经济体制与小农户分散和超小规模经营之间的矛盾。解决这个矛盾的办法和出路,就是要大力培育、发展和壮大集体经济。从宏观层面看,在社会主义初级阶段,我国的所有制结构仍然强调要坚持以公有制为主体,而农村的公有制主要是集体所有制,如果完全否定了集体经济,那么农村的公有制为主体就会成为一句空话。所以,对于农村集体经济不能简单地予以否定,而要给它一席之地。只有这样,才能适应农村生产力的发展要求,也才能解决城乡一体化发展中遇到的诸多难题。全国其他地区可以根据本地实际,除了对农民承包土地建立土地股份合作社以外,还可以量力而行,新建一些集体经济组织,形成集体资产,使其成为推动城乡一体化发展的一支重要力量,解决城乡一体化发展中遇到的诸多难题。

其次,集体经济应该以行政村级层次为宜,要自主经营。人民公社模式下的集体经济,实行"三级所有,队为基础"。在20世纪80年代的乡镇企业发展中,集体经济也主要采用乡(镇)和村两级。在这两种形式下,都存在着严重的"政经不分"问题。随着农村行政管理体制的改革,生产大队和生产小队已经分别改变为行政村和村民小组。在这种情况下,农村集体经济应该以行政村级层次为宜。因为作为乡镇一级,它是国家的基层行政组织,而非农民集体或者自治组织,范围过大,管理有难度,容易导致大锅饭和平调等问题;而村民小组则层次太低,范围太小,不仅动员和筹集要素的能力有限,而且不利于农村基础设施的统一规划和建设,也不利于共同富裕。行政村介于二者之间,可以有效克服这些问题,兼顾各方面的需要。在此基础上,应该实行"政经分离",集体经济组织应该自主经营,以创造利润为主要经营目标,不应该把社会管理的任务或者经费强加给它们。通过利润分配,镇、街道或者社区组织获得自己的收入,并且承担社会治理任务。

最后,要完善股份合作社内部管理制度,实行民主管理。在股份量化到户的基础上,股份合作社内部应该强化民主管理。要制定股份合作社章程,按照同股同权原则,每个股民都应该有平等的发表意见的权利和机会,一旦遇到意见分歧,就应该进行表决,少数服从多数,从而做出决策。股份合作社应该财务公开,接受股民监督。这样,就真正实现了集体经济的民主管理。再加上村民代表大会制度、党员代表大会制度、村规民约等制度,就构建了一套完整的乡村治理制度框架,切实推进农村民主政治建设。

二、重视发挥政府的强力推动作用

政府强力推动是苏州市城乡一体化发展道路的另一个明显特色,在各级党委和政府的强力推动下,依靠雄厚的地方经济和财政实力,统筹城乡发展,引导各种资源和利益从城市向农村流动,最终实现从城乡二元结构向一体化发展的转变,使广大农民群众能够真正分享工业化和城市化的成果。

从整体上讲,改革开放以来,我国在逐步由计划经济体制向市场经济体制转变。毫无疑问,在这个过程中,市场对资源的配置作用在不断加大,而政府的作用则不断缩小。从中共十四届三中全会通过的《中共中央关于建立社会主义市场经济体制若干问题的决定》提出的让市场在资源配置中发挥基础性作用,到中共十八届三中全会《中共中央关于全面深化改革若干重大问题的决定》提出的让市场在资源配置中起决定性作用和更好发挥政府作用,都彰显了这种改革取向。

在社会主义市场经济体制背景下,城乡一体化发展中市场和政府分工也是一个需要认真处理的问题。从一般意义上看,当然也应该由市场起决定性作用,但是,政府也是责无旁贷,应该发挥重要的宏观调控、资源配置等作用。这是因为:第一,城乡一体化发展中的资源配置涉及许多农村公共产品和服务的提供,需要由政府承担。第二,城乡一体化发展本身就是对过去几十年间我国在计划经济体制下由于政府的作用以及在改革过程中由于市场和政府双重力量所导致的城乡发展差距的一种矫正,我国的城乡二元结构本来就是在过去的工业化和城镇化过程中由政府决策所形成与维系的,解铃还须系铃人,今天要打破这种二元结构,自然也应该由政府来推动。如果过分依赖市场调节,城乡发展差距只会越来越大,因此必须重视发挥政府的宏观调控作用。这是在城乡一体化发展领域中市场与政府作用划分的特殊性,与整个市场经济体制并不矛盾。第三,城乡一体化发展作为一场伟大的经济社会变迁工程,其中必然涉及不同利益集团的利益关系调整,由此也就必然引起它们之间的博弈。不同的利益集团从自己的利益得失出发,对城乡一体化过程中的某项举措或者支持,或者反对。作为其中的受益者,广大农民自然非常拥护这场变革运动。但是,在我国现行政治体制下,农民还无法直接在各种决策机构中发挥作用。第四,经过30多年的改革,我国政府仍然在资源配置中具有重要作用,因此,政府从经济社会全局出发,不仅有必要,也有条件成为这场社会变革运动的发动机,由此也就注定了这场社会变革是以广大农民群众为社会基础,由政府所发动,上下配合的运动。

政府的作用不仅表现在它是城乡一体化发展的发动者和决策者,更是组织者、监督者和实施者。政府不仅要制定与颁布城乡一体化发展的方针政策和方案,更要组织落实这些方针政策,饬令下级组织不折不扣地贯彻实施。政府要带头加大各级财政的投入力度,承担较大的投资责任,特别是在社会事业发展和公共产品及服务领域,作为对"三农"的回报与反哺。城乡一体化发展也是一场社会财富的重新分配过程,无论是"三形态"建设,还是"三集中"过程,以及公共服务均等化,无不需要财政的巨大投入,其中,各级财政必须拿出足够的财力,用于"三农"。套用毛泽东同志在《论十大关系》中的语言风格与逻辑:政府对城乡一体化发展是真想,就要高度重视,强力推动,财政就必须加大投入;政府对城乡一体化发展是假想,就只是谈谈而已,不去推动,财政就不投入或少投入。

按照我国现行的财政管理体制,在中央财政和地方财政之间,实行分权管理。对于各地区城乡一体化发展中的政府投资,有些需要由中央财政承担,大量的则需要由地方财政承担。因此,每一个地区经济发展水平和财政实力的大小,就在很大程度上决定着这个地区城乡一体化发展速度的快慢和水平的高低。广大中西部地区,经济发展水平较低,财政实力有限,农民收入水平也低,因此不仅来自农民个人、集体经济组织的投入有限,而且来自政府的投入也很有限,所以,它们的城乡一体化发展速度就比较慢,水平比较低;而东部发达地区,由于政府财政实力较强,由此可以在城乡一体化发展中发挥更大的作用。

检视苏州市的城乡一体化发展道路,可以看出,由于历史的和现实的原因,城乡一体化发展具有来自政府强力推动的明显优势与特色。苏州今天之所以能够成功走出一条城乡一体化发展的成功道路,并不是偶然的,当年的"苏南模式"应该是它的起点。"苏南模式"的重要特点就是依靠地方政府的强力推动,推进区域工业化和城镇化。按照"路径依赖"理论,苏州市政府在城乡一体化发展中的强力推动作用,既是"苏南模式"的"路径依赖"与延续,又是"苏南模式"中"强政府+弱市场"体制在新时期的嬗变与创新,具有一定的必然性。在改革的大潮中,尽管苏州市的政府职能有所弱化,作用有所减少,但是,比之于全国其他地区,苏州市的政府作用依然较大,相对而言,是"弱市场"与"强政府"的组合。这种体制不仅保证了苏州市在兴办工业园区、开发区、引进外资方面的优势竞争地位,而且在城乡一体化发展中也表现出明显的优势。苏州市委、市政府是城乡一体化发展的最大动力,正是由于市委、市政府的组织、决策、实施和强力推动,苏州市的城乡一体化发展才会如此有声有色地快速推进。在本书第三章关于苏州市城乡一体化发展历程的回顾中,曾经详细梳理了苏州市委、市政府2009年以来关于城乡一体化发展的决策与推进过程,从中可以看出,如果没有政府推动,就不会有今天的城乡一体化发展成就。

苏州市政府对于城乡一体化发展的推动,除了决策和组织以外,还表现在巨大的财政资金投入上。只有凭借雄厚的经济与财政实力,才能保证城乡一体化发展中巨大的资金需求,才能化解各方矛盾。改革开放30多年来,苏州市历届市委、市政府领导,带领广大人民群众,因地制宜,审时度势,走出了一条成功的跨越式发展道路,经济和财政实力急剧增强,使苏州市成为最有条件率先实现城乡一体化发展的地区。在开始大规模推进城乡一体化发展的2009年,全市GDP达7 400亿元,三次产业构成比例为1.8∶58.8∶39.4,地方一般预算收入745亿元,按户籍人口计算的城镇化率为46%,城镇居民人均可支配收入26 320

元,农民人均纯收入12 969元,远远高于全国及江苏省平均水平。所辖昆山、常熟、张家港、吴江、太仓5市(吴江于2012年9月撤市为区)均连年进入全国百强县前10名,其中昆山市更是高居榜首,成为"华夏第一县"。财政收入上10亿元以上的镇比比皆是。工业园区和开发区更是闻名全国。2010年以后,上述数据又不断刷新,屡创新高。正是由于拥有如此雄厚的经济与财政实力,在城乡一体化发展中,苏州的市、区、镇各级财政投入了大量资金。政府财政资金的投入领域,主要包括农村社会保障体系的建立、现代农业体系的建设、农民集中居住区的建设、农村道路等基础设施和农村公共服务设施的建设等方面。正是由于政府的巨额投入,苏州市才能在这些方面取得快速进展。也正因为如此,"苏州道路"对于那些经济较为落后、财政实力较弱的地区,尚不具有可复制性。

从苏州市的经济社会发展实践来看,也许政府在经济领域的作用不尽人意,应该限制和退出,但是在城乡一体化发展过程中,特别是在农村社会事业领域,政府的介入和调控作用则是利大于弊,不可或缺。在这些领域,政府还有很大的作用空间,应该更多更好地发挥政府的作用。只有这样,才能为经济社会协调发展和城乡一体化发展提供科学合理的体制机制保证。对此,我们已经在本书的理论解读部分做了较详细的分析,这里不再赘述。

三、重视发展现代农业

工业化与城镇化是改革开放以来我国经济和社会发展的主线索,在这个过程中,如何处理好它们与现代农业发展之间的关系,以及如何运用信息化等新兴科学技术,实现工业化、城镇化、农业现代化和信息化之间的协调发展,是一个事关我国发展全局的重大问题。在这方面,苏州市进行了全面系统的探索与创新,不仅工业化、城镇化水平在全国名列前茅,而且依靠信息化和其他科学技术,对传统农业进行改造,发展现代农业,在全国也处于领先水平,这是苏州市城乡一体化发展道路的又一个特色。

苏州市地处江南地区,发展农业生产的条件优越,向为鱼米之乡,古有"苏湖熟,天下足"之说。改革开放以来,随着工业化和城镇化的快速推进,人均耕地急剧减少,农业在整个区域经济中所占的比重不断下降,目前仅占1%左右,粮食自给率也很低,仅有30%左右。但是,苏州市并没有放弃农业,坚持"四化"协调推进,以信息化和其他现代科学技术改造传统农业,发展现代农业,把它作为城乡一体化发展的一项重要内容。在苏州市城乡一体化发展中,现代农业发展得有声有色,成功地走出了一条"四化"结合、协调发展的道路。

在苏州市发展现代农业的过程中,政府发挥了重要作用,表现在高度重视、科学决策、有效实施以及巨额投入等方面。根据《苏州市"十二五"现代农业发展规划》,苏州现代农业发展的总体目标是:坚持在工业化、城镇化深入发展中同步推进农业现代化,全市农业产业规模化、设施标准化、生态永续化、科技集约化、营销现代化、服务社会化、农民职业化水平显著提高,率先建设农业现代化体系,形成以生态优美、生物集聚、产业融合、文化传承为主要标志的现代农业新格局,使现代农业成为城乡一体化的重要标志。2011—2012年为苏州市农业现代化的"重点突破年",全面确立"率先基本实现农业现代化"目标导向,全面掀起农业现代化建设高潮,有条件的市区,率先达到农业现代化指标体系要求。2013—2014年为农业现代化的"整体推进年",全面达到江苏省确定的农业现代化指标体系要求,在全省率先基本实现农业现代化。2015年为农业现代化的"成果巩固年",进一步提升农业现代化水平,为进一步发展奠定坚实基础。为了实现这些目标,苏州市实施了农业现代化十大工程:"米袋子、菜篮子"建设工程、生态环境改善工程、农业基础装备建设改造工程、农业产业园区建设拓展工程、农业科技创新工程、农产品质量安全工程、农产品现代营销工程、社会化服务体系改善工程、农业信息化推进工程和职业农民培育工程。对于苏州市发展现代农业的具体情况,我们已经在实践创新部分做了详细介绍,这里不再重复。

苏州市发展现代农业的做法和经验,有力地验证了在新的历史条件下,在工业化与城镇化过程中,农业仍然具有非常重要的作用,但是,必须拓展农业的功能以及发展现代农业的思路。从一般意义上讲,农业是国民经济的基础产业,承担着为全社会提供生活资料、为部分工业品提供市场、为工业化和城镇化积累资金、提供劳动力、换取外汇等重要职能,其中前两项职能是永远不可能改变的。在费景汉和拉尼斯对刘易斯模型的补充中,即强调了农业对工业和城市的这种制约作用。我国在过去长期的经济发展过程中,也从反面证明了农业的这种重要作用。

农业的上述功能,是它最原始、最基本的功能,也就是传统农业的功能,不可谓之不重要。这些功能从大的方面看,一是满足全社会的消费需要,特别是在工农城乡分工的背景下,满足城市居民的消费需要就更重要。二是满足其他产业发展对农业的需要。以此而论,在农业和其他产业以及城市发展的关系上,农业以外的经济社会发展是自变量,而农业是因变量,但是,辩证地看,当农业的发展受到忽视、不能满足其他产业和城市发展需要时,农业也会从反面表现出自己的自变量地位。随着时代的发展,传统农业向现代农业嬗变,农业的功能也与时俱进,有了新的拓展。所谓现代农业,既包括新的农业科学技术的运用,农业的规模化和社会化程度的提高,更在于它的功能拓展,即在传统农业功能之外,拓展出了一些新的甚至更重要的功能。①

从苏州市发展现代农业的经验可以看出,现代农业功能拓展的依据和内容在于:第一,在市场经济条件下,对于农民而言,农业不仅仅具有自然经济条件下为其提供生活资料的简单功能,更背负着为农民提供就业、货币收入和安身立命的重要功能。目前,即使对于苏州市这样的发达地区,农业经济收入仍然是农民收入的四大来源之一。第二,市民的消费水平和消费结构也是不断提高的,由此必然引起农业的功能及其内部结构的变化。无论是按照恩格斯关于需求三个层次的划分,还是按照马斯洛关于需求五个层次的划分,都可以看出,人们的需求从整体上是从低级向高级演进,从物质性向精神性演进。作为高级需求和精神需求来说,休闲、观光和体验都是非常重要的内容。特别是在工业化和城镇化的过程中,随着城市中生态环境的退化,市民更渴望到山清水秀的农业和农村中去,体验和享受田园诗般的美好生活,由此也就赋予现代农业在这一领域的重要功能。近年来全国各地,特别是东部发达地区的大都市居民蓬勃兴起的乡村游、农家乐就是为了满足城镇居民这一方面的需求,市场潜力巨大。在苏州市的现代农业发展中,把农业发展和旅游业发展有机地结合在一起,特别是吴中区,依托太湖东山、西山的优越山水资源,大力发展乡村游和农家乐,成效显著,每当周末和长假期间,环太湖几十公里道路挤得水泄不通,以致不得不修建太湖第二座大桥,以满足游客需要。当然农民也从中收获颇多。第三,对于全社会而言,生态环境平衡和保护的重要性是不言而喻的。从三次产业的特点看,二、三产业更多的是向自然环境中排放废气、废水、废渣等污染物,扮演着环境破坏者的角色。而农业中植物的光合作用,对降水、蓄水和气候的调节作用,对二、三产业废弃物的接纳与消解,使其更容易扮演"垃圾清道夫"与生态环境保护者的角色,从而也就赋予农业平衡和保护生态环境的功能。根据测算,一亩水稻田对温度的调节作用,相当于125台5匹空调的效用,而且水稻田还可以行洪蓄洪,防止洪涝灾害,是城市的"绿肺"和"蓄水池"。在霍华德的

---

① 夏永祥.发展现代农业须拓展农业功能[N].人民日报,2011-05-06(7).

"田园城市"理念中,就主张在不同的城市部分之间,要有适当的绿化带,以调节和改善城市环境。在这方面,苏州市由于农田面积的减少,生态功能有所弱化,近年的太湖流域洪水和城市气温明显上升、雾霾天气增多与此有一定的关系,由此也证明了保护农田和"四个百万亩"决策的正确和必要性。

现代农业对于农民、市民和全社会的这三大功能,是传统农业所不具有,或者表现不突出的功能,由此也就使现代农业与传统农业相比,有了本质的区别与提升。当然,这种分析更多的是一种理论思辨,也是从需求角度的分析。为了满足这种需求,实现其功能拓展,就必须要有供给,要在城乡一体化发展过程中,既重视农业的发展,同时要对现代农业进行功能再造。从苏州市发展现代农业的实践和经验来看,主要应该抓好以下几方面的工作:

第一,要大力发展优质、高产、高效和高就业的农业。对于农民而言,通过农业发展,不仅要满足他们的生活需要,而且要有利于提高他们的货币收入水平,解决就业问题。所以,要对传统农业进行脱胎换骨式的改造,在农业技术、农业形态、农业组织、农业结构、农业与其他产业及全社会的关系上有一个质的飞跃与提升。

第二,要大力发展休闲观光农业。为了满足市民的休闲观光需要,农业需要开辟这一新的领域,健全这一方面的设施与组织,特别是在靠近城市的周边农村地区,可以建设更多的休闲观光园区和景区,发展"农家乐"旅游项目,让市民参与采摘水果、蔬菜、花卉等体验活动,愉悦其身心,陶冶其情操,实现农民与市民的双赢。

第三,大力发展生态环保农业。为了净化和保护生态环境,农业不仅要解决其内部环境污染问题,例如通过循环经济模式,解决养殖业中的家畜粪便污染,通过绿色农业,向全社会提供安全放心的农产品,而且要通过保留足够大的农田面积,充当全社会的绿肺和蓄水池,来涵养水源,调节气候,净化空气,蓄洪调洪。

第四,必须要有一套科学合理的机制。要让市场与政府有合理的分工与配合。市场的作用表现在:它作为一种自发力量,通过农业传统功能与新功能的收益比较,对农民利益发生影响,进而引导农民自觉拓展和转变农业功能,既改造农业自身,调整内部结构,采用先进技术与管理方式,降低成本,增加收入,同时又及时捕捉新功能带来的市场机会,及时提供供给,满足市民需求,并为提高自己的收入水平开辟新的领域与途径。因此,要给农民充分的经营自主权,在家庭经营的基础上,允许和鼓励农民发展各种合作经济组织。而政府的作用表现在:一方面,要从宏观上把握现代农业的发展趋势,自觉适应农业的功能拓展,在功能再造中充当规划与组织者、引导者的角色。政府要高度重视农业,无论什么时候,也不能丢掉农业这个基础产业。要及时制定新的农业发展规划,反映农业新功能的需求,通过相应的政策,引导全社会参与农业新功能的再造。另一方面,对于农业的生态环境保护功能,市场机制往往失效,无论企业、农民还是市民,都更多地自发倾向于污染环境,而不是保护环境,由此就需要政府在这方面独当一面,通过严格的法律法规,保留足够多的农田面积,综合运用多种手段,督促企业、农民和市民保护生态环境,对污染者给予严厉处罚。

苏州市发展现代农业、确保粮食安全的做法和经验,受到国家有关部门的充分肯定和表彰。2012年以来,国务院发展研究中心、农业部和中国农业经济学会等单位发起和主持,在苏州市吴中区、太仓市、常熟市等地,多次召开现代农业发展的现场研讨会,总结、交流和推广苏州市在这些方面的成功经验,产生了强烈反响。2014年7月,国家粮食局局长任正晓在苏州考察粮食工作,认为苏州市在经济和社会快速发展的同时,把农业作为重中之重,特别是把粮食安全放在很重要的位置上,"四个百万亩"落地上图,生态建设取得可喜成果,人与自然和谐相处,感到非常振奋。鉴此,国家粮食局授予苏州市"国家粮食安全工程建设试点示范市"的称号,并且双方合作,打造现代仓储物流新体系、粮食安全保障新体系、粮食质量安全监管新体系、新型粮食流通业态和"智慧粮食"等。

四、城乡社会保障率先并轨

2012年,苏州市在全国率先实现了城乡居民医疗、养老和低保的并轨,这是其城乡一体化发展的另一个重要特色与创新。

在我国的二元社会结构下,城乡居民之间的差距,不仅表现在收入差距上,而且表现在不能够享受平等的公共服务,其中社会保障方面的差距尤其明显。相对而言,我国城镇居民可以享受到较好的社会保障,而农民几乎没有任何社会保障。中共十七大后,按照统筹城乡发展的指导思想,提出要让广大农民群众能够享受基本平等的公共服务,包括社会保障待遇。由于社会保障改革涉及复杂的社会利益关系调整,而且需要巨额的资金投入,因此是制约我国改革与发展事业的重大难题,时至今日,仍然存在着巨大的分歧和困难,亟待破解。

苏州市在城乡一体化发展中,把城乡社会保障一体化作为一个重要内容,不仅取得了重大进展,而且在体制创新方面,做出了可贵的探索,积累了有价值的经验。这方面的具体做法,我们也已经在前文实践创新部分做了详细介绍,这里不再重复。

城乡社会保障和社会管理的并轨,具有重要而深远的历史意义。它使农民摆脱了几千年来祖祖辈辈、世世代代依靠土地和儿子养老、依靠家庭的微薄力量应对疾病、灾害的艰难局面,使农民可以从容应对工业化、城镇化进程和市场经济发展中的失地、失业等风险,彻底免除他们的后顾之忧,为农民向市民的转变打下了坚实的基础,也为农村的计划生育等工作的顺利开展,提供了切实保障。如同有些农民所言:"过去为了防老,孩子越养越多,生活越来越苦;现在,老了不仅有养老金、医保,政府还出钱让我们旅游,进行体检,有健康档案。老年农民与城里企业退休职工一样,晚年都能享清福。"农民从内心里感到满意。

苏州市在城乡社会保障一体化方面取得的成绩受到政府有关方面和专家的广泛好评,人力资源与社会保障部研究所对此推出了专门的研究报告,充分肯定了苏州市在全国率先实现城乡社会保障一体的成绩,系统总结"苏州模式"的经验,供全国其他地区借鉴。

在借鉴太仓医疗保险模式的基础上,2012年8月30日,国家发改委、卫生部、财政部、人力资源与社会保障部、民政部、保险监督管理委员会6部委发布《关于开展城乡居民大病保险工作的指导意见》,就把苏州市的医保经验推向全国,从而产生了广泛的示范效应。按照国家部署,2012年,将首先全面推开尿毒症等8类大病保障,在三分之一的统筹地区,把肺癌等12类大病纳入保障和救助试点。另外,通过新农合,使重特大疾病的补偿水平达到90%左右。而在苏州市,这些大病的补偿水平已经达到其至超过了90%,还把商业保险引入医保体系,进行大病再保险。这些在全国都明显处于领先水平。

五、保护改造古镇古村落

重视保护好古镇和古村落,是苏州市城乡一体化发展的又一大特色,苏州市在这一方面也进行了卓有成效的探索与创新。

城乡一体化并不是要城乡一个面孔,而是要深化和优化城乡分工。如何处理好城镇化与新农村建设以及农民集中居住与保护原有村落之间的关系,是城乡一体化发展过程中必须处理好的重要问题。一段时期以来,在全国一些地方的城镇化进程中,片面强调"三集中",迁村并居,甚至强迫农民进城上楼,成了"被城镇化""被上楼",最后效果并不理想,造成千镇一面,千村一面,失去了弥足珍贵的传统文化、风俗习惯和地方特色。这一问题最近几年引起了广泛关注,中共十八大以来,在新型城镇化道路中,强调要重视就地城镇化,要保留农村,让子孙后代记得住乡愁。

苏州市地处我国江南地区,具有2 500多年的历史,小桥流水、粉墙黛瓦、沿河而居和古典园林是村镇建设的基本布局和风格,加上在几千年的历史发展过程中,人文荟萃,形成了众多的集自然景观与人文历史于一体的古镇和古村落,星罗棋布,遍布全市各地,极具地方特色。这些古镇村中,有大量文物,包括名人故居、古建筑,记载着苏州古老的历史与文明。在"文化大革命"的"破四旧"过程中,大批古镇、古村落遭到严重破坏,只有在一些交通不便的地方,少数古镇和古村落才幸免于难,弥足珍贵。改革开放以后,机缘巧合,它们才逐步为世人所知,闻名中外,成为推动苏州市文化事业和旅游业发展的重要资源。截至2014年3月,苏州市共有周庄、同里、甪直、木渎、沙溪、千灯、锦溪、沙家浜、东山、凤凰、黎里、震泽、古里13个中国历史文化名镇,光福、金庭、汾湖3个省级历史文化名镇,以及陆巷、明月湾、杨湾村、东村、三山村5个中国历史文化名村,陆巷、杨湾、三山岛、明月湾、东村、堂里、甪里、东西蔡、植里、后埠、徐湾、恬庄、金村、南库14处市级控制保护古村落。

在农民集中居住和村落整治中,苏州市十分重视保护这些古镇和古村落,坚持按照"三形态"优化城乡空间布局,城市、农村和园区三者之间,不仅有明确的空间边界,而且有明确的功能定位与分工。在加快推进城乡一体化的过程中,同步推进老镇区改造、新城区开发和古镇区保护"三位一体工程",抢救、保护和修复了一大批具有重要历史文化价值和旅游价值的古镇和古村落,在旅游开发、经济发展的同时,很好地保留了原有风貌。2013年4月,苏州市公布了《苏州市古村落保护条例》,将陆巷、杨湾、三山岛、明月湾、东村、堂里、甪里、东西蔡、徐湾、植里、后埠、恬庄、金村、南库和已经确定为苏州市历史文化名村的李市村、龙泉嘴村、溪港村计17个村,确认和公布为苏州市控制保护的古村落。这样,苏州市就在全省率先公布了古镇、古村保护名录,它们在农民集中居住中,受到严格保护,成为弘扬和发展苏州历史文化的重要平台和载体。2014年8月,国家住房和建设部、文化部等发布了2014年第一批列入中央财政支持的中国传统村落名单,共有327个村落入选,其中苏州市有4个村落入选,分别是:吴中区东山镇陆巷古村、三山岛和金庭镇明月湾村、东村。

为了解决古镇、古村落保护中的有关问题，苏州市较早地进行了体制与机制创新，例如，改变对古镇的政绩考核指标，放弃 GDP 指标，代之以古建筑、风貌、环境保护指标，以调动基层政府与组织投入保护的积极性；吸引社会资金进入古村落、古建筑保护领域，让投资者在物质和精神上都有一定收获，以此调动全社会投入保护的积极性。这些措施都收到了良好的效果。

苏州市在保护古镇、古村落方面的做法和经验，与中央提出的新型城镇化道路是契合的，对于全国其他类似地区具有一定的借鉴价值。

除上述 5 方面以外，苏州市在其他一些方面也有自己的特色与经验，这里不再一一列举。需要指出的是，苏州市在城乡一体化进程中的上述成就、特色与创新，植根于苏州市的历史文化和经济社会发展基础之上，其中既反映了我国城乡一体化发展中某些共性的规律，又具有自己的特殊性。这些创新和经验，我国其他地区可以灵活和有选择的借鉴，但是切忌简单地照搬照抄，否则，就会产生"橘生淮南则为橘，生于淮北则为枳"的水土不服问题，甚至事倍功半，事与愿违。

第七章 苏州市与鄂州市、成都市城乡一体化发展道路比较

我国不同地区由于具体情况不同,城乡一体化发展道路也必然不同。比较这些道路,对于正确认识各地区城乡一体化发展道路的共性与个性具有重要意义,可以为不同地区提高相应的借鉴模式。本章把东部地区的苏州市的城乡一体化发展道路与中部地区的鄂州市和西部地区的成都市,从多维度进行比较,以探究这三大不同发展水平地区的城乡一体化发展模式。

一、城乡一体化发展的背景与基础比较

(一)基本市情差异

关于苏州市的具体情况,第三章曾经做了较详细的介绍,这里不再重复。总体来看,苏州市改革开放以来,经济和社会发展速度快,质量较高,实力雄厚,特别是县域经济实力强,城乡差距小。2008年苏州市被确定为江苏省省级综合配套改革试点,开启了江苏乃至全国城乡一体化改革的先河;2014年3月,国家发改委又将苏州提升为国家级试点。

鄂州位于湖北省东部,长江中游南岸,西邻武汉,东接黄石,北望黄冈,全市面积1 594平方公里,常住人口105.35万人,几乎与户籍人口持平,外来人口很少。鄂州具有得天独厚的湖泊资源,境内拥有大小湖泊133个,水域面积65万亩,被誉为"百湖之市""鱼米之乡"。凭借湖泊水源优势,鄂州成为旅游胜地,蜚声中外的武昌鱼更是开创了农业产业化的先例。1983年,省辖鄂州市成立,下设鄂城、黄州两个直辖区和华容、长港、程潮、梁子湖四个派出区;1987年,黄州区划归黄冈,撤销派出区,设立鄂城、华容、梁子湖3个县级区。由于鄂州市

是辖区面积小、人口基数少的地级市,具有改革试点的易突破性,同时其依托湖鲜的自然条件和旅游业的发展,农业基础相对较好,因此,2007年,鄂州市委、市政府结合鄂州实际情况,出台了加快城镇化、推进鄂州城乡一体化的决定。2008年11月,湖北省委、省政府批准鄂州市为全省统筹城乡发展改革试点城市,开创了我国中部地区城乡统筹的新道路。

作为四川省省会的成都市是西南地区政治、经济、文化的中心之一,辖区面积12 390平方公里,下辖10个区、6个县和4个县级市,全市常住人口1 400万人。历来有"天府之国"美誉的成都是国务院确定的西南科技、商贸、金融中心和交通、通信枢纽,全国统筹城乡综合配套改革试验区。早在2003年,中共十六届三中全会提出了"五统筹"以后,成都就开始了"统筹城乡经济社会发展、推进城乡一体化"的变革。在成渝经济圈一体化的时机中,2007年6月,国家发改委批准四川省和重庆市为"全国统筹城乡综合配套改革试验区",开启了成渝地区"城市带农村"的城乡统筹序幕,对成都来说,这既是对其已有成就的肯定,也给了其再次释放制度红利的机会。

(二)经济与产业依托差异

关于苏州市的经济水平和实力,我们也在前文有过详细的介绍,这里从略。从总体上看,作为江苏省城乡一体化改革试点城市,其起步高,多方带动力强。

2013年,鄂州实现地区生产总值630.94亿元,人均59 791元。城镇化率在2012年已经超过60%,位居湖北省第二。其城乡一体化基于强大的工业基础和农业、旅游业背景。鄂州境内有丰富的矿产资源,改革开放以来,它们成为鄂州腾飞的基石,铁矿石、膨润土、珍珠岩等三十余种非金属矿探明储量居全省前列,凭借资源优势,已形成从铁矿开采到钢铁冶炼的冶金产业集群。2008年,湖北省批准设立鄂州开发区,全市形成了比较稳定的钢铁冶金、医药化工、建筑材料、机械装备制造业、能源工业、纺织服装六大支柱产业。重工业投资密集和资源密集的特征虽然增加了地区生产总值,但是,对于当地从事与资源不相关产业的居民来说,承担的只是"冶金之市"的名号,而未能真正享受到城市发展普惠的福利。例如靠近鄂州市钢铁公司的石山镇,利用钢铁公司的附属产物发展自身系列水泥厂、铸模厂,丰富了当地人民的收入,但是不具有资源优势和工业基础的公友乡发展滞后,当地居民缺少二、三产业收入来源。同时,依赖境内湖泊纵横的生态条件,傍湖地区通过水产养殖、发展湖光旅游率先富裕,政府也提出了"旅游活市"的战略,并将旅游业作为支柱产业来培植和发展,典型的如长港镇,其以珍珠养殖、旅游商品开发富裕了周边的农民,但是那些非临湖地区就没有这些条件和机会,发展较慢。由此就造成了鄂州全市内部的发展差距。总体上看,重工业和资源禀赋既是强市的根本,也是造成区域内部贫富差距的原因。

2013年,成都实现地区生产总值9 108.9亿元,人均63 977元,城镇化率69.4%。其城乡一体化的经济动力源于主城区的带动,基本呈现"城市带郊区"的格局。在"一五"计划期间,按照国家的总体发展战略和布局,成都市作为西部地区的核心城市,并基于与重庆相邻的地缘优势,成为国家第一类重点进行工业建设的城市,从此,重工业就成为成都市的支柱产业。虽然重工业具有一定的就业吸纳能力,但是其主要服务于国防和国家安全,而且具有高污染、高能耗的特点,对当地经济发展的关联带动和富民作用都有限。改革开放以后,由于东部地区的开发开放,以及市场经济体制逐步建立,原先的产业结构并不能实现城市的可持续发展。2000年,随着西部大开发战略的实施,成都驶上了经济发展的快车道,成都高新技术开发区南区、成都经济技术开发区、双流经济开发区、彭山经济开发区先后成为成都产业集聚和转型的突破口,并且凭借西部中心城市的地位,成为金融、商贸以及电子信息、生物医药和高科技产业的重要集聚区。2003年,成都面对城乡矛盾激化的现实,响应国家"统筹城乡发展"的政策导向,开始大力度地调控城乡发展差距,实现城乡一体化发展。

(三) 区位与区域环境差异

苏州的超越性发展很大程度上得益于它优越的区位优势。苏州毗邻全国最大的经济中心城市上海,北临长江入海口,南接浙江,为长三角地区副中心城市和苏南地区的经济核心,这是中西部地区城市不能企及的区位特征。根据毗邻上海的优势,苏州市把自己定位为上海的"后花园",与上海市实现优势互补,错位发展。早在乡镇企业兴起时期,苏州就接受上海"星期日工程师"的智力和技术辐射。特别是20世纪90年代浦东开发开放后,苏州市紧紧抓住机遇,在中央支持下,兴办了苏州工业园区等一批国家级、省级经济开发区,经济实现了跨越式超常规发展。近年来,苏州市又抓住国家设立上海自贸区的机遇,加大对外开放和与上海市的对接力度,成为跨国公司总部的重要生产和贸易基地。长三角区域经济一体化是其城乡一体化的大环境,在此大格局下,苏州市在找准区域内定位的基础上,通过城乡一体化发展,实现城乡体系的共建,深化城乡功能分工,实现自己在长三角城市群中的副中心角色与功能。

鄂州地处武汉城市群的核心圈层。武汉是长江黄金水道和京广铁路两大交通要道和发展轴的交汇点,是九省通衢,距离北京、上海、广州、重庆的距离均在1 000公里左右,区位优越。鄂州属于武汉城市群的核心城市,通过长江水道和铁路与武汉相连,可以接受武汉的强大辐射,共有1条电气化铁路、2条城际铁路、2条高速公路、6条一级公路与武汉相通,基本实现同城交通,与武汉具有同城效应。鄂州拥有湖北省第一个开发区——湖北省葛店经济技术开发区,目前已与武汉东湖高新开发区连为一体。在武汉城市群经济一体化的浪潮中,鄂州充分实现与其他城市的错位发展,以其旅游资源,发挥武汉"后花园"的作用,并且在增长极的扩散作用下,与黄石、黄冈、咸宁一起,形成了以电子信息、钢铁制造及新材料、生物工程及新医药、环保等为重点的产业集聚带,成为产业走廊上的重要节点。这为鄂州实现城乡一体化奠定了良好的对外信息和资源交流的基础,不仅可以通过便利的交通引进经济圈人才,优化产业发展,并向经济圈乃至中部地区提供特色产品、湖鲜以及农产品,为当地农产品开拓市场。

与苏州和鄂州相比,作为四川省区域核心的成都,没有高度富集的矿产资源,区位上地处内陆腹地,既不靠海,也不沿江和沿边,没有得天独厚的港口优势,不及苏州和鄂州的通江达海。在历史上,成都主要是军事、政治、文化重地,而很少成为贸易、物流中心。与其毗邻的重庆市,由于地处长江边上,交通便利,四通八达,因而经济地位比成都更加优越,是西南地区的经济和贸易中心城市。1998年,重庆市从四川省析出,另设直辖市,对四川省和成都市都造成了巨大的竞争压力。在经过一定的博弈后,2011年,成渝经济区的规划终于得到国务院批复,成都显现出与重庆共融共生的竞合格局。在此次规划中,成都置身于多个区域中:成绵乐发展带、成内渝发展带、成南渝发展带,城市功能被充分挖掘。与苏州、鄂州不同的是,成都肩负更高的区域首位城市的职责,带动外围欠发达地区的发展。因此,成都要彰显四川省中心城市的功能,其核心城市的地位,不仅影响着整个区域的发展,同时也影响着其农村地区的发展。

(四)改革基础与动因差异

苏州的城乡一体化改革试点的基础是20世纪80、90年代发展壮大的集体经济以及外资经济和民营经济,发展动力是政府强力推动、自上而下和自下而上相结合。苏州市内部发展均衡,各个市(县)差距不大,全部进入全国"百强县"前十名,甚至超过主城区发展。相应地,城乡差别也较小。所谓自下而上,是指苏州人民从历史上就勤劳踏实,对于工商业和改善生活水平,有着特殊的热情和开拓精神。在乡镇经济时期,正是苏南人"四千四万"(踏遍千山万水、吃尽千辛万苦、说尽千言万语、历经千难万险)的吃苦耐劳与勤奋踏实精神,才奠定了财富积累。在苏州开展城乡一体化改革,来自农民一方的阻力相对较小,而且成本较低,负担较轻。苏州的村镇经济发展水平高,实力强,通过村级发展促进乡镇发展,再以乡镇发展促进县域发展,最终县域发展推动全市整体的城乡一体化。苏州有不少特色强镇强村,经济实力可以抵得上中西部地区的一个县甚至一个地级市。如吴江盛泽镇,是全国有名的丝绸之乡,1986年建立起的中国东方丝绸市场每年可以创造百亿元丝绸交易额,不仅可以吸纳当地劳动力就业,也是外来务工人员一大集聚镇。依靠旅游业发展的周庄和同里二镇,让周边的农民通过发展旅游服务业而富足。张家港市南丰镇的永钢集团,年销售额可以达到上千亿元,为强镇奠定了基础。在苏州全市范围内,城乡一体化改革以23个先导区为突破口,将典型引领和重点突破相结合,在较短的时间内,就可以实现全面推进。自上而下的动力来源于苏州各级政府的强势政策和财力保障,在推进改革的各个环节,包括基础设施建设、"三集中"与"三置换"中的农民安置、农民工市民化等均是政府一手促成。因此,若没有雄厚的财政收入作为保障,苏州的城乡一体化进程没有那么迅速。

与苏州相比,鄂州首先没有那么强大的集体经济基础,民间资本积累效应不明显,因此其整个经济发展和城乡一体化发展,自下而上的动力主要来自以下三个方面:第一,主要来源于自然和矿产资源优势,以及数个有特色产业的镇,为全市改革奠定了基础。以金刚石刀具生产和加工为主的燕矶镇,特色产业发展形成一定体系,产业集聚,企业集群,2012年吸纳从业人员3万人,年销售额超40亿元,利税近3亿元,充分发挥了小城镇的集聚效应,成为鄂东增长极。而位于鄂州东南部的汀祖镇以矿产资源丰富闻名,从20世纪90年代到21世纪初,主要通过资源型项目的引进发展镇域经济,投资规模大,在短期内对镇经济具有促进作用。进入21世纪后,由于资源的有限性和环境污染的加剧,镇的可持续发展遇到了困难,但是其原有的城镇积累为城乡一体化改革设定了较高起点。第二,近年来,国际资本和国内沿海地区大量产业向内地特别是向中部优势发展区域转移的步伐不断加快,鄂州依托武汉,充分发挥"同城效应"和低成本比较优势,更大规模地承接沿海和国际产业转移,成为新的发展动力,从而为扩大就业和劳动力转移、提高居民收入、缩小城乡差别提供了有力支撑。第三,鄂州城镇化基础较好,在被确立为改革试点市的前一年,城镇化率就已经达到56%,这与市域面积较小、无县级市、中心城区主导效应突出有关,也反映了鄂州城镇基础好,易于推进城乡一体化发展。与苏州强县(区)情况不同的是,鄂州市的区一级经济发展整体滞后,在试点改革前一年的2007年,鄂州三个区的财政收入只占全市的23%;区乡规模以上工业企业完成增加值占全市的22.3%,三区间发展也不平衡,县(区)域经济对城乡一体化发展的带动和支持力不强。

成都的城乡一体化动力源于中心城区的拉动,是"城市带农村、大马带小车"的方式。成都市内部在资源禀赋和要素结构方面有很大差距,全市地势西高东低,中东部土壤肥沃,城镇起源早,由此奠定了中心城区发达的基础,行政区划和管理体制经历了市带县、市管县、大城市带大郊区的过程,中心城区始终是发展动力。2000年,在西部大开发初期,成都市区8个县的总产值占全市总产值的45.4%,而后,要素自由市场加剧了成都中心城区的集聚性,中心城区产值占比一路飙升到2009年的61%,而同期苏州城区产值只占全市的20%,可见成都中心城区的首位度很高。在此基础上,成都城乡一体化的根本动力只能来自于中心城区的拉动,"双差距"(区域差距与城乡差距)存在的现实,加剧了改革的难度和艰巨性。另外,在自费改革初期,由于成渝经济区内博弈与定位的需要,也激励着成都市政府重点改善和提升中心城市,这也决定了其后的依靠中心城市带动实现城乡一体化发展道路。但是,基于成都内部发展水平的差距,外围贫困地区基层农民对于改革的认同度相对较低,尤其在涉及他们切身利益的新农村建设、土地制度变革等方面,部分农民持观望和怀疑态度。

(五)发展目标与试点等级差异

苏州市的城乡一体化发展总体目标可以概括为:通过努力,缩小城乡居民在经济、政治、文化、生活等各方面的差异,使苏州农村既保持鱼米之乡优美的田园风光,又呈现先进和谐的现代文明。这与鄂州、成都的大方向是一致的。苏州市首先作为省试点城市,最后成为国家示范城市,不及成都较早就成为国家试点"新特区"的政策优势,但是,作为区位和经济基础好的长三角副中心城市,是东部发达地区的典型代表,苏州的城乡一体化发展实践不仅是江苏省的典范,也为发达地区城乡一体化发展提供借鉴。

鄂州市的城乡一体化改革以"两个率先",即"率先融入武汉城市圈、率先实现城乡一体化"为总目标,《鄂州市城乡总体规划纲要(2008—2016)》从经济、社会发展、生活质量、基础设施、生态环境五大方面、32个领域拟定定量细分目标,以期通过综合改革,实现"五位一体"的城乡统筹局面。鄂州作为省级试点城市,虽然不及成都的全国特区地位,但是,在"厅市共建"的政策下,具有信息畅通、反馈迅速等优点。为实现城乡一体化目标,湖北省积极为鄂州提供政策和试点项目,经过四年多的发展,确实成为省内样板,其不似苏州有如此高的起点,也不似成都有大政策、大特区的全国性背景,但是鄂州的实践更具有中部地区借鉴的普适性。

与苏州、鄂州相比,成都的城乡一体化应该是规格最高的。从2000年实施西部大开发战略至今,成都大致经历了三个阶段:2000—2003年,借西部大开发契机,全城谋划;2003—2009年,按照中央提出的"五个统筹",全域统筹;2009年至今,打造"全球城市网络中的节点城市"和"世界现代田园城市"全球定位目标。基于2003年自费改革的基础,国家于2007年批准成都、重庆为全国统筹城乡综合改革试验区,是继上海浦东新区、天津滨海新区以后的又一新特区。成都试验区目标是成为全国深化改革、统筹城乡的先行样板,并通过带动四川、促进成渝、辐射中西部地区,建成"两枢纽、三中心、四基地",以发挥新特区效应。继而,成都提出了"世界现代田园城市"的目标,成渝与国家各部委及大型央企签订协议,并且加大国际合作,世界银行也提供了较大额度的贷款,支持基础设施、农民工转移和新农村建设。因此成都的城乡统筹改革是基于区域基础上的全国性和国际性改革,具有政策渠道广、资源种类多的特征。

(六) 政策差异

2008年9月以来,基于城乡一体化试点城市的地位,苏州的城乡一体化获得了江苏省省政府和国家有关部门的有力支持。首先,在农业现代化、资源配置、基础设施、基本公共服务、体制机制改革这5大领域、18个分项目获得政策支持,通过补助、专项资金的形式提供实质性保障。其次,基于"三区三城"的城市定位和政策导向,苏州"城乡一体化的示范区"作为目标之一,列入城市发展总构想和大框架中。再次,与鄂州、成都最大不同的是,苏州的县级市政府具有较强的政策制定能动性。例如,昆山根据市情,首先实践农民工市民化,自2000年起,就将外地农民工统一纳入当地就业管理与服务范围,将所有务工人员纳入城乡统一的劳动力市场,70%以上的工厂都以各种形式开办了农民工业余学校,地域性政策扶持为上级政府减轻了压力。张家港市也在户籍制度改革方面进行了积分制入户探索。其他各县级市区也在国家法律和政策框架下,制定了促进本市城乡一体化发展的行政法规,前述苏州市所颁布的100多项政策法规中,有很大一部分是由县级市区制定和颁布的,从而为城乡一体化发展提供了强有力的政策法规支持和保证。

鄂州的城乡一体化政策基础可以概括为以下三大方面：一是促进中西部发展战略的部署。随着中部崛起战略的不断深化落实，武汉城市圈成为中部地区重要增长极的潜力和优势得到充分发挥，为鄂州的城乡一体化提供了广阔的空间和强劲的动力。二是加速武汉城市圈一体化进程。2007年，国家批准武汉城市圈作为建设资源节约型和环境友好型社会综合配套改革试验区，加速了武汉城市圈一体化进程，为鄂州的建设和发展带来了重大历史机遇，凭借地缘优势，以及紧邻东湖开发区和化工新城的便利，新增了数千亿元的产业规模和大量就业岗位，通过大区域内鄂州与武汉的产业对接和一体化发展，来带动鄂州的城乡统筹协调发展。三是湖北省委、省政府的政策与财政保障。鄂州市成立城乡一体化工作领导小组，并与湖北省35家直属部门建立了"厅市共建"的合作机制，制订帮扶计划，在资金注入、项目援建、人才培训、科技帮扶等方面落实了省财政保障，在协作改革的进程中，省直各部门积极主动争取国家部委在鄂州开展统筹城乡发展政策改革试点。如湖北省民政厅在鄂州开展农村低保试点，湖北省广电局开展农村有线电视"三网融合"试点，湖北省人社厅将鄂州市的梁子湖区、华容区和葛店开发区作为国务院批准的湖北省13个开展新农村试点县（市、区）之一，等等。因此，从国家战略、区域战略和省市的战略来看，鄂州均占有利地位，为城乡一体化改革奠定政策基础。

成都同样在基于西部大开发战略、统筹城乡发展战略的大背景下，经历了"全城谋划""全域统筹""全球定位"的时空演变过程。从自费改革以来，成都市就出台了《成都市人民政府关于统筹城乡经济社会发展推进城乡一体化的意见》和《成都市关于深入推进城乡一体化建设社会主义新农村的意见》以及征地农转非、土地使用权流转、改善农民居住条件、优先发展重点镇、发展现代农业等40多个配套政策文件。新特区为成都争取到了关于中央财政给予专项补助、率先在西部推进市场改革、享受东北老工业基地政策、设立保税区和自由贸易区、基础设施和农村发展投入等政策支持。

二、城乡一体化发展的实践进程比较

（一）苏州城乡一体化实践进程

关于苏州市的城乡一体化进程，我们在本书第三章、第四章曾经做过介绍，在此，从与鄂州市和成都市比较的视角，我们再对其进行适当归纳。

1. 总体思路

以"三形态""三集中""三置换""三大合作"开辟综合改革发展的途径。在对城市、农村和工业园区进行不同功能和形态区分的基础上，对农村内部不同发展基础和规划的行政村通过"城镇化""就地城镇化""农业现代化"这三种不同路径实现城乡一体化，明确区分了城市近郊区、工业基础较强的农村和农业主导区的发展路径。"三集中"与"三置换"改善了农村建设用地和部分开发区用地零散的现状，为城镇建设开拓了空间，并且明晰了集体产权，拓宽了农民收入来源，增加了社保覆盖面。"三大合作"开创了农民集体资产产权改革的新思路，为农业实现规模化、现代化以及提升农业效益提供了可行路径。

2. 主要做法与内容

（1）全局规划。城乡一体化是工业化、城镇化、新农村建设三者合一的最终目标，"一体"体现了城乡的全局性，而规划是把握区域未来走向的关键。为了克服政出多门和相互推诿，苏州市发改委、苏州市国土资源局、苏州市规划局突破藩篱，以规范土地用途为依托，以产业发展为载体，通力协商制定统一城乡规划。

（2）制度创新。苏州在城乡一体化进程中进行了全面的制度创新，其中农村产权制度和金融制度创新尤其值得称道。在农村产权制度上，为了改变集体资产产权不明晰的状况，建立了农村土地股份合作社和社区股份合作社。另外，在集体资产产权改革的基础上，进一步探索合作新形式，组建"农民集团"，实现了社区股份、物业股份和农业专业股份的联合，最终通过公司化，把股权量化到个人，实现了农民向股东的身份转化。在金融制度上，由于"三农"的弱质性与金融的逐利性不相匹配，市场常常会忽略农村的金融需求。而城乡一体化要求三农发展有一定资金保障，为此必须通过金融创新，保障资金供给。苏州通过小贷公司、村镇银行的建立，改变了传统金融是农村抽水机的功能，为城乡一体化融资。同时为了解决农业贷款风险高的问题，苏州市成立面向三农、市场化运营的农业担保公司，针对乡镇或村级集体、农业龙头企业及农户不同的融资特点，推出支农扶农的融资担保产品。这样，就较好地解决了城乡一体化发展中的融资问题。对此，我们将在本书第九章进行详细的介绍和分析。

（3）农民工市民化。城镇化是城乡一体化的实现路径，而农民工市民化又是城镇化的最关键问题。农民工作为城市的边缘人，推动了城市发展，却又不能享受与城市居民同等的福利。城乡一体化发展，既应该包括当地农民的一体化，也应该包括外来农民工的一体化。因此，要实现一体化，就要着力改善农民工"城乡两栖人"的生活状态。这个问题在苏州市表现得尤为突出。苏州市的外来人口与当地户籍人口基本相等，外来人口中，很大一部分是农民工，他们为了能够享受市民待遇，必须艰苦努力。在这方面，苏州市进行了富有成效的探索。以昆山市为例，市政府创造性地开展了"新昆山人"建设工作，形成了一套农民工市民化方案。首先，在就业上，将外地农民工统一纳入当地就业管理与服务范围，政府对农民工的就业指导提供免费服务；其次，建立工资担保制度，杜绝拖欠工资现象；再次，政府把城镇职工医疗保险体系拓展到外企、民企，只要签订用工合同，均须缴纳"五险一金"；最后，通过对农民工进行安全、法律等培训，提高他们的思想和业务素质，并有序安排农民工子女入学。① 张家港市和常熟市也进行了类似的探索，取得了积极的成效。当然，由于这个问题的投入巨大，目前改革还没有完全到位，仍存在不少问题。

（4）"三农"转型。随着城镇化进程的加快，农村人口向城市集聚，城市发展空间向农村拓展，农业也面临着农产品的高需求与务农人员减少的尴尬，因此，必须实行"三农"转型。以农业转型为主导的"三农"转型是苏州从农村方面推动城乡一体化的路径，通过以"科技农业、职业农民、生态农村"的定位重新布局"三农"。在农业转型上，以"三集中"为农业规模化经营奠定空间基础，以科技为手段，发展高效、生态、观光农业，并充分发挥农业的生产、生活、生态、生物功能，实现与二、三产业的融合。在农民转型上，职业农民颠覆了传统农民身份的观念，并通过专业培训提升了职业技能与素养，持证上岗成为未来农民的转型趋势。在农村转型上，最直观的表现是农村面貌和治理方式的改变，城乡公共服务平台搭建完善，苏州全市几乎所有的村都建成了集行政办事、社区商业、卫生、警务治安等多种功能于一身的农村社区服务中心，成为农民享受社区

---

① 李浩昇.善待与接纳：对昆山市农民工市民化经验的解读[J].人口研究,2008.(11).

生活的载体。

（5）基础设施与公共事业一体化。苏州依靠地方政府强大的财力，建成了城乡公交与基础设施，基本实现了全部行政村的班车通达，用水用电城乡基本无差异。而在教育、文化、卫生事业方面，基本实现资源的农村导向倾斜，城区大医院与乡镇医院挂钩合作，优秀师资向农村流动，广电设施向农村延伸。2012年，农村居民养老保险、医疗保险、低保与城市居民实现全面并轨。

（二）鄂州城乡一体化实践进程

1. 总体思路

鄂州的城乡一体化思路可以概括为，在资源型城市转型的大背景下，通过七个一体化推进城乡一体化发展，分别为：城乡规划一体化、产业发展一体化、基础设施建设一体化、公共服务一体化、社会保障一体化、市场体系一体化和基层党建一体化。

2. 主要做法与内容

（1）确立"全域鄂州"一体化理念。统筹城乡规划几乎是每一个城乡改革试验区的切入点，鄂州同样把"全域鄂州"的理念作为城乡改革的突破点，构建以主城区为中心、3座新城为支撑、10个特色镇为节点、106个中心村（新社区）为基础的四位一体的城乡空间格局，通过放射状和网络状的空间布局，基本实现核心区、副中心区、多级中心镇和全域社区的城乡空间体系。多级空间体系的形成也基于鄂州无下辖县市的现实，这为全市的统筹减少了行政阻力，目前，鄂州基本形成了城乡统筹、相互衔接、全面覆盖的规划体系和监督执行体系，这为城乡要素的流动构建了空间基础。

（2）基于资源型城市转型的城乡产业一体化。产业是城乡布局的实体，也是空间体系构建的基础，城乡功能的实现依附于城乡产业形态。所谓城乡产业一体化，并非产业一样化，而是各地区依据历史、地理的现实差异以及在区域中的定位，分别发展具有地区特色的产业。据此，鄂州市构建了第一、第二、第三产业各有侧重、中心城区与农村各有亮点的城乡一体化产业体系。首先，鄂州与苏州和成都两个城市不同的是其资源型城市的历史，新中国成立以后，根据其资源优势，鄂州相继兴办了一批重点企业，主要包括武钢集团的主要矿山——程潮铁矿，湖北省最大的地方钢铁基地——鄂钢，国内有名的立窑水泥厂——鄂城水泥。鄂州逐渐成为鄂东"钢铁走廊"和"建材走廊"中的重要一极。而武钢、鄂钢、冶钢的地理坐标，形成了鄂东钢铁走廊，更有人把它称为湖北经济的翅膀。但是,近年来,以重工业、资源密集为基础的产业在生态环境、产业附加值、产能、市场需求等多方面均不能满足经济和环境效益的要求。因此,鄂州的城乡产业发展以资源型城市转型为基本立足点,在保证经济增长和一定工业基础的同时,提升高新技术产业的比重。2012年,新材料、生物医药与先进制造三大支柱产业成为鄂州高新技术产业发展增长极,它们实现的增加值占全市所有高新技术产业增加值的89%,一改以重工业为支柱的产业结构。其次,鄂州充分发挥河湖优势,定位发展现代农业,水产、畜牧、蔬菜、林果是四大特色农业支柱产业。鄂州成为"武汉城市圈"都市型农业示范区,既为都市圈提供新鲜农产品和水产品,也为中心城区提供休闲度假地,通过农产品集散和旅游业发展,为当地农民增加收入。再次,生产和生活性服务业的配套发展,在改革初期,鄂州工业基础强,服务业相对薄弱,但是产业转型不能没有第三产业的支撑,因此,近年来,现代物流业、旅游业、金融保险业、信息服务业等相继成为现代服务业重要环节。

(3)构建城乡一体的要素流通市场。要素是一个宽泛的概念,鄂州在城乡一体化发展中,紧紧抓住城乡产品市场和劳动力市场的一体化。为了实现"武汉都市圈"农业腹地的市场定位,鄂州初步形成了以物流中心为核心,以二级批发市场为辐射点,以集贸市场、连锁超市便民店为基础,布局合理、辐射力强的农产品流通体系。农产品流通合作组织、协会、运销大户、农民经纪人队伍相继出现,成为流通市场主体,为农民规模种植提供了交易的平台,延伸了农业产业链,运销大户等为农业服务业发展提供了可能,成为农业产业链条环节中新的增收点。在劳动力要素流动市场中,按照居住地登记户口,以合法固定住所和稳定职业为基本入户条件,实行法制化、证件化、信息化管理。将流动人口纳入整个社会服务和管理体系,培育了平等一体的城乡劳动力管理市场,为农村劳动力进城务工消除城乡壁垒,传统的二元户籍制度在改革的进程中逐渐被消除。

(4)推动农村社区的大转型。鄂州将全市320个村合并为106个中心村,这个比例接近3∶1。探索了六种新村模式:迁村腾地建新村,通过"增减双挂钩"项目,鼓励分散农民以其宅基地置换新社区内的住宅用地,腾退节约的土地由村集体集中管理,用于土地规模经营和集体建设,这是多地实现土地节约和农民集中居住的普遍方法;项目拆迁建新村,项目拆迁安置与农村新社区建设有机结合起来,依托重大工程项目,配套建设基础设施和服务设施,引导农民利用征地补偿费、房屋补偿费统一建设农村新社区,这需要居民的高度配合,因此其实施具有一定难度;城中村改造建新村,将搬迁村民的安置房建设同开发商的商品房建设结合,"捆绑"开发;产业培育建新村,以产业化龙头企业、规模养殖板块为基础,规划建设核心产业园区,配套发展农村社区服务、交通运输、商贸餐饮、观光旅游等产业,金刚石之乡的燕矶镇就是产业培育建新村的实例;规划引导建新村,在规划区域内对新建、改建和重建住房的宅基地实行严格管理;环境整治建新村,对原先人口较集中的村落社区实行村庄整治,以期构成生态新社区。①

(5) 城乡一体基础设施建设。鄂州是湖北省最小的地级市,因此在自上而下、政府推动的城乡一体化进程中,全区域、高覆盖率的基础设施建设成为了可能。市财政和省财政共同构建了"六网"工程:交通网、水网、电网、信息网、供气网、市场网。汉鄂高速、城际铁路、葛湖路、316国道改造等一批重点项目,构成了城乡互通互达的"半小时交通圈";建设了城乡"同网同源同质同标准"的连片集中供水体系;在全省率先推进电话、电视、互联网"三网融合",加强"村村通"工程建设;推进了天然气管道向村庄延伸,主城区和新城区管道燃气使用率达到90%,乡镇达到了50%以上。

(三) 成都城乡一体化实践进程

1. 总体思路

成都的城乡一体化基于"全域成都"理念和"世界田园城市"目标,在"城市带郊区"的总体思路下,从2003年自费改革开始,探索破解长期以来形成的城乡二元结构矛盾和"三农"问题顽症。2007年以后,在新特区的新背景下,将农田保护、生态环保、现代高端产业、城市先进功能有机融合,以多中心、组团式、网络化的布局,走出一条城乡一体化发展的新路。

2. 主要做法与内容

(1) 政府职能的转变。在自费改革阶段,成都就开始归并部门,规划、农业、交通、财政等部门相继被调整,并且开启了全国行政审批制度改革的新探索,90%的审批被削减。这一方面减少了项目实施的时间成本,更重要的是简化了行政环节对微观经济的干预,降低了利益链条中寻租的可能性。另外,探索"政府业务流程外包"——通过国资委聘请法律顾问,处理国资监管重大法律

---

① 赵凌云.湖北鄂州城乡一体化试点的实践与思考.中国改革国际论坛会议论文.中国改革论坛网.http://www.chinareform.org.cn/forum/crf/69/paper/201008/t20100804_39052_1.html.

事务;通过中介机构,对不良资产进行核销;对公车的采购、保险、加油、维修等服务通过外包等手段,实现简政放权。由此使得成都成为同类城市中行政审批最少的城市,一改过去发展重工业时期高度集权的管理体制。与苏州不同,成都没有如昆山、张家港、常熟等强县,成都呈圈层状的城市架构,需要发挥中心城市的首位作用,如果需要市政府从经济上的全程推动,这必将会出现成都市级政府捉襟见肘的财政窘境,因此,政府在一体化的推进中主要转向政府"缺位"的地方:公共服务与社会管理,把它们纳入政府规划、建设和管理视野。①

(2) 城乡形态的构建。首先是"一区两带"的整体架构,"一区"指中心城区和二圈层的龙泉驿区、青白江区、温江区、新都区、双流县、郫县的范围,是区域的经济、文化中心,它们是成都的增长极和火车头;"两带"则是指龙门山发展带和龙泉山发展带,重点以旅游业、观光农业、生态农业为布局,实现城乡统筹的产业支撑。二是城镇体系的建设,由于单中心的城市体系会造成人口过密、交通拥挤等城市病。因此,为实现城乡一体化的终极目标,成都构建中心城区—强县—农村新型社区的城市架构,希望通过县域规模的扩大和经济能量的提升,增强县域竞争力和承载力。②

(3) 以"三农问题"改革为突破口。城乡一体化的重点是通过提升农业效率,改善农村面貌,提高农民生活水平,以实现农业现代化、农村宜居化和农民与居民身份一样化。据此,成都的"三农改革"以扶贫开发、产权改革、集体经济新模式和农业特色村为起点,为"三农"释放出新红利。

与苏州和鄂州不同的是,成都幅员辽阔,辖区面积是苏州的1.5倍,是鄂州的近8倍,外围广大农村腹地缺少有支撑力的城镇体系。在改革初期,成渝一带的贫困人口较多,要想迈开城乡一体化的第一步,解决贫困问题是起点,因此,农村扶贫开发工程被作为农村"三大工程"之一,纳入城乡一体化战略总体部署,依靠市场进行资源优化配置,并建立城市机构、企业定点扶贫发展机制。通过市级部门定点帮扶贫困村、财政资金直接投入基础设施建设等直接"输血"的方式可减少面上贫困,但要真正以内循环方式根除贫困,则需要从体制机制的变革开始,如产权改革和发展特色现代农业等。

成都与其他地方土地流转一样,自费改革的第一步即为土地的规模经营,

---

① 叶裕民,等.统筹城乡发展框架下的政府职能转变路径研究——以成都为例[J].城市发展研究,2013,20(5):18-27.
② 王青,等.长江流域资源与环境.成都市城镇体系空间结构研究[J].长江流域资源与环境,2006(3):280-283.

通过"转包、租赁、入股"等形式,推动了土地向农业龙头企业、农村集体经济组织、农民专业合作社和种植大户集中,释放劳动力,并承认了土地的资本性质。成都成立了全国首家农村产权交易所,使农民的土地承包经营权、林权、集体建设用地使用权等通过市场原则实现有序流转,为农村的产权市场构建了一个公平竞价的平台,通过电子竞价、拍卖、招投标等方式投资土地经营,减少了由于信息不对称而损害农民利益的可能性。同时,成都探索建立的土地银行,通过农民将土地承包经营权以股份形式存入"银行",收取"存地利息",银行再将土地整体划块后贷给愿意种植的农户,收取"贷地利息",以土地流转金融创新的方式,既让农民获得一定的土地财产收益权(利息),又实现规模经营,具有一定的经济和社会效益。

成都在城乡一体化改革初期,集体经济发展具有集中性,各区、县发展基础不平衡,资产分布地区差异大。当时全市20个区(市)县,村级集体资产规模排前10位的区(市)县村级集体资产总额达到了40.04亿元,占全市村级集体资产总额的85.6%。以双流县为例,其共有239个自然村,无集体经营收益的村有53个,占总数的22.2%,而与主城相连的白家镇近都村,集体资产规模则超过4000万元,所以集体经济的改革具有地区性。在集体经济积累较好的地区,成都对农民专业合作社和供销社运行体系进行了大量改革探索,"龙头企业+合作社+基地+农户"的模式托起了不少成都所辖县域农业的发展。以仁寿县为例,其通过该发展模式,有效完善了畜牧养殖户、企业和市场之间的产业化链条,依托合作社的管理,防范了市场及病疫风险,并通过标准化的场地建设,打造畜牧产品品牌,通过合作社规模化的销售优势,为拓宽市场创造了可能。

基于成都圈层分布的情形,成都近郊区以"五朵金花"的观光农业错位发展方式,打造了地区现代农业发展品牌。政府把五个村庄因地制宜地分别打造成"幸福梅林""江家菜地""东篱菊园""荷塘月色""花乡农居",以"一村一景一业"的总体发展思路,实现农业集聚和品牌发展。郊区以其作为中心城市腹地的特别定位,抓住发展现代农业和旅游业的机会,在为城市居民提供休闲娱乐的同时,促进了与旅游相配套的商贸业、服务业等产业发展,提升了农业附加值,"五朵金花"旅游景区每年对地方财政收入贡献达近千万元。

(4)推动城乡要素流通。成都的户籍制度改革是全国实践最早、最具有开拓性意义的改革项目,成都先后提出了"城乡一元化户籍",出台了《关于深化户籍制度改革深入推进城乡一体化的意见》和《关于全域成都统一户籍实现城乡居民自由迁徙的意见》,建立了户口在居住地登记、随流动而变换的统一登记制度,对于常住人口可以办理常住户口,对于跨区域流动人口,在有劳动合同和连续缴纳社保1年的基础上,可在实际居住地登记本人、配偶和未成年子女的常住户口,这不仅惠及当地农业人口,也为外来人口创造了本地化可能,为高质量城镇化进程奠定了基础,使得城乡居民享有平等的就业、社保、教育、卫生、住房等权利①,破除了附着在城乡二元户籍制度和区域隔阂之上的一系列福利障碍。

为了解决融资问题,成都市一是相继出台了农村集体建设用地使用权、农村房屋和农村土地承包经营权直接抵押融资方案,为农民融资难克服了障碍;二是先后出资成立了农业发展投资公司、小城镇建设投资公司等政策性投资(担保)公司,它们的主要任务是,融合使用财政支农资金和政府其他涉农资金,通过贷款贴息、委托贷款等多种方式,为"三农"发展搭建融资平台,引导大量金融资源投入"三农";三是各类新型农村金融组织如村镇银行、贷款公司和农村资金互助社等的出现,构建了产权多元、竞争充分的农村金融服务体系;四是农业保险试点工作拓宽了农险支持范围,增强了农业抵御风险的能力。

三、城乡一体化发展水平定量比较

经过多年努力,苏州、鄂州和成都的城乡一体化发展都取得了很大进展,但是,由于多方面主客观因素的差异,三个地区的城乡一体化发展水平也有所不同。在此,结合城乡一体化内涵的广泛性和数据的可得性,对三个地区的城乡一体化发展水平做一个简要的定量比较。

城乡一体化是一个从经济、社会、文化、生态等多维角度入手的综合概念,因此衡量城乡一体化发展水平并不能片面地用城乡居民收入差距这一指标,而应该采用综合指标。基于数据的可得性,我们构建了以下6个指标以综合反映城乡统筹状况:X_1:城乡居民收入比=城镇居民可支配收入/农民纯收入,反映城乡收入差距;X_2:城乡居民家庭恩格尔系数比,反映城乡生活水平差异度;X_3:城乡每百户空调之比,反映城乡居民生活条件差异;X_4:城乡消费支出比=城镇居民人均生活消费支出/农村居民人均生活消费支出,反映城乡生活品质的差异;X_5:城乡劳动效率比=非农产业单位劳动力产值/农业单位劳动力产值,反映非农产业与农业产出效率的差距;X_6:城乡固定资产投资比=城镇固定资产

---

① 阎星,等.成都统筹城乡试验改革的实践经验[J].宏观经济管理,2011(2):60-62.

投资/农村固定资产投资,反映基础建设的城乡差异。以上六个变量的数据均来源于三市历年统计年鉴。

为了获得城乡统筹的综合指数,我们选择主成分分析法,对上述六维变量进行降维处理,保留解释量较强的成分。其做法是以线性整合将所有变量加以合并,并计算所有测量变量共同解释的变异量,所有测量变量经第一次线性组合后形成第一个主成分,可以解释全体变异量的最大部分,其所解释的变异量即属于第一主成分,分离后所剩余的变异量经第二个方程式的线性合并,定义出第二主成分,以此类推。由于主成分分析法适用于正指标,对于逆指标需要进行适当转化处理,我们做如下转换:由于基础数据均为比例数据,因此不必要进行标准化处理,我们依托SPSS19.0对6个变量8年数据进行主成分分析,反映历年苏州、鄂州和成都的城乡统筹指数(见表7-1)。

表7-1 苏州、鄂州和成都2005—2012年城乡统筹指数

年份	苏州	鄂州	成都
2005	1.08	1.151	0.760
2006	1.09	1.117	0.767
2007	1.13	1.196	0.847
2008	1.18	1.225	0.924
2009	1.18	1.182	0.960
2010	1.23	1.451	0.975
2011	1.20	1.72	1.010
2012	1.23	1.80	1.120

表7-1在一定程度上可以反映三个地区城乡统筹的纵向走势。从城乡统筹水平纵向演变量化数据而言,经过6年的发展,鄂州的城乡统筹水平较于初始年份增进幅度较大,并且从2009年到2011年的两年间有较大跨越,可见其处于统筹的跟进上升时期;苏州则处于温和演进状态,稳步有升,但是有迂回前进之态势,一定程度上折射出苏州较高的城乡统筹起点,以及近年进步速度放缓的现状;而成都的城乡协调进展则平稳上升,年均进展幅度持平,平缓过渡。

由于数据的可得性,以及某些定性指标的量化的困难,上述6个指标只能概括城乡居民生活水平和品质、城乡基础建设、产业的效率层面等方面的差距,加之主成分分析法只能实现纵向比较,而缺少横向比较的意义,因此无法衡量三市城乡统筹的横向水平差异。

四、城乡一体化发展总体比较

以上我们从不同维度,对苏州、鄂州和成都市的城乡一体化发展道路进行了比较详细的比较,从中可以看出,在不同的环境和条件下,三市的城乡一体化发展道路,既有共同点,又有不同点,这反映了三市城乡一体化发展道路的共性与特色。下面,我们列表对上述异同点进行归纳,做一个总体上的比较(见表7-2)。

表7-2 苏州、鄂州、成都城乡一体化总体比较

分类	项目	苏州	鄂州	成都
差异点	一体化架构	将典型引领和全面推进相结合,网点推进,开辟23个试点区,因地制宜。	跨区合作,以"四位一体"空间结构推进。	圈层推进,整体推动第一圈层为中心城区,第二圈层为近郊区县,第三圈层为远郊区县。
	政府职能	组织与财力保障。	省市共建。	解决政府"越位"和"缺位"问题,发挥服务功能。
	动力机制	苏州市地方各级政府强力推动。	省财政保障,"厅市共建"畅通省市沟通机制。	以基础较好的地区带动较落后的地区。
	实践重点	以发展为主。	以发展为主,兼顾扶贫。	兼顾扶贫与发展。
	产业	全市第二、第三产业比重高,农业比重较低,但是现代化水平高。	实现资源型产业的转型,在兼顾原工业基础的同时,发展高科技产业和河湖农业。	城郊区以及山区主要探索发展现代农业、试点观光农业。
	制度创新	产权制度:社区股份合作、土地股份合作、农民专业合作;金融制度:小贷公司、村镇银行;户籍制度:对本地居民取消区别,对外来人口积分入户。	户籍制度:居住地登记户口。	土地制度:土地银行;金融制度:农业保险、农业发展投资公司、建设投资公司、资金互助社、村镇银行;户籍制度:全国最早户籍改革实践,流动人口登记制。
共同点	1. 以人为本。 2. 城乡规划一体。 3. 在制度创新上,都从土地、金融、产权等角度切入。 4. 都注重把城市建设的拉动和农村自身发展的推动相结合,尤其是对新农村建设的投入。 5. 三集中,节约和集约土地,促进农村社区、工业园区建设以及现代农业的发展。 6. 因地制宜,找到适合地方财力和能力的统筹方式。 7. 都注重基础公共设施的建设和居民社会保障的提升。			

通过上述分析,我们认为,由于我国地域辽阔,区情差异大,因此城乡一体化发展不能搞"一刀切",不能追求一种统一的模式,不同试验区的改革提供了相互学习和借鉴的机会,从而降低了后发城市的成本。比如苏州道路为拥有相同乡镇企业基础和处于相似发展阶段的其他城市提供了宝贵的借鉴范式;鄂州道路为地域狭小的地级市或者县级市的"全域"推进开辟了新窗口,更有借鉴价值;而成都的城市带郊区道路为中西部地区乡村腹地广袤、城市首位度明显的地区探索了新思路。

但是,城乡一体化并非面子工程和样板工程,而是我国经济社会发展到一定程度后的全面改革和发展的必经阶段,从目前情况来看,各试点城市一般都基础较好,财政保障力度强,但随后即将开展改革的城市不免会有整体发展水平欠佳、政府财政支持水平不高的情况。因此,在全面改革阶段,其他地区必须把借鉴试点区经验与从本地区实际出发相结合,使得有不同历史文化背景、产业发展水平、经济基础的城市,都能发挥自身特色,走出一条目标一致、但是形态各异的城乡一体化之路。

第八章 苏州市城乡一体化发展的问题与对策

经过长期不懈的努力,苏州市的城乡一体化发展取得了巨大的成就。但是,其中也存在着许多问题,需要化解。目前,苏州市的城乡一体化发展到了关键时刻,常言"行百里者半九十",能否突破一些"瓶颈"制约因素,走好最后"十里"路程,圆满"收官",对于苏州市同样十分重要。在本章,我们主要从宏观层面探讨苏州市城乡一体化发展过程中所存在的问题和原因,并寻找解决这些问题的对策。

一、苏州市城乡一体化发展的问题与制约因素

(一) 城乡一体化发展速度过快,质量有待提高

从第三章的统计数据看,目前,苏州市的城镇化率、农民收入、"三集中"水平等指标远远高于江苏省和全国平均水平,城乡差距也大大低于江苏省和全国平均水平。而且,按照2014年苏州市的近期和中期发展规划,在未来一段时期内,城乡一体化发展速度还会更快,这些指标还会有更大、更快的变化。但是,还存在以下问题与制约因素:

第一,城乡一体化发展的每一步,其指标的任何一点变化,都需要有巨额的资源投入与支持。在过去,为了推进城乡一体化发展,苏州市已经投入了大量资源,目前的成绩确实来之不易,有些资源甚至已经透支,到了难以为继的地步,影响了可持续发展。今后,为了完成新的发展任务和指标,势必需要新的更多的投入。而且,随着要素投入边际收益率的下降和要素价格所引起的成本上升,投入产出比在提高,单位指标的提高,需要更大的投入。那么,从苏州市未来相应时段内的资源供应能力这一角度看,能否保证和支持如此快的发展速

度,完成如此艰巨的任务,应该说,大家并不是完全心中有数。我们担心,如果没有相应的资源供应,这些规划有可能无法完成;如果勉为其难,就势必要进一步透支资源,例如大量举债,扩大政府债务规模。而这样做只能是加剧政府债务危机,形成更大的政府债务风险。对此,我们将在下面做进一步分析。

第二,上述城乡一体化发展的指标变化,更多地反映了城乡一体化发展的数量,说明苏州市过去一段时期内的城乡一体化发展轨迹与全国的城镇化和城乡一体化外延式发展轨迹是吻合的。但是,同全国其他地区一样,苏州市的城乡一体化发展质量也不尽如人意,还存在着严重的资源浪费现象,包括土地资源的浪费、资金的浪费、劳动力的浪费,有些建设项目标准过高,是样板项目、面子项目,如广遭诟病的工业园区"秋裤楼"等地标建筑;在环境整体质量有所改善和提高的同时,局部地区的环境质量改善缓慢,甚至有所恶化;农民工的市民化问题也没有得到很好的解决,在现有的户籍制度下,仍然有大量外来人员及其子女不能与当地市民一样享受平等待遇;在土地征用和房屋拆迁过程中,同样存在由于补偿安置问题引发的社会矛盾,甚至发生群体性事件;等等。在如此巨大而迅速的经济和社会变迁过程中,上述问题的产生有一定的必然性,不能完全避免,但是,在经过前一段时期的数量提升后,有必要进行消化和完善,化解这些问题,解除后顾之忧,从而在新的起点上进一步发展,而不是带病前行,否则将不能持续,而且有可能使矛盾进一步激化。

(二)资金供应不足,缺口巨大

虽然苏州市是经济发达地区,是经济大市和强市,GDP、财政收入等指标均在全国处于第一方阵,但是,与城乡一体化发展中的巨大资金需求相比,仍然是供不应求,存在严重缺口。对此,我们将在本书第九章进行详细分析与测算,这里暂且概括分析。2014年7月,据来自苏州市重大项目推进会的信息,全市当年210项市级重点项目将力争完成投资2 100亿元,确保政府性投资1 200亿元,带动全社会投资3 500亿元。因此可见建设规模之大和投资之巨。有些项目,动辄数亿、数十亿甚至上百亿元的投资,例如吴江太湖新城项目、高铁新城项目、苏相工业园区—相城合作经济开发区项目、一些老旧小区改造项目,等等,都是大手笔,巨投资。对于如此大的资金需求,我们曾经提出过构建多元化融资体系的建议,但是现实情况是,截至目前,资金问题并没有得到很好解决。由于城乡一体化进程中的许多项目属于社会公益类项目,银行信贷资金和社会资金介入的积极性并不高,仍然主要依靠财政资金,因此,各级财政都面临着巨大的资金压力和债务危机。政府债务在我国是一个普遍性现象,其原因主要是为了满足经济快速增长和城镇化、城乡一体化的需要,但是,地方政府债务也是地方政府的秘密,云遮雾罩,是一笔糊涂账,来自国家审计署、财政部和地方政府的数据往往并不相同,存在着巨大的差额。而苏州市的政府债务,同样没有一个非常权威和准确的数据,从来自金融部门等方面的资料估计,已经达到1万亿元左右,在全国同样名列前茅。另外根据对一些市、区和镇、村的抽样调查,一些中等镇的债务就达到数十亿元,每年仅仅支付利息就要5亿元左右,只能通过借新债还旧债的方式拖延,而且借新债规模大于还旧债规模,债务规模仍然在扩大。

随着形势的发展,苏州市城乡一体化发展中的资金短缺问题有进一步加剧的趋势。这是因为:

第一,在我国的行政管理体制和财政体制改革中,"省管县"是一个必然趋势,特别在江苏省、浙江省等发达省份,已经先行一步,例如苏州市的常熟市早在20世纪80年代,财政就已经直接归江苏省管理,财政收入分成中,苏州市本级财政所得甚少。长期以来,苏州市经济发展的空间格局特点是:市(县)强而区弱,特别是老城区(原沧浪区、平江区和金阊区,现合并为姑苏区)最弱。所辖各市(县)实力强大,均进入全国百强县,在全市经济发展中举足轻重,而老城区由于多种原因,发展相对滞后,对市级财政贡献有限,甚至无法自求平衡。经过多次行政区划调整,目前,苏州市下辖昆山、张家港、常熟、太仓4市和工业园区等6区,倘若4市在下一步改革中直接归江苏省管理,那么苏州市来自这些下辖市的财政分成势必丧失或者大幅度减少,市级财政收入和可支配财力必将大幅度下降。当然,按照"财权与事权统一"的改革原则,苏州市对这些市(县)城乡一体化中的资金供应责任也会减少,但是总体估算,还是"失大于得",产生不利影响。而国家关于农村土地征用体制的改革,将给农民更多的增值分配份额,加上房地产市场的变化,都会使多年来的地方政府土地财政状况大大改变,政府来自这一方面的收入也会大大减少,甚至完全失却。这必将进一步恶化苏州市的财政状况,降低其财政渠道筹集资金和供应资金的能力。

第二,随着我国改革与发展事业的进一步推进,城乡一体化发展的成本在大幅度上升,从而导致资金需求增长更快。例如,在城乡一体化发展中,需要有大量的工程项目,包括居民集中居住区的建设、道路建设、文化娱乐设施建设、学校建设,等等。虽然我国并没有发生严重的通货膨胀,但是,最近几年以及未来可预见的一段时期内,建材价格、劳动力价格、土地价格都呈现出上涨趋势,这必将大幅度提高建设成本。再如,在城乡一体化发展的过程中,用于土地征用和农民安置的费用是一个重要组成部分。在过去一段时期内,这些成本都比较低,但是却损害了农民的利益,引起农民的抵制,产生了许多社会矛盾,影响到社会的安定团结。为此,最近几年,国家改革和调整了土地征用和拆迁补偿政策,大幅度提高征用和补偿标准,由此使得这部分成本急剧增加。在农民的集中居住过程中,虽然通过房屋置换,农民可以腾出宅基地,交给政府,然后政府通过拍卖,获得一部分收入,用于补偿上述征用和拆迁成本,但是二者之间有一个时间差,起码有3~5年时间,在这段时间内,政府必须先垫付这部分资金,然后才能够通过土地拍卖获得补偿,其间政府就面临着巨大的融资和垫付资金的压力。再如,随着经济和社会事业的发展,道路、房屋和其他生活设施的标准都在提高,环境标准也在提高,养老、医疗、低保、失业保险的标准都在提高,从而导致在城乡一体化发展中,每一项事业的投入需求都在增加,投入系数在提高,与过去相比,办同样的事情,资金需求却要大量增加。

第三,在多元融资体系中,财政以外的融资渠道作用有限。城乡一体化过程中的资金需求构成,主要包括基础设施建设资金需求、产业发展资金需求、民生工程资金需求和环境保护资金需求。其中只有产业发展领域,资金投入具有营利性,因而可以动员和吸引银行、社会资金进入,而其他3种资金投入都具有较大的社会公益性,没有营利性或者盈利水平较低,对银行和社会资金的吸引力有限。从苏州市近年的实践看,这些公益性项目确实主要依靠各级财政投入,国家开发银行由于其特殊性和较低的融资成本,对这些公益性项目有较大的支持力度,其他商业银行更多的是介入有营利能力的项目。因此,城乡一体化的多元化融资体系建设就面临严峻的市场检验和锻造。

(三) 土地资源短缺,面临无地可用的危机

苏州市地处我国的江南地区,人口稠密,本来人多地少的矛盾就十分突出,改革开放初期,苏州人均耕地仅有0.8亩。改革开放以来,在工业化、城镇化过程中,占用了大量农地,用于兴办各类园区、道路、住宅等非农业用途,耕地面积快速下降。据不完全统计,1990年,全市尚有耕地面积451万亩,到1995年减少到391万亩,年均减少12万亩;2000年,进一步减少到280万亩,5年内年均减少22万亩;2005年,减少到180万亩,5年内年均减少20万亩。此后,在全国确保18亿亩耕地红线的大背景下,苏州市也实行了严格的土地保护政策,但是由于工业化和城镇化的需要,耕地面积实际上仍然在减少,目前,大致维持在

130万亩的水平上,使"四个百万亩"规划中的"一百万亩水稻"得以勉强实现。2013年,苏州市的户籍人口和外来常住人口各为650多万人,即使加上丘陵等茶地、水果地在内,目前苏州全市人均耕地也不足半亩。根据测算,如果不对非农业用地严格限制,到2020年,苏州市将面临无地可征的危机。土地资源的减少和短缺对苏州市的城乡一体化发展形成了严重制约:

第一,粮食、农副产品供应存在潜在危机。尽管苏州市农业条件好,农作物单产水平高,但是由于种植面积太少,粮食产量已经无法满足苏州全市人口的消费需要,而需要从东北、苏北及其他地区大量调入,目前苏州的粮食自给率只有30%左右;蔬菜、肉、蛋、奶等农副产品也需要大量从山东、甚至海南等外省长途调入,不仅成本和价格上升,而且遇到自然灾害时,会发生供应危机。近年来,由于政府重视,加上国家统一调度,苏州市粮食和农副产品供应还没有发生大的问题,粮食储备和供应工作也受到了国家粮食局的肯定与表彰。但是,对粮食和农副产品供应方面存在的潜在危机丝毫不能麻痹大意,否则就会产生严重后果。

第二,城乡一体化发展的用地没有保证。在城乡一体化进程中,有大量建设项目需要土地供应,例如道路建设、"三集中"中的工业园区和农民集中居住区建设,等等。目前,所有这些工作和任务还没有完成,在下一阶段,还需要大量用地,特别是在全国18亿亩耕地红线和苏州市"四个百万亩"红线的硬性约束下,如何为城乡一体化发展提供建设用地,是一个十分棘手的问题。农民集中居住可以部分缓解这一问题,但是并不能完全解决。

第三,环境自我净化能力下降。如前所述,农业用地和农作物种植的功能并不仅仅是提供农产品,它的另一个重要功能是生态功能,例如,调蓄洪水,调节气候,改善空气,等等。由于耕地、湖泊和农作物面积的减少,苏州市农业的上述功能都在严重弱化甚至消失,由此造成全市生态环境恶化。例如,抗御洪水的能力下降,1999年以来,多次在降雨量并不是很大的情况下,河流和湖泊水位迅速上涨,造成部分市区被淹,甚至上演市区看海的现象;2013年,连续出现52天高温天气,最高气温达到41度,创历史极值,为有气象记录以来所仅见;最近几年,苏州市空气质量明显迅速下降,雾霾加剧,成为常态,等等。所以这些生态环境的恶化现象,一个重要原因是由于土地面积下降、人口和经济总量过快增长,造成环境自我净化能力赶不上人们生产、生活的排泄物的增长。如果在下一阶段的城乡一体化进程中,这些问题得不到有效解决,苏州市就不是宜居之地,再多的财富增长、再高的收入,都无法抵消这些方面的损失,可谓得不偿失。

（四）环境保护工作任重道远

环境保护是一项整体工程。环境保护问题事关所有城乡居民，自然也是城乡一体化发展中的重要内容。环境压力除了上述由于土地减少所造成的环境自我净化能力下降以外，还有来自于城乡一体化进程中废弃物增加方面的因素，例如生产废弃物与生活废弃物的增加导致垃圾处理能力和设施的增加赶不上垃圾的增加。同全国其他许多城市一样，苏州市也面临着垃圾围城问题，其中仅建筑垃圾一项，每年就新增近1 000万吨，由于缺乏填埋场所，有的单位或个人就到处偷排乱倒垃圾，312国道沿线堆有上千万吨垃圾，以至于2014年7月，政府下决心建成首座建筑材料再生资源利用中心，年处理建筑垃圾100万吨，但是仍然是杯水车薪，不能满足需要。至于生活垃圾，1993年，苏州市生活垃圾填埋量为23万吨，到2013年增加到180万吨，增加了近7倍，但其处理方式仍然以填埋为主。1993年建成了占地380亩的七子山垃圾填埋场，到2009年全部填满封场，最深处达到60米，共填满470万立方米、780万吨生活垃圾。于是，苏州不得不另建一个占地300多亩、可以填埋800万吨的填埋场。根据现有填埋场地容量及每天垃圾产生量5 000吨计算，预计到2020年以后，这个填埋场也将填满，届时生活垃圾将面临无处可埋的境地。苏州也和全国其他地区一样，在垃圾处理问题上存在局部利益与整体利益之间的矛盾，即每一个人都希望政府能够处理好垃圾，但是也都希望垃圾处理设施与场所，例如公共厕所、垃圾房、垃圾分类场、垃圾填埋场、垃圾发电站等不要建在自己居住区边上，如果建在自己边上，就要反对抗议，甚至酿成群体性事件。几年前，吴江区投资数亿元的一个垃圾发电厂就是因为周围居民的反对而不得不废弃，损失巨大。由此弄得政府左右为难，不知所措。这个问题几乎是一个死结，难以解开，它加大了垃圾处理和整个环境保护工作的难度。

在空气污染方面，苏州市也和全国其他一些大中城市一样，其恶化程度不断加剧。虽然过去十多年间全市在生活能源方面通过改造实现了由煤炭向煤气、天然气的转换，但是，由于近年私家车的数量快速增加，苏州市成为全国地级市中私家车最多的城市，汽车排放的尾气随之大量增加，再加上建筑项目的增加所导致的扬尘增加等因素，尽管苏州市的年降雨量在1 200毫米左右，空气自我净化能力较强，但是苏州市的空气质量依然迅速恶化，雾霾天气数增多，由过去的秋末冬初的阶段性气候变为一年四季常态化。

还有水污染,苏州市号称"东方威尼斯""水上天堂",水是苏州的灵魂,但是,改革开放以来,苏州市的水质却是每况愈下。在20世纪80、90年代,由于乡镇企业发展过程中对环境保护的忽视,造成苏州境内的太湖和其他湖泊、河流的严重污染。进入21世纪以来,随着环境污染的加剧以及危害的加重,人们的环保意识才有所加强,发展理念发生转变,从"只要金山,不要青山"向"既要金山,又要青山",再向"先要青山,再要金山""环保一票否决制"的转变,但是治理的力度赶不上污染的速度,环境状况依然在恶化,在2007年终于发生了"太湖蓝藻事件",事件虽然发生在邻近的无锡,但是其中也有苏州市的责任,给苏州市敲响了最严厉的警钟。此后,在国务院和江苏省的严厉督查下,苏州市也以壮士断腕的勇气和决心,大力推进产业结构调整和环境保护工作,为此出台了一系列大力度的措施。平心而论,应该说,这些措施是有力和有效的,为了治理太湖蓝藻,政府投入了1 000多亿元。最近几年,太湖、阳澄湖、金鸡湖等重要湖泊的水质状况有所改善,但是,2014年7月,在气温并不是很高的气候下,太湖局部地区再次出现蓝藻,而且在苏州老城区内以及郊区、农村一些边远死角地区,一些河流和湖泊污染状况仍然没有明显改善,甚至进一步加剧,不时有一些水污染事件发生,游客以及周围居民颇有怨言。

(五)制度创新需要深化

制度创新是城乡一体化发展的重要动力和内容。尽管苏州市在过去一段时期内进行了多方面的制度创新,也收到了明显效果,但是,制度创新本身是一个摸着石头过河、不断纠错、不断完善和不断深化的过程,从苏州市目前的制度创新阶段和程度来看,只能说开了一个头,刚刚破题,还远远没有完成。举其要者,有户籍制度改革、农村土地制度改革、公共产品和服务制度改革、政府职能改革,等等。

关于户籍制度改革。最近几年,苏州市曾经出台了户籍制度改革意见和文件,重点是解决本地失地农民、拆迁农民以及随子女进城农民的进城落户问题,这是必要的。但是,这一部分农民人数较少,而且落户成本较低,因而这项工作难度相对较小,容易操作,基本上都已经落实。困难主要在于外地来苏州务工人员的落户问题,这部分人员多达650万人左右,与苏州市现有户籍人口相等,并且还有增长趋势;拖家带口,要解决子女入托、入学、社会保障等需要;还有外来人员素质参差不齐、对地区发展贡献不同等方面的问题,这些问题都导致外来人员入户成本高,甚至大于其对本地的贡献。同全国其他一些城市一样,过去几年,张家港等市也在探索对外地人员实行积分入户的改革政策,从地方政府来看,这是权衡利弊得失的理性决定,无可厚非,但是从实际效果看,入户门槛过高,能够达到条件者寥寥无几,仍有大量人口被拒之门外,其落户问题没有得到解决。因此,需要政府进一步基于成本与收益的平衡原则,综合考虑外来人口的需要与本地财政的承受能力,在这两者间找到一个平衡点,使更多的外来人口能够顺利入市落户。

关于农村土地制度改革。在这方面,苏州市也曾经进行了卓有成效的努力,而且取得了明显效果,但是,这项改革依然没有完成。农村土地制度改革涉及农地征用和农地流转两个方面。在农地征用方面,在过去几十年中,由于工业化和城镇化的快速推进,苏州市的农地征用规模较之其他地区,更大更多,征用制度也和全国一样,遵循国家有关制度和法规,这些制度和法规总体上对农民不利,征地补偿标准太低,其中某些地区甚至还夹杂着官员的腐败行为,引起农民的不满和抵制,其中典型者如2010年发生在高新区通安镇的群体性抗议事件,虽然最后没有造成严重后果,但是也反映出农民的不满与诉求。此后,全国都在改革农地征用制度,加大对农民利益的保护力度。在这种背景下,苏州市也提高了对农民征地的补偿标准,并且探索出其他一些补偿办法,例如以土地换社保,以宅基地换住房,等等。这些办法取得了较好的效果。但是,从本质上看,目前的农地征用制度仍然是政府主导型的,而不是市场博弈型的。具体表现是,在农地征用的决策过程中,政府处于主导和支配地位,没有给被征地农民平等的谈判地位和资格,农民不能通过制度化的渠道提出自己的利益诉求,而且没有统一的补偿标准,往往是一事一议,一户一议,补偿数额并不是完全取决于被征用土地或房屋的真正价值,而是在很大程度上取决于双方的谈判能力与耐心,农民如果对补偿标准不满,缺乏在法律框架内裁决争议的渠道与规则,往往只能采用"街头政治"的方式表达自己的不满,这种方式就是群体性事件,极易演变为大的社会动乱,破坏社会稳定。久而久之,又催生出一批"钉子户",加大了农地征用和房屋拆迁的无序与难度。

在农地流转方面,苏州市创造出了土地股份合作社,在实践中也发挥了很好的作用。但是,土地股份合作社制度在实践中也还需要进一步完善。例如,按照目前的国家政策,土地承包期限是30年,即从1998年到2027年,在此期间,生不增地,死不减地。这样做固然有利于稳定家庭承包经营制度,但是,30年是一个不短的期限,达到一代人以上,此间,每一个家庭的人口变动必然很大,然而每一个家庭在土地股份合作社中的股份和收益却是不变的,人均收益就会出现重大差别。这种起点上的公平导致了30年内过程和结果中的不公平,有悖常理,也有悖集体所有制的性质。再如,在城镇化过程中,在30年内,会有一些家庭举家迁往城镇就业和居住,完全脱离农业与农村,但是,他们仍然拥有在土地股份合作社中的股份,并且享有收益,这也不尽合理。所有这些,在现有的农地制度框架内,都无法得到很好解决,需要进一步深化改革,寻求解决办法与出路。

关于公共产品与服务制度改革。苏州市在过去的城乡一体化发展中,按照基本公共服务均等化的改革方向与原则,重点加大对农村公共产品与公共服务的供给,推出大力度的举措。应该说,最近几年农村的公共产品与公共服务状况大有改善,城乡差距明显缩小。但是,如前所述,这些举措主要是针对具有苏州市户籍的本地农民的,而对于650多万的外来人口来说,他们还没有完全平等地享受到这些公共产品与公共服务,特别是占外来人口多数的层次较低的一般劳动力,他们拖家带口,迫切需要享受到这些公共产品与公共服务(例如子女入学、社会保障等),只有这样他们才能真正融入苏州,成为新苏州人。但是,在短期内我们似乎还看不到这一点。2014年8月2日,在昆山市中荣公司发生了轰动全国的爆炸事件,造成农民工兄弟的巨大伤亡,这为解决农民工问题既敲响了警钟,也提供了案例。事后揭露出的问题令人触目惊心,农民工每天工作15个小时,月收入仅4 000多元,而且工作条件和环境十分恶劣,长期得不到改善,终于酿成惨祸。

从根本上解决农民工问题,并不是政府不愿为,而是无力为。根据全国平均水平的测算,如果要让外来人口平等享受城市公共服务,政府为此人均需要投入10万元;另据国务院发展研究中心2011年对武汉、重庆、郑州和嘉兴市的调查,为了使一个农民工市民化,所需要的公共支出成本就高达8万元;而据中国社科院2014年发布的《中国城市发展报告》,我国东、中、西部地区的农业转移人口市民化的人均公共成本分别是17.6万元、10.4万元和10.6万元。综合平均这些标准,要使全国2.6亿存量农民工市民化,就大致需要20万~30万亿元;按照城镇化目标的动态预测,加上到2020年或者2030年的农民工增量,则需要40万~50万亿元。苏州市的公共服务水平更高,投入也会更大,大致需要1 000多亿元的投入。纵然苏州市经济和财政实力强大,这笔巨资对苏州地方政府而言仍是一个不小的考验,而做不到这一点,就不是真正的城乡一体化发展。

关于政府职能改革。前面相关章节曾经比较详细地分析了苏州市"强政

第八章 苏州市城乡一体化发展的问题与对策

府+弱市场"的体制特征,并且评价了这种体制的利弊得失。从目前的情况看,这种体制并没有发生重大变化,按照中共十八届三中全会的《中共中央关于全面深化改革若干重大问题的决定》要求衡量,要让市场在资源配置中发挥决定性作用,为此要进一步转变政府职能,特别是减少行政审批项目,苏州市现有体制显然与此要求还有较大距离。对于苏州市的体制改革方向,有人主张应该是"强政府+强市场"组合,以此论证现有体制的合理性。这种主张从表面上看,似乎很美好,是强强组合,但是在现实中是很难实现的,因为作为两种不同的资源配置方式,政府与市场作用之和等于1,二者之间必然是此增彼减的关系,不可能同时增加,如果主张强政府,结果必然是弱市场,或者相反。我们主张,苏州市的体制改革方向应该是"强市场+弱政府",而且二者之间要有明确分工,市场作用主要限于经济领域,政府作用主要限于社会领域。按此目标来看,苏州市的体制改革与政府职能转变还没有完成。

二、苏州市城乡一体化发展中问题的原因

为了探寻解决上述问题的对策,首先必须对产生问题的原因进行分析,以便有的放矢,对症下药。我们认为,产生上述问题的原因,既有全国性的共性因素,也有苏州特殊市情的个性因素。

(一) 共性原因

同全国其他地区一样,苏州市的城乡二元结构是在全国统一的计划经济体制下形成的,而城乡一体化改革与发展也是在全国统一的改革开放和城镇化背景下进行的。所以,上述问题的产生就不能不带有全国大背景的烙印。

1. 破除城乡二元结构的艰巨性

二元结构形成于20世纪50年代开始的计划经济体制时期,经过20多年的演变和强化,几乎已经到了根深蒂固、积重难返的地步,由于其中包含着内在的利益关系,打破这种经济和社会结构,不仅需要观念的转变,更需要相应的物质投入。按照物质利益理论和路径依赖理论,二元结构下的既得利益者,认为这种社会利益关系和城乡差距是天然合理的,他们必然倾向于维护这种利益关系。对城乡二元结构的改革,有存量改革与增量改革两种途径,如果选择存量改革,那实际上是在社会利益总量不变的情况下,调整城乡居民的利益分配格

局,那样二者之间也就是此增彼减的"零和博弈"关系。农民利益的增加,要靠减少城镇居民利益来换取,由此必然引起城镇居民的强烈反对,特别是在改革开放初期社会财富总量不多、城乡居民普遍较穷的背景下,假设通过减少城镇居民利益来增加农民利益,使城镇居民收入和生活水平绝对下降,那样阻力更大,也更不可行。而如果选择增量改革,即在发展的过程中,社会财富总量增加,在财富增加部分的分配上,向农民倾斜,依靠增量分配调整,逐步矫正财富总量分配格局,逐步形成城乡一体化有序发展。增量改革也会引起城镇居民的不理解甚至反对,但是阻力要比单纯的存量改革小得多。然而,通过增量改革来带动和矫正总量分配格局是一个缓慢而长期的过程,期间必然会遇到各种各样的问题。遗憾的是,在我国的改革和发展初期,即1978年到1984年间,重点是发展农村,社会利益增量主要在农业领域,并且分配上主要归农民,由此带动这一时期城乡差距的缩小。但是,从1985年开始,改革与发展重点转向城市,社会利益分配也大幅度向城镇居民倾斜,这导致此后城乡差距呈现快速和大幅度的扩大,至2009年达到顶峰,城乡差距幅度远远大于1978年。所以,2008年中共十七届三中全会提出的城乡一体化发展任务,所面临的城乡差距起点,比改革开放初期也更大,任务更加艰巨。更何况,改革开放以来,我国形成了事实上的利益集团及其相互间的博弈关系,在农民与城镇居民的博弈中,城镇居民处于明显的优势地位,必然要维护自己在二元结构下的既得利益,即使是增量利益分配,也希望延续这种既有的分配规则与格局。由此必然会增加城乡一体化改革决策与执行的难度,克服这种阻力并不是仅仅依靠行政手段就可以解决的。这种改革阻力存在于全国各地,苏州市当然也不例外。

　　破除城乡二元结构的艰巨性还表现在资金投入上。为了推进增量改革,就不仅需要调整城乡关系政策,向"三农"倾斜,而且需要巨额的资金投入。在1978年,我国城镇化率仅仅只有18%,绝大多数人口是农民,一直到2014年,我国按照户籍计算的城镇化率也还仅仅只有37%左右。为了实现城乡一体化发展,就要让占人口大多数的农民也能够平等享受与城镇居民相同的经济和社会待遇,由此需要的资金投入是一个天文数字。尽管改革开放以来,我国社会财富和综合国力大大增加,各级财政收入也大幅度增加,但是面对这种资金需求仍然是不敷所需。由此决定了在城乡一体化的发展过程中,必然会面临巨大的压力,即使是苏州市这样的经济大市和强市,也不例外。

　　2. 快速城镇化的影响

　　苏州市的城乡一体化发展是在全国城镇化和城乡一体化发展的大背景下

进行的。2002年,中共十六大把推进城镇化作为我国发展的一大战略,全国从上到下,掀起了城镇化运动的高潮。回顾此后的城镇化进程,其成绩是毋庸置疑的,但是确实也存在着速度过快、工作过粗、质量不高等问题,存在追求规模扩张,摊大饼,占用和耗费土地等资源过多,人口城镇化速度相对较慢,农民工市民化问题没有得到很好解决等通病。城乡一体化发展中同样存在着过分追求速度、形式主义、强迫命令等问题。① 如前所述,本来城乡一体化的推进是一个长期过程,需要巨额投入,如果速度过快,把本来需要30年才能完成的任务放在10年内完成,这10年内的工作量必然加大,单位时间内的投入力度也必然加大,由此也就必然带来资金等物质投入方面的不足和制度创新方面的滞后,也必然带来城镇化质量不高、"夹生饭"问题,形成了户籍城镇化率与常住人口城镇化率之间的差别,有2.6亿左右的进城农民工并没有真正享受市民待遇,仍然游离于城乡之间。

全国快速城镇化的大背景和趋势不能不影响到苏州,上述做法和问题,在苏州市的城乡一体化发展中也不同程度地存在,并由此引发其他一些问题和矛盾,而且被进一步放大。

3. 改革决策中中央与地方的分权关系

中央与地方的权力分配关系一直是我国行政管理中的一个棘手问题。虽然经过多次改革与演变,但是从整体上看,我国的行政管理体系中,中央集权程度较高,地方政府的决策权较小,地方政府更多的是在中央的统一决策下进行改革与发展的管理活动。改革开放以来,在经济特区和一些示范区等特殊区域,中央也曾经赋予地方政府较大决策权,但是这些地区的范围较小。这种管理体制必然会影响各地的城乡一体化改革与发展进程,因为城乡二元结构本来就是在中央的统一制度和政策下形成的,要打破这种结构,实现城乡一体化发展,最好还是应该实行顶层设计,从上到下推进,所以,如果中央没有相关的制度创新与改革决策,地方政府往往是没有勇气和胆量打破旧制度的,即使是那些被赋予一定权力的示范区,也是在螺蛳壳里做道场,戴着紧箍咒跳舞,很难有大的创新作为。更何况全国是一个整体和系统,改革需要联动,如果其他地区不改革,而仅仅要求某一个地区改革,往往是不可能的。例如户籍制度改革,就涉及全国一盘棋格局下的人口流出地与流入地以及不同流入地之间的关系,如

---

① 关于这个问题的详细分析,请参阅陆大道. 对我国城镇化发展态势的分析[J]. 中国科学报,2014-08-01(7).

果一个城市放开农民工子女入学政策,其他地区的农民工必然蜂拥而至,这个城市必然不堪重负。前几年郑州等市的改革失败就证明了这一点。上述苏州市制度创新的方面的问题,很大程度上受制于全国的改革进程约束,单靠苏州自身的力量无法突破。

(二) 苏州市的特殊市情

除了上述共性原因以外,苏州市的特殊市情也是产生这些问题的直接原因。

1. "率先"意识和"敢为人先"精神

改革开放以来,苏州市的经济和社会发展一直走在全国前列,由此形成了独具特色的"苏州道路",它的一个重要特点就是创新和率先,"张家港精神"就是它的具体体现和诠释:"团结拼搏、负重奋进、自加压力、敢于争先。"早在20世纪80年代,苏州作为"苏南模式"的主要发源地和代表,就享誉全国;在20世纪90年代,苏州又以利用外资、创办工业园区独领风骚;进入21世纪以来,中共十六大提出了到2020年全面建成小康社会和到2050年基本实现现代化的宏伟目标,中央领导多次鼓励江苏省、苏州市要率先实现这两个目标。在这种背景下,苏州市的历届和各级领导都把"两个率先"作为发展的总目标,无论是时间表的确定,还是指标值的确定,都远远快于或高于全国其他地区。例如,在2005年,苏州宣布率先全面建成了小康社会;到2015年,全市率先基本实现现代化;城镇化和城乡一体化的进程远远领先全国其他地区;等等。为此,就必然要提出一些高指标、高速度、高标准,也就难免会存在工作较粗、资金压力大等问题。

2. 人口过多,超过承载力

苏州市土地肥沃,风调雨顺,在农业社会,单位面积的土地所承载的人口多,因而人口密度大,是全国人口密度最大的地区之一。在工业化和城镇化进程中,土地在短期内被大量征用做非农业用途,可用土地急剧减少,缺乏递补和储备潜力。特别是由于快速工业化和城镇化所创造的大批就业岗位,吸引了外地劳动力大量涌入,人口总量迅速暴涨,对土地和环境造成了巨大压力,超过了其承载力,产生了土地短缺、环境污染等问题。

3. "苏南模式"的惯性与依赖

苏州作为"苏南模式"的主要发源地和代表,改革开放以来,政府和市场的关系始终呈现出"强政府+弱市场"格局,在以后的改革中,这一特点不可能完全消失,而是在新的形势下,以强大的惯性和新的方式在延续。中共十四大后,

第八章 苏州市城乡一体化发展的问题与对策

我国虽然在理论上确立了社会主义市场经济体制,强调要让市场发挥基础性调节作用,但是在实际上,"政府之手"仍然十分强大。全国如此,苏州市更加有过之而无不及,政府始终主导着发展进程,无论是发展目标的确定,还是发展目标的实现以及发展路径的选择,都是由政府决定,市场的作用自然会受到限制。

三、苏州市城乡一体化发展的推进对策

根据上述对问题产生原因的分析,我们可以看出,为了破解这些问题,推动苏州市城乡一体化向纵深健康发展,就必须采取有针对性的对策。

(一)端正城乡一体化指导思想,量力而行,稳步推进

中共十六大后,中央提出了科学发展观,意在纠正前一时期我国在发展过程中出现的一些偏差,确定发展要以人为本,全面、协调和可持续发展。此后,全国从上到下,都自觉学习贯彻和践行科学发展观。特别是中共十八大以后,科学发展观被载入《党章》和《宪法》;习近平、李克强等领导同志多次提出,要破除"唯GDP论英雄"的观念和做法;中央组织部也发布文件,不再以GDP考核各级领导干部的政绩;中央提出走新型城镇化道路,重在提高城镇化质量,等等。所有这些,都对苏州市的城乡一体化工作具有重要的指导意义。按照这些指导思想,苏州市也有必要反思前一时期的城乡一体化发展工作,纠正速度过快、工作较粗等问题,从片面追求速度向全面提高质量转变,在提高质量的基础上追求速度。对于最近几年所确定的经济和社会发展以及城乡一体化发展指标,包括GDP增长速度、城镇化率提高速度、"三集中"速度、进出口增长速度、利用外资增长速度、财政收入增长速度等,都应该重新进行全面、客观的测算,按照综合平衡的原则,根据全市资金、土地、环境等相关因素的承受能力,留有余地,弦不能绷得太紧,制订出切实可行、经过努力可以达到的目标。对于城乡一体化发展,既要破除等、靠、要的不作为思想,也要破除急于求成、急躁冒进、企图毕其功于一役的做法。经过测算之后,重新确定全市的城乡一体化发展目标与速度,该降的指标要坚决降下来,以此引导城乡一体化健康发展。对于城乡一体化的进度表,也要调整,适当放慢,延长时间。以此缓解各方面的压力与问题。

173

（二）控制人口数量，调整经济结构

按照生态足迹理论，一个地区所能承载的人口数量和经济规模不能无限增长，应有一个最佳规模与最大上限。因为人作为消费者，要耗费一定的生活资料，也要排放出一定的废物，生活水平越高，所需要的生活资料和排放的废物就越多。这些生活资料要依靠土地等资源的转化来提供，这些废物也需要土地、水、阳光、空气等环境来消解和净化。在一定的科学技术水平下，既定的资源所能够提供的生活资料也是既定的，并不能随意增加；而环境对废物的自我净化能力也是既定的。超过资源所能够提供的生活资料数量的需求，就得不到满足，就会产生饥饿和贫困；超过环境自我净化能力的废物排放，就会产生废物的堆积和环境污染。苏州市的土地面积有限，人口密度大，对生活资料的需求也大，排放的废物也多，特别是单位面积的土地承载量很大，由此带来了严重的生活资料和环境压力。对于生活资料需求，还可以在一定程度上通过区域分工，从外部调入，但是为此要增加大量费用和成本；而对于废物处理，则不能以邻为壑，排放到其他地区。依据生态足迹理论和方法，我们曾经测算，苏州市的最佳人口规模是1 100万左右，人口上限是1 300万左右。目前，苏州市的常住人口已经达到1 300万人的上限，所以再不能放任人口继续无限增长。具体到城乡一体化发展来说，大量的外来人口，如果要与本地居民享受平等待遇，确实也会对政府造成巨大压力，甚至力不能及。所以，苏州市应该充分认识控制人口增长的必要性与重要性，采取措施，控制人口增长。目前，苏州市本地人口的自然增长率已经接近零，人口增长主要是由外来人口引起的，控制人口的重点应该放在外来人口上。

与人作为消费者相对应的是，人同时还是生产者，可以创造财富；与人口数量相对应的是经济规模与结构。人作为生产者创造财富是有条件的，那就是需要与土地、资本等资源的搭配和组合。经济活动不仅需要各种资源的投入，同时还会产生大量的生产废物，例如废水、废气和废渣，需要治理和净化。所以，即使从人作为生产者和发展经济的积极一面来看，一个区域所能承载的人口数量和经济规模同样是有限的。目前，苏州市的人口和经济规模同样也已经逼近这个上限，需要控制。

控制苏州市人口数量和经济规模的根本出路与办法在于调整和优化经济结构。一是积极推动本地现有经济存量的结构升级换代。苏州市目前的产业结构档次还不高，有大量纺织印染、服装、玩具、机械设备制造、电子行业代工等低端产业,属于劳动密集型产业,附加值低,环境压力大,由此也就提供了大量低端就业岗位,吸引外来人口涌入。所以,要对现有产业进行升级改造,腾笼换凤,置换为技术密集型产业,既可以控制外来人口的进入,又可以提高单位土地面积的经济容量和经济规模。二是积极推动产业向外转移。目前,苏州市的投资成本在迅速上升,由此产生了产业向外转移的强大推力。按照梯度转移理论,有一些低端传统产业已经失去了在本地生存和竞争的能力,需要转移到苏北甚至中西部地区,寻找新的生存和发展空间。这种产业转移首先是由市场推动的,政府也要顺势而为。这些产业转移以后,相应地也就减少了就业岗位,有利于控制外来人口的进入。

(三) 调整城乡一体化对象,重点转向农民工等外来人口

在过去一段时期内,苏州市城乡一体化的对象主要是具有本地户籍的农村人口。经过艰苦努力,这部分农民的收入水平、生活条件和公共服务等方面都有了重大改善。目前的困难主要在于外来人口,特别是以农民工群体为主的低端外来人口,他们也是农村户口,长期在苏州打工,拖家带口,为苏州市的发展做出了重要贡献,却无法享受当地居民的待遇。这个问题在全国普遍存在,按照中央关于新型城镇化道路和户籍制度改革的部署,必须解决这部分农民工的市民化问题,给他们在公共服务、子女入学等方面以平等待遇,使他们早日真正融入城市,实现城镇化。相比而言,苏州市的这个问题更加突出,任务更重,压力更大,在其650多万外来人口中,大部分是农民工层次。解决这些问题,需要政府和企业的大量投入,虽然非短期内可以完成,但是政府应该积极介入,摸清问题,做好测算,统一规划,稳步推进,通过较长时期的努力逐步实现。只有到那时,苏州市才真正实现了城乡一体化发展目标。

(四) 深化改革,为城乡一体化发展提供制度保证

中共十八届三中全会通过的《中共中央关于全面深化改革若干重大问题的决定》(以下简称《决定》),对我国下一步改革指明了方向和路线图。会后,全国从上到下以踏石留印、抓铁有痕的实干精神,加以落实。《决定》以经济改革为重点,覆盖到方方面面,我们在上文所提到的与城乡一体化发展相关的制度创新,在《决定》中都有部署,这就为苏州市的制度改革与创新指明了方向与路径。但是,《决定》毕竟是原则性规定,苏州市应该把中央的改革精神与本市的实际相结合,制定出具有可操作性的改革方案。2014年7月28日,中共苏州市

委十一届七次会议通过了《苏州市深化经济体制改革三年行动计划(2014—2016年)》,随即于当年8月份印发全市,对苏州市的改革做出了全面部署,强调到2016年要在重要领域和关键环节的改革中取得突破性进展,力争走在全省和全国改革的前列,向改革要红利,再创发展新辉煌。《决定》提出,苏州市要在行政体制改革、开放性经济体制改革、现代金融改革、科技体制改革、生态文明体制改革、财税体制改革、国企民企改革和现代市场体系改革等8个方面走在前列,特别是提出要制定政府的"正面清单",与市场的"负面清单"相对应。其中虽然不乏新意,但是总体给人的感觉是,在市场和政府的关系这个最要害的问题上,还是政府强而市场弱,是以一种新的"强政府"来改革和代替过去的"强政府",市场的作用还是处于配角地位,发挥不足,放得不够。至于城乡一体化中的制度改革,则涉及甚少。

根据十八届三中全会的《决定》及中央其他改革文件精神,结合苏州市的具体情况和问题,我们认为,苏州市下一步城乡一体化发展中的相关制度改革思路与方向应该为:

1. 关于户籍制度改革

2014年7月,国务院《关于进一步推进户籍制度改革的意见》发布,这是我国各地户籍制度改革的指南。中央改革精神总体上是取消农业与非农业户口区别,实行居住证管理制度,对于不同规模的城市和城镇,实行不同的落户条件和政策,全面放开建制镇和小城市落户限制,有序放开中等城市落户限制,合理确定大城市落户条件,严格控制特大城市人口规模。据统计,截至2013年年底,苏州市城区常住人口在330万以上,属于大城市行列,而其他建制镇人口大多在几万到几十万之间,所以,可以实行不同的落户条件。对于一般的城镇,可以适当放松户籍限制,降低进城门槛,以适应城镇化进程的需要,使那些在城镇确实有稳定工作、住所和收入来源的人口,从农村户口转为城市户口,相应地享受平等的市民待遇。以此衡量,张家港市的积分入市改革虽然具有积极意义,但是仍然条件过严,门槛太高。对此也要进行调整,摸清外来人口情况和政府家底,确定每年可以入市的人口数量,然后制定相应的条件,必须有一部分人口达到这个条件,可以入市,而不能是镜花水月,可望而不可即,从而使积分制真正能够落到实处。但是,对于中心城区,要"适度控制落户的规模和节奏,防止人口增长过快",落户的条件就要严格一些,可以制定较高的落户标准,以控制全市人口总量的增加,并促进人口在全市空间的合理分布。

2. 关于农地征用制度改革

总体而言,要从政府主导型向市场主导型转变,具体地说,要给农民一个平等的谈判地位与资格。对于非公共用地,政府不应该介入,而应该让土地需求方与农民直接协商,确定出让价格。土地出让收入既可以是货币形式,也可以是入股形式。对于公共用地,也要按照市场价格标准对农民进行补偿,不能让这部分农民承担全社会的发展和管理成本。同理,房屋拆迁补偿标准的确定也不能由政府单方面说了算。当然,这种改革可能会引起相应的问题,例如土地财政的破灭和政府收入的下降,以及"钉子户"的漫天要价。对此,也要制定配套措施,例如对农民出让土地的收入征收所得税,把一部分土地出让收入转归财政;对于"钉子户"也要有客观公正的土地、房屋价格评估机构和仲裁、执行机构。总体来说,针对过去土地征用和房屋拆迁中损害农民利益的问题,要提高农民的获益和补偿份额,在农民、政府和投资者之间找到一个利益均衡点,兼顾各方面的利益。

3. 关于农地流转制度改革

要对土地股份合作社制度进一步完善,在稳定家庭承包经营制度的前提下,确保入社农民股份和收益,防止侵害农民利益。但是对于股权结构也要根据各个家庭人口状况的具体变化,适时适度进行调整,应平衡人口变化较大的家庭之间的利益关系。

4. 关于政府职能转变的改革

中央《决定》指出,要让市场在资源配置中起决定性作用和更好发挥政府的作用,所谓决定性作用无非是更大的有效作用。所以,在政府与市场的关系上,应该收缩政府权力,转变政府职能,把更大更多的资源交给市场调节。对于苏州市这方面的改革,我们在前面多处已经有过详细分析,这里不再重复。总体来说,苏州市也应该以壮士断腕的勇气,收缩政府在经济领域的权力,建立"强市场+弱政府"体制,但是,在与城乡一体化发展相关的社会领域,则应该构建"强政府+弱市场"体制,二者应该区别对待。

(五)构建多元化融资体系,满足城乡一体化发展的资金需求

对于这个问题,由于它的特别重要性,将在本书第九章进行详细分析,这里从略。需要强调的是,即使如我们前面的建议所言,适当放慢苏州市的城乡一体化发展速度并降低标准,资金需求量仍然是巨大的,所以,融资问题始终存在,单纯依靠财政资金、信贷资金、外资、社会资金都不可能满足需求。为此,必

须动员各方面力量,构建多元化融资体系,而且根据各种资金的性质,确定合理的分工以及投入领域。财政资金应该主要投入没有收益或者收益较低的社会事业领域,例如社会保障、环境保护、教育事业等;信贷资金和外资应该主要投入有收益保证的领域,例如产业发展等;社会资金主要也应该投入有收益保证的领域。但是在基础设施等领域,也可以实行市场化运作,吸收信贷资金、外资和社会资金进入;在环境保护领域,应该加大企业的治理责任,实行市场化交易方式,减轻财政压力;农民作为城乡一体化发展的主体和最大的受益者,也应该在力所能及的范围内,承担一定的费用。通过上述各方面的努力与配合,才能解决城乡一体化发展进程中的资金问题。

第九章 苏州市城乡一体化发展中的投融资问题研究

在制约苏州市城乡一体化发展的诸多因素中,最大的障碍是资金供应不足,能否筹措到足够的资金,是决定苏州市城乡一体化能否可持续发展和最终实现的关键。传统的投融资体制无法满足这一需要,为此,必须对其进行大胆的改革与创新。本章对此进行专门分析和研究。

一、资金需求分析

苏州市的城乡一体化发展是一个长期的过程,为了使研究对象易于把握,我们以 2012—2016 年为时间范围,分析其资金需求、资金供给与资金缺口。

(一)资金需求总量分析

对于苏州市城乡一体化发展中的资金需求,我们运用定量分析方法,从总量和结构两个方面进行预测,以便对此有一个大致的把握。

1. 测算方法与思路

(1)回归分析方法介绍

我们拟采用回归分析预测方法来预测苏州市城乡一体化发展中的资金需求。回归分析的预测方法属于因果分析方法,是在具有统计相关关系的两个或两个以上的变量之间,找出回归方程,建立起数学模型,进行统计分析预测。在回归分析中,研究对象为因变量,影响因变量的因素为自变量,自变量的个数可以有一个(一元回归),也可以有多个(多元回归)。一般进行的回归分析为线性回归分析,但是有时因变量和自变量之间不是线性关系时,可以通过变换,将曲线形式变为线性形式,得到相应的系数和回归方程。

运用回归方法的工作步骤是：

①建立回归模型：通过专业分析假设要研究的主要问题或主要变量受哪些自变量的影响，将这种影响关系表示为回归数学模型；

②确定回归方程：根据大量的调查和历史数据，运用统计的方法确定因变量和自变量之间的定量关系表达式；

③方程准确性判断及准确化：通过对回归方程和回归系数的检验，判断方程的准确性，并可以根据每个自变量对因变量的影响程度，对回归方程进行修改，使回归方程只包含主要的自变量，结果更加准确；

④利用方程进行预测及控制：得到的方程反映了因变量和自变量的关系，可以利用这种关系进行预测，即根据自变量的值求出对应因变量的值，或进行控制，即根据因变量的值求出对应自变量的值。

主要的线性回归模型包括：一元线性回归（最小二乘法）；可划成一元线性回归的曲线回归（指数函数、对数函数、双曲线函数、幂函数、S 型函数）；多元线性回归；逐步回归（回归方程的优化）。

（2）测算思路

①区域固定资产投资总额与区域 GDP 存在相关性。通过搜集 1981—2011 年的苏州市全社会固定资产投资额和 GDP 数据，运用 Eviews 软件，采用回归分析，建立两者之间的线性回归模型；

②根据区域经济发展的实际情况及苏州市"十二五"规划推算苏州市的 GDP 增长；

③利用前面建立的回归模型，分别测算规划期内（2012—2016 年）的苏州市全社会固定资产投资额；

④利用 2006—2011 年太仓、常熟市的若干镇的城乡一体化相关数据，推算城乡一体化资金占全社会固定资产总投资额之比；

⑤利用以上数据，预测规划期内（2012—2016 年）苏州市城乡一体化和小城镇建设的资金需求总量。

2. 总量测算

（1）建立回归模型

我们采集了 1981—2011 年苏州市 GDP 和全社会固定资产投资（GZ）数据，见表 9-1。

表 9-1　1981—2011 年苏州市 GDP 和全社会固定资产投资数据

年份	GDP(单位:亿元)	GZ(单位:亿元)	GZ_{t-1}(单位:亿元)	GZ_{t-2}(单位:亿元)
1981	43.76	9.16	—	—
1982	47.61	9.75	9.16	—
1983	52.53	11.65	9.75	9.16
1984	68.05	16.83	11.65	9.75
1985	91.91	29.7	16.83	11.65
1986	104.06	34.59	29.7	16.83
1987	127.02	46.5	34.59	29.7
1988	165.13	67.52	46.5	34.59
1989	176.29	54.86	67.52	46.5
1990	202.14	55.37	54.86	67.52
1991	235.1	76.3	55.37	54.86
1992	359.69	154.39	76.3	55.37
1993	525.96	271.86	154.39	76.3
1994	720.9	307.7	271.86	154.39
1995	903.11	334.1	307.7	271.86
1996	1 002.14	380.59	334.1	307.7
1997	1 132.6	405.18	380.59	334.1
1998	1 250.01	450.11	405.18	380.59
1999	1 358.43	475.14	450.11	405.18
2000	1 540.68	516.43	475.14	450.11
2001	1 760.28	564.85	516.43	475.14
2002	2 080.37	812.81	564.85	516.43
2003	2 801.56	855.11	812.81	564.85
2004	3 450	1 551.80	855.11	812.81
2005	4 138.21	1 870.14	1 551.80	855.11
2006	4 900.63	2 106.99	1 870.14	1 551.80
2007	5 850.11	2 366.36	2 106.99	1 870.14
2008	7 078.09	2 611.16	2 366.36	2 106.99
2009	7 740.2	2 967.35	2 611.16	2 366.36
2010	9 228.91	3 617.82	2 967.35	2 611.16
2011	10 716.99	4 502.02	3 617.82	2 967.35

数据来源:根据苏州市统计年鉴、统计公报及其他相关资料整理而得。

首先对上述数据及其对数序列进行平稳性检验,检验结果如表9-2所示。

表9-2 数据平稳性检验结果

变量	差分次数	(C,T,K)	DW值	ADF值	5%临界值	1%临界值	结论
GDP	2	(C,K,1)	2.00	−5.7	−3.59	−4.34	I(2)***
GZ	2	(0,0,1)	1.85	−3.27	−1.95	−2.65	I(2)***
GZ_{t-1}	2	(0,0,1)	1.78	−4.3	−1.95	−2.66	I(2)***
GZ_{t-2}	2	(0,0,1)	2.00	−5.1	−1.96	−2.66	I(2)***
LnGDP	1	(C,0,1)	1.94	−3.41	−2.97	−3.69	I(1)**
LnGZ	1	(C,0,1)	2.07	−3.78	−2.97	−3.69	I(1)***
LnGZ(−1)	1	(C,0,1)	2.07	−3.70	−2.98	−3.69	I(1)***
LnGZ(−2)	1	(C,0,1)	2.07	−3.61	−2.98	−3.71	I(1)**

数据来源:运用Eviews软件整理而得。

注:(C,T,K)表示ADF检验式是否包含常数项、时间趋势项以及滞后期数;***、**、* 分别表示变量差分后在1%、5%和10%的显著水平上通过ADF平稳性检验。

从表9-2可以发现,原序列数据都是不平稳的,二次差分序列是平稳的,说明原序列有两个单位根。对原序列取对数后进行平稳性检验,发现一次差分是平稳的,说明取对数后的序列有一个单位根。单位根检验表明原序列变量的单整阶数是相同的,取对数后变量的单整阶数也是相同的,因此都可以做协整检验。原序列协整检验的结果如表9-3、表9-4所示。

表9-3 无限制的协整秩检验(轨迹)

原假设	特征值	迹统计量	5%显著性水平下的临界值	P值
R=0	0.549 190	36.094 46	15.494 71	0.000 0
R=1	0.361 048	12.989 87	3.841 466	0.000 3

数据来源:运用Eviews软件整理而得。

表9-4 无限制的协整秩检验(最大特征值)

原假设	特征值	最大特征值	5%显著性水平下的临界值	P值
R=0	0.549 190	23.104 59	14.264 60	0.001 6
R=1	0.361 048	12.989 87	3.841 466	0.000 3

数据来源:运用Eviews软件整理而得。

检验结果说明,原数据序列在1%显著性水平上存在协整关系。

将取对数后的序列协整检验,结果列示如表9-5、表9-6。

表9-5 无限制的协整秩检验(轨迹)

原假设	特征值	迹统计量	5%显著性水平下的临界值	P值
$R=0$	0.492 693	20.231 48	15.494 71	0.008 9
$R=1$	0.018 819	0.550 946	3.841 466	0.457 9

数据来源:运用 Eviews 软件整理而得。

表9-6 无限制的协整秩检验(最大特征值)

原假设	特征值	最大特征值	5%显著性水平下的临界值	P值
$R=0$	0.492 693	19.680 54	14.264 60	0.006 3
$R=1$	0.018 819	0.550 946	3.841 466	0.457 9

数据来源:运用 Eviews 软件整理而得。

检验结果说明,原数据取对数后的数据序列在1%显著性水平上存在协整关系。

上述协整检验结果表明,GDP 和固定资产投资(GZ)之间存在协整关系,非平稳变量有协整关系才可以直接用普通最小二乘法回归分析,否则是伪回归。

根据上述平稳性检验结果,确立了如下方程模型:

$$\text{GDP} = \alpha_0 + \alpha_1 \text{GZ} + \alpha_2 \text{GZ}(-1) + \alpha_3 \text{GZ}(-2) + \varepsilon \quad (1)$$

$$\text{LnGDP} = \alpha_0 + \alpha_1 \text{LnGZ} + \alpha_2 \text{LnGZ}(-1) + \alpha_3 \text{LnGZ}(-2) + \varepsilon \quad (2)$$

模型(1)回归结果如表9-7所示。

表9-7 模型(1)回归结果

解释变量	系数	标准差	T值	P值
截距项(α_0)	75.962 49	45.468 24	1.670 671	0.107 3
GZ	1.343 367	0.275 762	4.871 469	0.000 1
GZ(−1)	0.388 965	0.449 618	0.865 100	0.395 2
GZ(−2)	1.114 643	0.343 581	3.244 194	0.003 3
Adjusted R^2	0.995 952			

数据来源:运用 Eviews 软件整理而得。

模型(2)回归结果如表9-8所示。

表9-8 模型(2)回归结果

解释变量	系数	标准差	T值	P值
截距项(α_0)	0.692 871	0.033 399	20.745 17	0.000 0
LnGZ	0.590 916	0.101 942	5.796 574	0.000 0
LnGZ(−1)	−0.006 352	0.153 935	−0.041 266	0.967 4
LnGZ(−2)	0.339 824	0.097 930	3.470 076	0.001 9
Adjusted R^2	0.995 950			

数据来源:运用 Eviews 软件整理而得。

上述回归结果显示,所建立的回归模型(1)和(2)拟合程度均较高,说明模型均具有较高的合理性,可以用来预测规划期内的苏州市全社会固定资产投资额。但由于模型(2)中 LnGZ(−1)的系数为负数,所以选择以模型(1)作为固定资产投资预测的基础。

(2) 推算苏州市 GDP 增长速度

根据苏州市近年发展状况、"十二五"规划及远期规划,综合分析国家和江苏省、苏州市宏观经济发展形势,确定苏州市 2012—2016 年 GDP 增长率为 12%,预计苏州市 2016 年 GDP 将达到 18 887 亿元(见表9-9)。

表9-9 苏州市 2012—2016 年度 GDP 预测

年份	GDP(亿元)
2012	12 003.03
2013	13 443.39
2014	15 056.60
2015	16 863.39
2016	18 887.00

数据来源:根据苏州统计年鉴、统计公报及其他相关资料整理和推算而得。

(3) 测算规划期内苏州市固定资产投资额

利用模型(1)及表9-9中 GDP 数据,预测苏州市 2012—2016 年全社会固定资产投资额,结果如表9-10。

表 9-10　苏州市 2012—2016 年全社会固定资产投资额预测

年份	GDP(亿元)	GZ(亿元)
2012	12 003.03	4 822.29
2013	13 443.39	4 849.39
2014	15 056.60	5 434.19
2015	16 863.39	6 089.16
2016	18 887.00	6 822.74
合计	76 253.41	28 017.77

数据来源:运用 Eviews 软件整理而得。

(4) 推算城乡一体化资金占总投资的比例

我们拟以作为苏州市 23 个城乡一体化发展先导区的太仓市城厢镇、常熟市辛庄镇城乡一体化相关数据,推算城乡一体化发展投资占总投资的比例。

太仓市城厢镇:2011 年,全镇实现地区生产总值 107.6 亿元,同比增长 18%;全口径财政收入 13.6 亿元,其中地方一般预算收入 8.2 亿元;完成全社会固定资产投资 31.1 亿元,引进外资 1.3 亿美元,引进内资 14.1 亿元,完成进出口总额 6.6 亿美元。全镇城乡一体化投入资金总额约为 8 亿元,其中 5.5 亿元为农户动迁资金,4 500 多万元为基础设施投入资金。城乡一体化建设资金占当年全社会固定资产投资额的 25.7%。

常熟市辛庄镇:常熟市按照苏州市的统一部署,以缩小城乡差距、改善民生为目的,加快城镇化进程。辛庄镇作为常熟市的"一城四片区"的西部片区,积极响应,制定镇城乡一体化目标:通过城乡一体化规划,加快土地流转,把农村和城市作为一个有机整体,统筹规划,综合研究,明确分区功能定位,使城乡发展能够互相衔接,互相促进。2010 年,全镇实现地区生产总值 72.9 亿元,同比增长 16.5 %;财政总收入 7.59 亿元,其中地方一般预算收入 2.6 亿元,分别同比增长 45.1% 和 21%;完成全社会固定资产投资 21 亿元,同比增长 16%。全镇固定资产投资额约为 27 亿元,其中城乡一体化建设资金约为 10 亿元(主要为农户动迁资金),占全社会固定资产总投资额的 37%。

(5) 预测规划期内苏州城乡一体化和小城镇建设的资金需求量

根据苏州市总体情况,对上文中测算的城乡一体化建设资金占全社会总投资额的比例进行调整,因苏州市区城乡一体化建设投入占总投入比重相对于下辖县市较小,故调整苏州市整体城乡一体化建设资金占全社会固定资产总投资额的比例为 30%。根据以上测算的苏州市 2012—2016 年全社会固定资产投资额,进一步推算规划期内苏州市城乡一体化所需资金(如表 9-11 所示)。

表 9-11 苏州市 2012—2016 年城乡一体化所需资金总量预测

(单位:亿元)

年份	2012	2013	2014	2015	2016	规划期内合计
全社会固定资产投资	4 882.29	4 849.39	5 434.19	6 089.16	6 822.74	28 017.77
城乡一体化所需资金	1 464.69	1 454.82	1 630.26	1 826.75	2 046.82	8 405.33

数据来源:根据表 9-10 数据调整而得。

注:城乡一体化所需资金 = 全社会固定资产投资×城乡一体化建设资金占全社会总投资额比例。

根据以上分析,最终推测苏州市 2012—2016 年城乡一体化和小城镇建设所需资金总量约为 8 405 亿元。

(二) 资金需求结构分析

在资金需求总量的基础上,我们再来预测其结构。城乡一体化建设资金从用途和投向上讲,主要用于基础设施建设、产业发展、民生工程等几个方面,以下逐一分析规划期内苏州城乡一体化建设的资金需求。

1. 基础设施建设

根据苏州市"十二五"规划,苏州将统筹推进城乡交通、水利、电力、电信、环保等基础设施建设,促进城乡设施共建共享共用;加强跨乡镇行政区域的规划协调,加大中心镇基础设施和社会服务设施建设力度;加强历史文化名镇风貌保护,形成中心镇、一般镇既错位又协调的发展格局;加强配套设施建设,提高农民集中居住区的建设水平。苏州市还将扎实办好农村实事工程,完善城乡义务教育、文化事业均衡发展机制,健全城乡居民共享的医疗卫生、计划生育和养老服务体系。

苏州是江苏省唯一的城乡一体化综合配套改革试点地,在 2011 年江苏省出台的《关于支持苏州城乡发展一体化综合配套改革的若干政策意见》中已经明确将进一步支持苏州基础设施建设一体化:第一,加快交通基础设施建设,预计"十二五"时期,国家和省级对苏州公路、水路和铁路等交通基础设施投资总额将超过 100 亿元,支持苏州探索以地方为主加快(南)通苏(州)嘉(兴)城际铁路、沿江城际铁路(常州至张家港段)建设,积极创新城际铁路运营模式。第二,加大水利基础设施投入,支持苏州创建全国水利现代化建设示范区,预计

"十二五"期间,中央和省级投资45亿元左右。第三,对镇村布局规划确定的农民集中居住点建设,相关规费享受与农民自建房同等优惠政策,对纳入城镇规划建设用地范围的农民安置房建设、城镇基础设施配套费和人防易地建设费等行政事业性收费减半收取,供配电工程建设费按《居住区供配电设施建设标准》的65%计收,其他经营性服务收费有下限标准的按下限标准执行。

2011年,苏州全市完成基础设施投资730亿元。苏州港新增2个万吨级码头泊位;电网建设进一步加强,投运110千伏及以上线路806公里;新增人防设施75万平方米。苏州市2012年重点项目总投资8 073亿元,其中基础设施项目共59项,总投资2 549亿元,当年计划投资504.9亿元,主要包括常嘉高速公路昆山至吴江段,七浦塘拓浚整治工程,中环快速路工程,轨道交通1号、2号、4号线及延伸段,滨湖新城基础设施,常熟电厂扩建,吴江、工业园区、苏州高新区燃机项目等。

从财政资金对基础设施建设的投入来看,根据《苏州城乡一体化发展综合配套改革三年实施计划》的要求,从2009年起,苏州市每年安排城乡一体化综合配套改革专项资金,推进新农村的基础设施建设和公共服务建设。2009年,苏州安排财政资金6 000万元,支持昆山花桥、吴中木渎、相城渭塘等23个先导区推进集中居住区和规模化现代设施农业的基础设施、配套设施建设。并从2010年起,在原有财政预算安排的基础上每年增加预算安排,到2012年城乡一体化改革发展财政专项资金规模达到1亿元。整个"十一五"期间,苏州市市、区两级财政共投入11亿元用于农村河道水生态综合整治。2011—2012年,两级财政又投入6亿元用于农村水利工程建设。这对农业发展和农村环境保护都发挥了重要作用。2013年10月,苏州市市级财政投入4 000万元,支持城乡一体化发展,重点用于全市41个相关项目,包括"三集中"配套项目20个,带动总投资6.774 6亿元;支持富民载体建设项目21个,带动总投资9.291 7亿元,使135个行政村收益,发挥了"四两拨千斤"的重要作用。其中典型者如常熟市支塘镇财政所,认真贯彻执行国家支农惠农政策,2012年,通过"一折通",共向农民发放各项补贴1 422万元,包括种粮直补、良种补贴、农机具补贴等,让广大农民切实感受国家的农业优惠政策,调动农民的生产积极性。

综合以上各种数据分析,预测规划期内,苏州市城乡一体化基础设施建设方面所需资金至少为2 000亿元。

2. 产业发展

按照苏州市"十二五"规划,全市地区生产总值(GDP)年均增长将保持在

12%左右,消费对经济增长的贡献率显著提高;到"十二五"期末,服务业增加值占GDP比重达48%左右,与第二产业基本相当。高新技术产业产值占规模以上工业总产值比重达40%,高效农业比重达65%。为了实现上述产业发展目标,即使考虑到技术进步情况下投入产出比的变化,也需要大量资金投入。

2011年,苏州第一、第二、第三产业投资分别增长5.7%、20.9%和27.2%,第二、第三产业投资增速差距逐步缩小,呈现全面推进的态势,第三产业占比在转型中持续提高。2011年,苏州市实现农林牧渔业总产值308.6亿元,比上年增长3.7%。建成千亩以上高效现代农业示范区78个,万亩以上农业示范园区23个。全市农业适度规模经营比重达80%以上。规模以上农业龙头企业年销售收入1 650亿元,比上年增长14%。全市88%的农村工业企业进入工业园,80%的承包耕地实现规模经营,43%的农户迁入集中居住点。全市实现工业总产值33 319.6亿元,其中规模以上工业总产值28 212.8亿元。通信设备和计算机及其他电子设备制造业、黑色金属冶炼及压延加工业、电气机械及器材制造业、纺织业、化学原料及化学制品制造业、通用设备制造业六大行业实现产值19 274亿元。制造业新兴产业实现总产值10 758亿元。苏州市依托优势龙头企业,加速新型企业集群、产业集聚发展,全市新兴产业特色基地达到17个,2011年实现高新技术产业产值10 516亿元。

2012年,苏州市重点服务业项目共90项,总投资3 028亿元,当年计划投资681.8亿元,主要有金鸡湖金融商贸区、月亮湾总部集聚区、苏州科技城现代服务业集聚区、海峡两岸(昆山)商贸合作区、张家港玖隆钢铁物流中心一期工程、虎丘地区桃花坞和南环新村综合改造工程、一批城乡一体化建设项目、老宅子改造工程和保障安居性住房、苏大附一院迁建工程和儿童医院园区总院等项目。重点制造业项目共74项,总投资2 010亿元,当年投资488亿元,主要有三星液晶显示器、高新区光伏产业园、张家港康得新光学材料、沙钢产品结构调整项目、常熟观致汽车等项目。

根据以上数据,预测规划期内苏州市城乡一体化产业发展方面所需资金至少为4 000亿元。

3. 民生工程

民生工程主要包括教育、社保、医疗、文化、卫生、环保等方面,目前这部分资金主要由财政承担,2006—2010年累计民生支出1 409亿元,年均增长24%。其中,2010年苏州全市民生方面投入达402亿元,占全部支出的49%。

"十二五"期间,改善民生是苏州市经济和社会发展的重要内容,为此,必须持续加大对民生领域的投入。以2011年为例,苏州财政重点投入的民生领域包括:支持就业和社会保障,推动就业公共服务体系建设,加强社会救助体系建设,适时提高城乡低保标准;加大村庄环境整治力度,美化农民居住环境;加大教育、文体等公共事业投入,加快发展公共文化事业,继续加大医疗卫生投入,增加医疗卫生资源的供给,加强基层医疗卫生事业建设,同时大力发展公共体育事业;完善政策性农业保险制度,拓展设施农业等保险品种,提高农业保障水平;继续增加财政资金投入,加快推进公共租赁房建设和供应,扩大廉租房覆盖面,支持全市建设供应保障性住房10 853套,完成市区120万平方米老住宅小区和零星居民楼改造与整治任务。2011年全市民生投入达到500.4亿元,占地方一般预算支出的一半以上。

2012年后,苏州市进一步大力推进各项惠民工程建设,继续完善社会保障体系,支持教育优先发展和公共文化服务体系建设,促进医疗卫生事业发展,继续落实公交优先战略,并发挥财税政策稳定物价的作用,加强保障性住房建设等。主要工程包括全年免费培训城乡劳动者、老牌历史文化片区综合整治、古城墙保护性修复和古建老宅保护修缮、公交专用道及路口优先道建设、农产品平价直销体系建设、公租房和廉租房建设等。预计总投入将超过600亿元。

保守估计,规划期内苏州市城乡一体化建设中民生领域的资金需求将不低于2 500亿元。

根据以上三个方面的分析可以预测,2012—2016年,苏州市城乡一体化建设所需资金至少为8 500亿元。

二、资金供给分析

(一) 资金供给总量分析

1. 资金供给来源分析

根据资金来源不同,固定资产投资可以分为国家财政预算内资金、国内贷款、利用外资、自筹资金和其他资金来源。

国家财政预算内资金:指中央财政和地方财政中由国家统筹安排的基本建设拨款和更新改造拨款,以及中央财政安排的专项拨款中用于基本建设的资金和基本建设拨款改贷款的资金等。国家财政预算内资金分为财政拨款和财政安排的贷款两部分。

国内贷款：指规划期内企事业单位向银行及非银行金融机构借入的用于固定资产投资的各种国内借款。包括银行利用自有资金及吸收的存款发放的贷款、上级主管部门拨入的国内贷款、国家专项贷款（包括煤代油贷款、劳改煤矿专项贷款等）、地方财政专项资金安排的贷款、国内储备贷款、周转贷款等。

利用外资：指规划期内收到的用于固定资产投资的国外资金，包括国家统借统还、自借自还的国外贷款，中外合资项目中的外资，以及对外发行债券和股票等。国家统借统还的外资指由我国政府出面同外国政府、团体或金融组织签订贷款协议并负责偿还本息的国外贷款。

自筹资金：指建设单位规划期内收到的用于进行固定资产投资的上级主管部门、地方和企事业单位自筹资金。

其他资金来源：指在报告期收到的除以上各种资金之外其他用于固定资产投资的资金，包括企业或金融机构通过发行各种债券募集到的资金、群众集资、个人资金、无偿捐赠的资金及其他单位拨入的资金等。

2. 苏州市全社会固定资产投资供给预测

我们采集了苏州市2005—2010年全社会固定资产投资来源结构数据（见表9-12），据此预测未来苏州市资金供给。

表9-12　2005—2010年苏州市全社会固定资产投资来源

（单位：亿元）

年份	财政预算资金	国内贷款	利用外资	自筹资金	其他资金来源	总计	上年余额	合计
2005	0.4	444.6	366.8	888.4	368	2 068.2	237.4	2 305.6
2006	0.9	468.3	333.7	1 101.4	465	2 369.3	268.3	2 637.6
2007	4.4	535.4	455.3	1 347.8	832.6	3 175.5	418.9	3 594.4
2008	4.3	444.7	517.0	1 513.0	658.7	3 137.7	486.2	3 623.9
2009	14.9	692.8	402.2	1 814.1	1 521.7	4 445.7	542.5	4 988.2
2010	36.4	755.3	437.2	2 530.4	1 435.7	5 195.0	893.3	6 088.3

数据来源：根据苏州统计年鉴、统计公报及其他相关资料整理而得。

对表9-12中的资金来源总数进行平稳性检验，结果如表9-13所示。

表 9-13 平稳性检验结果

Lag	AC	PAC	Q-Stat	Prob
1	0.202	0.202	0.390 5	0.532
2	0.072	0.033	0.453 5	0.797
3	0.000	−0.022	0.453 5	0.929
4	0.000	0.002	0.453 5	0.978

数据来源：运用 Eviews 软件整理而得

结果显示，P 值都大于 0.05，说明上述数据是平稳的，可以用来预测 2012—2016 年资金供给数据。而且数据序列的自相关系数是拖尾的，偏自相关系数在一阶截尾，可以判断上述数据系列基本满足 AR(1) 过程。建模得到

$$Y = 1.10 \times Y_{t-1} + \hat{u}_t \tag{3}$$

根据模型(3)，预测 2012—2016 年的资金供给数据如表 9-14 所示。

表 9-14 苏州市 2012—2016 年全社会固定资产投资供给预测

（单位：亿元）

年份	2012	2013	2014	2015	2016
投资供给额	6 285.95	6 914.54	7 606	8 366.6	9 203.26

数据来源：运用 Eviews 软件整理而得。

3. 苏州市城乡一体化资金供给预测

2010 年，苏州市全社会固定资产投资额为 3 617.82 亿元，而同年资金来源合计为 5 195 亿元，可见实际利用资金率不高，约为 69.6%。苏州市 2007 年至 2010 年平均社会固定资产投资实际利用资金率约为 73.5%。

上文测算苏州市的城乡一体化资金占比约为 30%，但从表 9-12 采集的 2005—2010 年全社会固定资产投资来源结构中可以看出，受国际金融危机等因素影响，近年来除国内贷款及自筹资金增长形势良好外，其他来源的增长很不稳定。从苏州市"十二五"规划、苏州市 2012 年重点项目投资计划等相关导向性文件来看，今后几年苏州市城乡一体化资金供给形势依然严峻，故调整 2012—2016 年间苏州城乡一体化资金占实际利用资金比例为 25%，并预测 2012—2016 年苏州市城乡一体化资金供给量如表 9-15 所示。

表 9-15 苏州市 2012—2016 年城乡一体化资金供给预测

（单位：亿元）

年份	2012	2013	2014	2015	2016	合计
资金供给	1 155.04	1 270.55	1 397.60	1 537.36	1 691.10	7 051.65

数据来源：根据表 9-14 数据整理而得。

注：城乡一体化资金供给 = 全社会固定资产投资供给 × 平均社会固定资产投资实际利用资金率 × 城乡一体化资金占实际利用资金比例。

三、资金缺口分析

目前，国际经济形势依然严峻，我国众多行业都面临严重的资金短缺问题，城乡一体化建设也不例外。综合上述对苏州市城乡一体化发展中的资金需求与增加供给预测，可以预计，2012—2016 年间，苏州市城乡一体化和小城镇建设资金缺口约为 1 354 亿元（见表 9-16）。

表 9-16 2012—2016 年苏州市城乡一体化和小城镇建设资金缺口预测

（单位：亿元）

年份	2012	2013	2014	2015	2016	合计
资金需求	1 464.69	1 454.82	1 630.26	1 826.75	2 046.82	8 405.33
资金供给	1 155.04	1 270.55	1 397.60	1 537.36	1 691.10	7 051.65
资金缺口	309.65	184.27	232.66	289.39	355.72	1 353.68

数据来源：根据表 9-11、表 9-15 数据整理而得。

面对如此大的资金需求，依靠传统的财政和金融渠道显然无法填补资金缺口，亟须通过金融制度创新，开辟新的融资渠道，培育和开发更多的资金供应主体。

在具体工作中，苏州市在城乡一体化发展过程中的资金问题主要表现在以下两个方面：

1. 农村金融服务发展的相对滞后

近年来，在苏州市城乡一体化发展进程中，以作为城乡一体化发展综合配套改革金融试点行的中国建设银行苏州分行为主体，多家银行联合出台了支持城乡一体化建设的信贷政策，全市金融系统通过积极创新，主动先行，为城乡一体化提供了重要的资金支持。从金融机构资金对基础设施建设的投入来看，以苏州农行为例,苏州市启动城乡一体化改革试点三年来,先后实施了苏州工业园区城乡一体化基础设施建设和完善工程项目、相城区阳澄湖休闲旅游度假区污水处理项目和多个安置房项目、常熟市"土地换保障和宅基地置换商品房"项目、昆山市千灯镇城乡一体化建设项目、吴江市同里科技农业示范园等一大批项目。截至2011年6月末,苏州农行用于支持城乡一体化建设的贷款总额已超100亿元。苏州建行等金融机构也有不俗表现。

但是,苏州市当前正处于城乡一体化全面推进与向纵深发展阶段,农村金融服务发展仍然滞后于城乡一体化的发展需求,农村中小企业融资难、一体化配套资金落实难和农业贷款难等问题已成为进一步改革与发展的主要制约因素。从目前苏州市的资金筹措与运作方式看,投资主体以政府为主,融资方式又以银行信贷为主,融资渠道比较单一,迫切需要建立市场化、多元化的融资机制,开创新的融资渠道。在推进"三集中""三置换"的进程中,补偿"三农"与前期建设都需要大量的基层财力与农村金融支撑,尤其是作为城乡一体化发展重要内容的农户集中居住安置房建设,由于土地出让收入到账滞后于安置经费开支,这一切都迫切需要健全的农村金融体系来解决资金难题。由于各方面的原因,农村中小企业、种养业及农村基础设施方面的信贷需求无法真正得到满足。此外,苏州市农业担保体系与政策性农业保险发展滞后于"三农"的现实需要,对农村产权的流转与工商资本的引进都产生了制约作用,农村金融服务发展的滞后直接影响了城乡一体化的工作进展。鉴于此,苏州市金融业应该强化服务意识、更新服务理念,确立"大三农"理念,着力支持城乡一体化的发展。

2. 非先导区的启动资金与收支平衡问题

目前,苏州市共确定了23个城乡一体化发展综合配套改革先导区,先导区的主要任务是在继续立足"三置换"的基础上,加大农民集中居住区建设和现代农业园区建设的力度。先导区通过市政府提供开发贷款作为启动资金,大力推进一体化建设,并在专项建设资金、各类建设规费与用地问题上享受了很大的政策支持。但是城乡一体化应该是统筹推进的过程,目前迫切需要解决的问题,是如何落实非先导区的启动资金问题,促进各项政策与先导区的对接。此外,试点区通过置换与整理出的新增非农建设用地,可为当地产业发展、富民合作社建设以及村民集中居住提供财力支持。但是整理出的三产用地出让收益,有的甚至需要达到每亩两百万元才能实现资金的收支平衡,而要确保每块地的出让收益都达到这样高的收益是不现实的。根据经济学供求规律,当农民集中居住全面推开后,必然会带动出让收益的下降,特别是近年随着国家对房地产市场的调控,土地出让费和住房价格都在回落,2014年以来,苏州市的房地产市场也呈现出这一态势,就更值得担忧。

四、投融资体制的创新与探索

早在2003年,苏州市人民政府就印发了《苏州市深化投融资体制改革工作意见》。其主要内容包括:第一,积极推行"代建制",创新管理机制;第二,进一步加强对政府类投资项目的管理;第三,全面落实非政府类投资项目登记备案制;第四,加快基础设施建设的市场化进程;第五,积极推行多种形式的基础设施项目经营权和收益权的有偿转让;第六,加快卫生事业领域的投融资体制改革步伐;第七,稳步推进文化领域的投融资体制改革;第八,深入推进教育领域的投融资体制改革;第九,积极有效扩大直接融资;第十,积极稳妥发展融资担保主体;第十一,充分发挥信托业投融资职能。

经过10多年的探索,苏州市在城乡一体化建设的投融资体制改革与创新方面取得了重大进展,积累了一些成功的经验,主要有以下几个方面:

1. 更新发展模式

苏州市积极进行资产资本运作,力求建立长效富民强村的体制机制。集体经济的强盛可以带动基层政权的稳固和农民的增收,通过探索"资源资产化、资产资本化、资本股份化、股份市场化"的改革与发展模式,推动集体社区股份合作社、土地股份合作社以及专业合作社的发展,成为苏州城乡一体化发展的一大亮点。目前这种新型农村集体经济正由镇级政府进行科学组合协调,优化资源配置,有效地增强了其"造血"功能和发展活力。以上新模式的探索,对城乡一体化发展中的融资问题影响既有有利的一面,也有不利的一面。从有利方面来看,新模式加快了农村资本聚集的速度和规模,带动了农村规模经济效应,提高了农业生产的效率和产品层次,使传统的农业生产向绿色农业、生态旅游和深度农业方向发展。从不利方面来看,由于部分村镇农民与政府之间产权关系不明晰,对金融机构投融资中债权债务承接对象的确定造成负面影响。

尤其值得一提的是,在这个过程中,太仓市农商行积极探索,用农村土地承包经营权作为抵押物,向5家合作农场发放了1亿元贷款,这在全国也不多见,是一种大胆创新。在我国现有的农村土地制度框架下,土地所有权属于集体组织,农户只有土地的承包经营权,在全国大多数地方,土地承包经营权不能作为贷款的抵押物,这就极大地限制了农户的融资资格和能力,成为制约农业发展的瓶颈。而太仓市农商行的这种"农地农贷,农贷农用"的"银农"合作模式,为解决这一问题探索了一条新路。

2. 率先建立健全城乡融资平台

苏州市通过多部门合作成立城乡一体化投资发展公司的方式,整合资源,优势互补,为城乡一体化发展提供资金、融资和运作等方面的支持。例如,2009年,阳澄湖镇被列入苏州市城乡一体化发展综合配套改革23个先导区之一,苏州市财政局直属的苏州市农业投资发展有限公司与阳澄湖政府经过多次协商,市、镇两级合作成立了苏州市阳澄湖城乡一体化投资发展有限公司,作为阳澄湖镇城乡一体化建设的主体。公司以现代企业模式进行运营管理,按照城乡一体化发展要求整体推进实施,积极探索市场化推进城乡一体化建设的模式。经营范围主要包括:拆迁安置、土地整理、基础配套及公共设施建设、经营性资产开发与租赁、城镇改造、实业投资及管理、环境整治、旅游开发等。阳澄湖城乡一体化通过"二园一中心"建设目标实施,"二园"主要是现代农业产业园和阳澄湖产业园建设,"一中心"是指中心镇区建设。其资金筹措主要通过银行融资和土地收益解决。其有利之处是在城乡一体化建设中,金融机构有了明确的经济实体——苏州市阳澄湖城乡一体化投资发展有限公司作为投融资对象,这种投融资对象由于与地方政府有密切联系,可在城乡一体化建设中发挥资源优势。但其缺点是,这类公司的真实经济实力和运营能力不强,仍易发生信用风险。

3. 形成多元化金融体系

目前,苏州市已基本形成了政策性金融、商业性金融、合作金融、民间融资、其他金融组织并存的多元化农村金融体系,金融服务水平和投融资体制都有了明显的提高和改善。截至2012年年底,苏州市共有各类金融机构602家,全市金融资产总量超2.7万亿,同比增长17.4%。全年实现金融业增加值800亿元,占地区生产总值的6.6%,占服务业增加值的15.05%。经过进一步发展,到2014年6月底,苏州市各类金融机构增加到683家,仅2014年上半年就新增66家,本外币存款余额达到2.4万亿元,贷款余额达到1.8万亿元。另外,社会融资规模也在稳步增长,2014年上半年,苏州全市社会融资总量达到2 331亿元,同比增加370亿元。特别值得关注的是,目前在苏州市,农村小贷公司迅速增加,由于其与地区的地缘关系密切,已经成为城乡一体化建设中金融业的生力军,由于其大部分资本来自民间,资金规模日益扩大。在此过程中,通过对农村小贷公司的融资,间接地将巨额资金需求"化整为零",支持城乡一体化建设中的小额投融资项目。其有利方面是由于间接通过小贷公司融资使信用风险分散,其不利方面是农村小贷公司的利率相对较高,如果在管理上不采取专款专用,容易产生"利益输送""违规贷款"等道德风险。

4. 发挥金融、保险机构重要作用

面对苏州市经济社会发展中巨大资金缺口这块"蛋糕",最近几年,一批国外、境外和内地银行,纷纷抢滩登陆苏州,设立分行和办事机构,以图分得一块市场,例如韩国友利银行,我国国内的台湾彰化银行、国家开发银行、浦发银行、宁波银行、南昌银行和南京银行,等等。这些银行纷纷介入苏州城乡一体化发展,把它作为新的和重要的业务领域,分别在适合自己的领域大显身手,有针对性地设计出一些新的金融产品,发放了大量贷款,发挥了重要作用,成为苏州市城乡一体化发展中不可或缺的生力军。

例如,国家开发银行大力支持苏州市城乡一体化发展,2012年,国家开发银行共向苏州市发放贷款200亿元,其中包括用于城乡一体化发展的贷款,如向苏州工业园区城乡一体化二期的贷款;还包括对其他有关项目的贷款,如根据"尊重历史原貌,保护优先开发,开放促进保护"原则,大力支持同里、沙溪、黎里等8个历史文化名镇的开发保护项目;提供用于建设农民集中居住的小区建设、中小企业发展贷款,2010年以来累计发放贷款6.9亿元,成功培育了帝奥电梯大企业,还建成双阳小区等居住区;等等,实现了双方共赢。

农业银行作为以"三农"为主要服务对象的大型商业银行,对支持苏州市城乡一体化发展也是不遗余力。以农业银行相城区支行为例,近年来积极支持村级经济发展,特别是大力扶持特色观光农业,向莲花岛农业旅游发展有限公司、民安现代农业发展有限公司发放了4亿元"农贷通"贷款,还对珍珠养殖、大闸蟹养殖、花卉种植给予信贷支持,为广大农民群众发放"惠农卡"。这些都对该区现代农业的发展壮大发挥了重要作用。

工商银行把支持苏州市城乡一体化发展作为一项重要的业务,积极开展"三下乡"活动,创新服务"三农"的新举措,把优质服务送进千家万户,包括支持农村道路的基础设施建设,支持"农家乐"旅游项目,支持"万顷良田"示范工程,等等。2014年前4个月,涉农贷款就达到750亿元,比上年同期增加35亿元。

建设银行也积极支持苏州市的城乡一体化发展,量身定制了"城乡合"综合金融服务方案,整合公司、机构、企业、个人金融、电子银行、信用卡等业务平台,从融资、结算、理财等方面出发,为"三农"提供全方位的资金支持,服务范围达到苏州市乡镇总数的86%,截至2013年5月末,累计提供资金250亿元,成功培育了常熟市董浜镇蔬果示范园区等建设项目,以及一批动迁安置房建设、安置拆迁户等工程项目,有力推动了苏州城乡一体化发展。其中,建设银行太仓支行先后推出新农村建设贷款、城镇化建设贷款等新品种,有效支持了市级、镇级的城乡一体化项目建设,到2014年4月,该行信贷资源投放覆盖到全市所有乡镇,累计为城乡一体化发展项目建设授信100亿元。

苏州银行作为由东吴农商行改制成立的苏州市地方银行,在支持苏州市城乡一体化发展中,更是走在前面。经过探索,逐步建立了支持村级经济和家庭农场发展的服务新模式,推出了"助农贷""存贷通"等系列产品,无须抵押,手续简便,办理快捷。到2012年末,共发放涉农贷款2 321户,83亿元,占全部贷款的20.81%,为一批村级经济合作社和家庭农场提供了资金支持,为村级经济发展和农民增收发挥了重要作用。其中,对吴中区光福镇花卉苗木产业的扶持尤为成功,深受农民群众欢迎。

保险资金也进入城乡一体化发展领域,苏州工业园区在国内首次探索,引入保险资金,进入园区城乡一体化中的基础设施建设项目。通过由园区地产经营管理公司与太平资产管理有限公司发起设立了"太平资产—苏州工业园区城乡一体化项目债权投资计划",获得了中国保监会的批准,融资额度达到11亿元,期限5年。这是苏州市企业首次引入保险资金参与地方经济建设,也是国内保险资金首次参与城镇化建设,具有重要的创新意义与借鉴价值。

5. 建立社会中介市场

信用担保体系是解决市场经济主体直接、间接融资的重要手段,目前,苏州全市担保机构虽然数量众多,但是,真正从事担保业务的则不足三成,这就使得亟须解决的农业经济信用担保需求仍然得不到解决,而其中涉农的担保则更是少之又少,与农业经济巨大的需求相比,简直是杯水车薪。截至2013年9月末,苏州新增农业担保66亿元,在保74.9亿元,在保户数1 890户,在保笔数2 773笔,其中涉农类项目余额达65.2亿元,占比87%,户数1 822户,占比96%,大力支持了城乡一体化建设。但是由于多数民营农业担保公司普遍存在资信评级水平较低的问题,在城乡一体化建设中需要提高民营担保公司资质,保证融资安全,防范金融风险。

6. 搭建地方政府融资平台

为了贯彻政府投资意愿，筹集资金，苏州全市共成立了 8 家政府投资公司①，向银行和社会其他方面融通资金。政府融资平台在取得显著成效的同时，也存在直接融资不畅、间接融资渠道单一等问题。为了绕开现行体制与政策障碍，苏州地方政府成立了集融资、建设和经营、债务偿还为一体的城市投资公司作为融资平台，代替政府进行直接与间接融资，实现了地方政府市场化融资的目的。在国际金融危机爆发后，城市投资公司在拉动投资需求方面发挥了巨大作用，但是，由于地方融资平台膨胀，缺乏自我约束，并存在投融资全局无约束、投融资风险无限度、融资平台无法承担风险责任等问题，因此，中央对平台贷款的风险高度重视，银行监管部门已经下令银行放缓向地方投资平台发放贷款，贷款条件更加苛刻，这样，城乡一体化建设项目的融资对象必须向其他经济实体型企业转移。目前可以考虑转移投融资的对象，是承担城乡一体化建设项目的建筑公司，这样无论从经济实力、运营能力、风险规避等方面都有一些进步，但由于建筑公司的经济实力与城镇化建设项目相比还差得很远，贷款风险必须规避。

五、投融资体制的持续创新路径

尽管苏州市在过去 10 多年中，已经在投融资体制领域进行了大胆改革与创新，也已经取得了重大成就，对促进城乡一体化发展发挥了重要作用，但是根据我们前面的分析，在今后的城乡一体化发展中，仍然面临着巨大的资金缺口，以现有的投融资体制无法满足其资金需求。因此，必须对投融资体制进行持续改革与创新，其方向和路径是，巩固已有成果，健全和完善多元化的复合型投融资体系，对不同的投融资主体，应该根据其资金性质进行分工，选择相应的投资领域与项目，最后编织成一张严密的覆盖城乡一体化发展所有方面的资金供应网。

---

① 苏州市投资有限公司，苏州城市建设投资发展有限责任公司，苏州城市建设投资有限责任公司，苏州吴中城市建设投资发展公司，苏州昆山市城市建设投资公司，苏州太仓市城市建设投资公司，苏州常熟市城市经营投资公司，苏州太湖城市投资发展有限公司。

(一) 财政资金

作为城乡一体化建设资金的首要来源,财政资金无疑起着至关重要的作用。财政作为政府发挥作用的重要方式和手段,是统筹城乡发展的一个关键环节。第一,财政资金的投入可以为城乡一体化提供有效保障,如医疗、社保、公共交通、供水等,大部分都需通过财政投入来提供。第二,财政资金可以调节城乡资源配置,根据不同时期城乡经济与社会发展的特点,调整城乡资源供给水平。第三,财政资金投资可以带动民间资本,投资农村基础设施建设和新农村建设等领域,具有导向性和示范性,并产生"乘数效应"。第四,财政补贴制度可以发挥"自动稳定器"的作用,调节城乡居民收入分配。财政资金的投入领域主要应该是基础设施项目、民生工程项目以及对重点产业的前期扶持。在实际工作中,财政投入的城乡一体化专项资金应该主要采用以奖代补形式,对以下项目予以支持:农民新型集中居住区基础设施和公共服务设施建设;现代农业和生态环境建设;规划保留村庄的整治改造和公共服务设施建设;改革试点的宣传表彰、课题研究和试点奖励;与城乡一体化发展综合配套改革相关的其他项目。

问题在于,目前苏州市绝大多数镇财政入不敷出,负债运行,特别是在国家实施和进一步强化房地产调控的情况下,各级财政,尤其是镇级财政来自于土地和房产交易的收入直线下降,如同雪上加霜。这就说明各级财政在今后拿出更多的资金投入城乡一体化发展有很大的难度。

(二) 社会资金

在财政资金受限的情况下,必须广泛动员和筹集社会资金参与城乡一体化发展。这部分资金包括民营经济与其他一些个人和团体投资,它们具有高度的逐利性,只能投入那些有良好经营前景与赢利水平的领域和项目,而那些具有公益性的项目与社会投资追求利润的特点相矛盾,它们往往不愿意介入。目前,我国社会游资很多,都在寻找好的投资机会,可以通过银行和信托公司理财产品的形式,把这部分资金引入城乡一体化发展具有赢利性的领域和项目。最近几年,苏州信托公司在这方面发挥了重要作用,遴选了一大批优质城乡一体化发展项目,为其融资数百亿元,实现了投资人、用资方和信托公司三方共赢,受到各方赞誉和追捧。

（三）利用外资

利用外资虽然是苏州市的一大亮点与优势,但是外资更是逐利而往。从多年的实践看,由于我国的农业收益低、风险大,外资一般不愿介入。在苏州市的外资产业分布中,农业历来只占极少一部分,这种情况在今后也不可能发生大的变化。因此,外资对苏州市城乡一体化发展的支持力度是有限的。但是,对此还是应该加以重视,扩大领域,创新方式,给予政策优惠,尽可能发挥它的作用。

（四）农民自筹资金

农民自筹资金也是城乡一体化建设的一个重要来源。农民是城乡一体化发展的最大受益者,特别是农民向小区集中居住,以及其他大量的民生工程项目,与农民利益息息相关,动员和引导农民拿出一部分资金,合情合理,也有可能。但目前苏州市农民收入整体水平还不高,增长难度大,同时,近年来生活必需品及生产资料价格大幅上涨,大多数农民的资金有限,不能发挥太大作用,只能起到补充作用。

（五）金融机构资金

在财政资金投入、社会投资、利用外资和农民自筹资金四个方面因各种原因无法大规模增长的情况下,金融机构资金将成为解决苏州城乡一体化建设所需资金的重要来源。从国外现代农业与农村的发展可以看到,金融机构资金发挥了至关重要的作用。如美国建立了多元化的金融机构,这些金融机构在相互竞争中求生存,在分工中实现互补,共同促进美国农业和农村的发展。印度也既有合作机构如合作银行、土地开发银行为农业的发展提供贷款,又有政府机构如地区农业银行为农业发展提供资金,同时印度的商业银行也涉足农业领域。苏州市城乡一体化建设所需资金的巨额缺口,既给苏州金融机构形成沉重的压力,同时也给苏州金融机构自身发展创造了良好的机遇。最近几年,苏州市的金融机构在支持城乡一体化发展中已经发挥了重要作用,但是,目前仍有潜力可挖,关键是要进一步解放思想,大胆创新,把服务城乡一体化发展作为一个重要业务,开辟新的领域,开发新的产品。

综上所述,我们可以认为,在苏州市的城乡一体化发展中,融资问题固然不容小视。但是只要解放思想,创新金融体制,还是可以破解这一难题的。

第十章 案例1：吴中区城乡一体化发展道路研究

在苏州市的城乡一体化发展中，吴中区的道路很有特色，是全市的代表和缩影。10多年来，吴中区的城乡一体化发展走在全市前列，苏州市城乡一体化的许多改革探索与创新都是最先在吴中区进行的。2011年以来，国务院发展研究中心、中国农业经济学会等部门和单位多次在吴中区召开现场会议，研究总结吴中区发展新型农村集体经济和现代农业的经验。本书前面的有关章节曾经从某些侧面介绍了吴中区的做法和经验，在此，进一步对其做比较全面和详细的介绍与总结，以便从区（县）层面展现苏州市的城乡一体化发展道路。

一、吴中区及其城乡一体化先导区概况

（一）吴中区经济和社会发展概况

吴中区是21世纪初由原吴县市撤市设区而成的，位置在苏州市南部，北依苏州古城区，东连昆山，南接吴江，西含太湖，全区陆地面积742平方公里。太湖水域面积2 425平方公里，属吴中区的太湖水域面积约1 459平方公里。全区下辖7个镇、8个街道，1个国家级太湖旅游度假区、1个国家级经济开发区、1个国家级农业园区和1个国家5A级景区，户籍总人口约60万人。吴中区生态环境优越，自然资源丰富，是闻名遐迩的"鱼米之乡"，主要农副产品有优质稻米、枇杷、杨梅、银杏、太湖大闸蟹等，是洞庭山碧螺春茶的原产地。

在长期的经济和社会发展过程中，吴中区坚持"发展保护两相宜、质量效益双提升"的工作导向，形成了外资经济、民营经济、国有经济与集体经济并进的"四轮驱动"经济发展格局，成绩显著。截至2013年年底，全区实现地区生产总

值870.17亿元,较上年增长10%;人均地区生产总值7.57万元,较上年增加6 048元;第三产业完成增加值400亿元,增长12.65%,三次产业比例为2.65∶51.35∶46;财政收入较快增长,实现公共财政预算收入100.5亿元,较上年增长17.71%;人民生活日益改善,收入增长机制逐步完善,农民人均纯收入23 069元,比去年增长15%。①

2014年,全区经济和社会发展继续保持良好向上局面,上半年实现公共财政预算收入59.6亿元,增长11%,税比91%,其增幅、税比等指标均居苏州大市前列;完成全社会固定资产投资235.2亿元,同比增长16%;实现社会消费品零售总额155.6亿元,同比增长12.5%;完成工业总产值781.1亿元,其中规模以上工业总产值527.6亿元,同比增长1.7%;实现进出口总额55.5亿美元,同比增长4.6%;城乡居民人均可支配收入分别达2.4万、1.2万元,同比分别增长8.4%和10.3%。

(二)吴中区城乡一体化综合配套改革先导区概况

2009年,苏州共确定了23个城乡一体化发展综合配套改革先导区,其中改革先导镇20个,改革先导农业园区1个,改革先导片区2个。共计有27个镇(街道)列入改革先导区,其区域范围约占苏州全市农村的三分之一左右。在苏州全市23个先导区中,吴中区的先导区为木渎镇与吴中区现代农业示范园区(涉及临湖镇、东山镇、横泾街道)。

1. 木渎镇。木渎镇地处苏州城西5公里,是历史文化名镇,全镇面积62.28平方公里,常住人口7.2万,外来登记人口突破了20万人,下辖1个社区,9个行政村,9个居委会,其中居委会是吴中区工业、商贸、文化、教育、旅游、交通中心。根据苏州城市总体规划,木渎大部分地区被纳入苏州中心城区范围之内。木渎镇通过不断调整和优化产业结构,大力发展非农产业,形成了以外向型经济为主的金枫科技工业园和以民营经济为主的金桥工业园并进发展的格局,两个工业园总面积13平方公里。在工业园区中,各种产业载体不断完善,以金枫商业广场、凯马广场、香港街商业区、长江路商业区四大商贸区推动全镇的商贸服务等第三产业发展,科技创业园载体则主要有吴中科技创业园、博济科技园和光大环保静脉产业园,其中吴中科技创业园是科技创业园的主要组成部分。

---

① 文中数据若无特别说明,均来自相关年份《苏州统计年鉴》、吴中区国民经济和社会发展统计公报、政府工作报告等。

2013年,木渎全镇地区生产总值达70.5亿元,同比增长10.5%,人均地区生产总值也增长了5.3%;农业所占的比重下降;全镇财政收入、地方一般预算收入、镇可用财力增长迅速,增速分别达17.13%、12.5%和10%;村镇集体收入增幅达到37.5%。近年来,木渎镇先后被评为"全国创建文明镇工作先进镇""中国历史文化名镇""全国环境优美乡镇""国家卫生镇""江苏省先进基层党组织""苏州市科学发展十佳镇"等。

2001年,木渎镇金星村率先组建苏州市首家农村社区股份合作社,从此,在推进城乡一体化发展、深化农村改革方面,木渎镇始终走在苏州的前列,逐步在城乡规划、基础设施、产业发展、公共服务、就业保障、社会管理等方面实现了城乡一体化发展,特别是依托山水和历史文化资源,特色农业和旅游业搞得有声有色,整个镇域发展体现了科学发展、协调统筹的要求。

2. 吴中区现代农业示范园区。吴中区太湖现代农业示范园区(以下简称示范园)总面积39.19平方公里,共涉及横泾、临湖、东山三个镇(街道)、14个行政村、4 468户农户、农民15 966人,位于东太湖沿岸,东南至环东太湖大堤,北至横泾泾南路,西至东山大道、临湖、东山镇规划镇区边界及东山双湾村。

2009年,《苏州太湖现代农业示范园总体规划(2009—2020)》获市、区两级政府审批通过,确立了"一带、六区、九心"的布局结构。2011年6月,示范园通过省级农业示范园评审。目前,区、镇两级现代农业示范园建设已初具规模,其在现代农业及城乡一体化发展方面的示范带动作用与日俱增。示范园的功能定位是重点建设"五中心",即现代农业技术服务中心、现代渔业研发中心、现代园艺物流与配送中心、太湖蟹出口加工交易中心和碧螺春茶文化展示中心。示范园的产业布局主要包括:生态观光休闲环湖湿地景观带、五大农业产业片区、生态休闲区、农业生产和旅游区,已经建成横泾2 000亩优质水稻,临湖3 000亩水产养殖,东山3 500亩蔬菜、2 000亩枇杷示范园与万亩碧螺春茶等现代农业生产基地。示范园以品牌战略提升农产品市场竞争力,成功打造了诸如"洞庭山碧螺春"茶叶、"太湖牌"大闸蟹、"玉品牌"碧螺春茶叶等知名农产品,目前示范园内还有市级及以上名牌农产品23种,绿色无公害农产品56种。示范园内有东山雨花绿蔬菜专业合作社、洞庭东山碧螺春专业合作联社等合作经济组织。

示范园的产业发展涵盖了吴中区最主要的现代农业产业,对生态农业、规模农业、高效农业的发展起到了重要的示范和借鉴作用。示范园实现了现代科技、生态环境与现代农业的有机融合,在经济发展的同时,很好地兼顾了社会生态效益,未来将建成集科研、生产、休闲、文化多功能于一体的环太湖现代农业产业集群,引领全区发展,大力助推城乡一体化发展。

二、吴中区城乡一体化创新、经验与成绩

(一)吴中区城乡一体化改革创新

吴中区在城乡一体化进程中,敢于改革与创新,有许多改革措施率先走在苏州乃至全国的前列,创造了诸多"第一",逐步形成了"以合作经济富农、现代农业助农、社会保障护农"的城乡一体化发展道路。尤其是在新型农村集体经济与合作社发展上,是苏州市第一个"吃螃蟹"的区。具体创新成果见表10-1。

表10-1 吴中区城乡一体化改革与发展创新成果

年份	创新成果
2001	木渎镇金星村率先组建苏州市第一家农村社区股份合作社
2002	胥口镇在苏州市率先成立了第一家土地股份合作社
2003	长桥镇成为全省第一个村村组建社区股份合作社的镇
2005	金庭镇碧螺春茶叶股份合作社获全国第一张农民专业合作社营业执照
2006	横泾街道上林村土地股份合作社以土地承包权折价注册登记,成为全国首家取得工商执照的以一产流转的土地股份合作社
2007	建立了全省第一个合作总社:吴中区横泾物业合作总社
2010	在全省率先完成集体林权制度改革
	率先实现城乡最低生活保障制度并轨
	率先实现了农村合作医疗向城镇居民基本医疗保险制度的过渡
	临湖镇湖桥村组建了全国第一个依托农民合作社成立的苏州湖桥集团
2011	农保与城保全面接轨
	成立首家由镇村联合出资的吴中农村集体经济十大集团

资料来源:根据吴中区政府网、中共苏州市委农村工作办公室网资料整理。

最近几年,吴中区委、区政府又相继出台了《关于加快推进农村各类股份合作社健康发展的意见》《关于加快推进农村土地流转推进农业规模经营的意见》《关于进一步深化城乡一体化改革的实施意见》等相关政策,推进全区城乡一体化改革发展工作向纵深推进。

(二) 吴中区城乡一体化发展的经验与成绩

经过10多年的改革与发展,吴中区的城乡一体化取得了显著的成绩,具体体现在城乡规划、经济生活、产业发展、就业社保、生态环境和社会管理等方面。

1. 城乡规划和布局一体化

按照城乡协调规划与城镇总体规划要求,吴中区抓住苏州城市总体规划修编这一契机,推进城乡规划的一体化步伐。在规划编制中,统筹推进产业发展规划、城乡建设规划、土地利用规划、生态建设规划"四规划融合",全面完成城乡协调规划、土地利用总体规划、中心镇总体规划、控制性详细规划等。在统一规划中,突出不同片区的功能分工和配合,从而优化了全区的空间布局。通过"三集中",全区的空间功能分工更加合理。截至2013年年底,全区农民集中居住率达52.5%,入住集中居住区的农户超6万户,进入工业园的农村工业企业达94.7%,农业适度规模经营比例达90%。

2. 经济生活一体化

吴中区城乡一体化改革的最大亮点与经验是,发展农村新型集体经济,形成富民强村机制,推动农村经济发展,促进农民收入和生活水平大幅提升。从2001年吴中区金星村率先组建全市首家农村社区股份合作社以来,以"三大合作"为主体的新型农民合作组织作为富民强村的重要载体,成为以吴中区为代表的苏州城乡一体化发展道路的特色之一。2001年,吴中区金星村把经营性净资产以评估价的92%量化给本村农户,每股分红从413元提高到2011年的2 000元。2005年9月,又组建了人均现金入股2万元的富民置业股份合作社,每股分红从开始的700元提高到2011年的9 180元。两家股份合作社人均红利达11 180元。后者坚持"均等入股、应股尽股、利益共享"的共同致富原则,当时有3户低保家庭,每人2万元现金由村集体担保向银行贷款,然后在每年分红款中逐年归还本息,6年累计红利28 760元,早已偿还了债务,而且股金升值,从2万元增值到18.36万元。针对区内空间和资源不足问题,最近几年吴中区集体经济组织走出本区,到其他地区跨区并购,共异地收购项目30个,面积达38.6万平方米,年收益超8 000万元。目前,吴中区已实现镇、街道股份合作联社全覆盖,截至2013年年底,共有股份合作社343家,镇、村集体资产305.4亿元,集体总收入24亿元,村均稳定收入950万元。2014年上半年,全区农村集体总资产、总收入、村均稳定收入分别达328亿元、13.2亿元和530万元,村级集体经济组织投资300万元以上经营性项目44个,总投资17.8亿元

（详见图10-1）。

集体经济在发展的过程中，经营模式不断变革与创新，2007年，横泾街道组建了全省第一个镇级物业股份合作总社，着力推进农村合作经济组织的抱团式发展，截至2010年年底，全区农民合作联社累计组建13家，股本金总额6.6093亿元。为了提升农户抱团式发展力度与农业市场竞争力，吴中区推进367家各类农村股份合作社转型升级，组建镇村两级集团公司15家，截至2013年年底，全区镇级集团公司建成优质载体48个、总面积90万平方米，已实现租赁收益近亿元，股红分配5000余万元，进一步推动了村级增收。2010年，临湖镇湖桥村组建了全国首个依托农民合作社成立的苏州湖桥集团，2011年5月，又由镇村联合出资成立了吴中农村集体经济十大集团，使农村合作经济走上了市场化、多元化、资本化、集团化的发展轨道，创新了农村经济发展的模式，拓展了农民增收空间。对于农村新型集体经济组织的运行机制，我们将在案例3中，以湖桥村为例，再做详细分析。

在经济发展的基础上，农民的增收渠道逐年拓宽，收入水平迅速提高。2013年，农民人均纯收入为23069元，12年间年均增长16.7%。随着农民收入水平的不断提高，其消费能力也相应得到提升，与同期的苏州市城乡居民收入相比，吴中区与苏州市平均水平的差距呈"Ω"型变化趋势，说明通过城乡一体化的推进，吴中区与苏州市其他区（县）的收入关系趋于一致与合理（详见表10-2）。

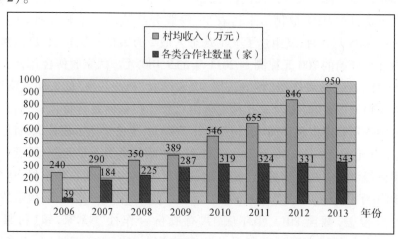

图10-1　吴中区农村集体经济与合作社发展状况图

资料来源：根据苏州市及吴中区国民经济和社会发展统计公报（2007—2014年）等相关数据整理。

表 10-2 吴中区农村居民收入与消费水平提高过程

年份		2003	2004	2005	2006	2007	2008	2009	2010	2011	2012	2013
农村居民人均纯收入（元）	吴中区	6 686	7759	8 760	9 652	10 671	11 850	13 047	14 659	17 162	19 307	23 069
	苏州市	6 681	7 503	8 393	9 278	10 475	11 785	12 969	14 657	17 233	19 405	21 569
	吴中区高于苏州平均水平部分	5	256	367	374	196	65	78	2	-71	-98	1500
吴中区农村居民人均消费性支出（元）		4 978	5 894	6 405	7 153	7 856	8 602	9 689	10 170	12 164	13 775	14 951

数据来源：根据苏州市及吴中区国民经济和社会发展统计公报（2007—2013年）相关数据整理。

（三）产业发展一体化

吴中区在城乡一体化发展中，坚持工业化、城镇化与农业现代化同步推进，调整优化农村产业结构，以现代农业和旅游业推进城乡产业一体化发展，这是吴中区农村经济发展的另一个特色与亮点。依托太湖山水资源优势，吴中区实施以"一杯茶、一棵菜、一株苗、一只蟹、一头羊、一羽鸡及果品产业"为主体的农业产业化"六加一"工程，大力推进高效农业。加快发展农产品加工业和农业服务业，延伸农业产业链，提升农产品附加值，促进第一、第二、第三次产业融合发展，走出了一条具有吴中特色的农业现代化发展道路。

2011年6月，吴中区太湖现代农业示范园成功升级为省级现代农业产业园；2014年4月，澄湖现代农业产业园被认定为省级现代农业产业园区，至此，吴中区形成了三大农业园区。三大农业园区利用各自区位优势，相互分工，错位发展，融农业与旅游业为一体，形成了良好的发展格局。西山园区充分利用打造西山国际生态旅游岛的政策机遇，生产荷兰大棚、珍奇瓜果园等特色农产品，打造西部生态农业样板区。太湖园区利用万亩特色水产、万亩高效农业两大基地建设，借力园博会，积极发展东山茶文化中心等沿太湖生态旅游项目，打造中部科技农业旅游展示区。澄湖园区大力推进水八仙、水稻等水产品牌建设，借力苏州农产品物流园建设契机，加快推进农业小镇配套服务建设，并且充分融合甪直镇旅游资源，发展园区生态旅游产业，着力打造产供销一体化农业示范区。截至2013年年底，吴中区累计引进"三资"农业项目20个，现代农业"6+1"产业产值超38亿元，全市首家合伙制"家庭农场"挂牌成立。村级集体经济组织投资300万元以上经营性项目44个,总投资17.8亿元,覆盖到第一、第二、第三次产业,有效补充和改善了吴中区产业结构。

对于区内工业,结合环境保护和产业结构调整,积极推进"退二进三"、"腾笼换凤",一批水泥、制造等高污染企业被关闭。截至2013年年底,全区累计实施"退二进三"项目43个,总投资达13.98亿元。

(四) 就业、社保与公共服务一体化

在城乡一体化发展中,吴中区着力推进城乡就业社保并轨,推进公共服务在城乡间均等化配置。通过推进城乡一体化就业体系建设,加强劳动者就业培训和建立就业富民合作社,大力促进农村劳动者的就业,使有就业愿望的农民几乎都有工作可做。特别是对失地农民,帮助他们就业,开辟新的收入渠道。例如,香溪社区原金星村成立了劳务专业合作社,帮助失地后有就业意愿的农民安排工作,包括对外提供服务、承接工程、参与社区服务等。借鉴金星村的经验,木渎镇另外10个村计划到2015年年底,全部完成劳务合作社的建立。在公共服务均等化领域,吴中区也取得新成效,城乡低保、基本养老保险和医疗保险全面并轨。截至2013年年底,城乡低保应保尽保,低保标准提高到每月630元(2014年7月1日起调整为700元);城乡居民养老保险基础养老金提高到300元;全区共有21.18万农村居民完成"农置城",4.85万农村居民享受城保退休,月均养老金952元。城乡居民医疗保险人均筹资标准提高到550元,最高可报销医疗费16万元。便民服务也进一步完善,全区128个行政村(社区)实现了集十大功能于一体的社区服务中心全覆盖,村均面积达1836平方米,确保村民小事不出村,城乡学校实现"六统一",卫生服务体系健全率100%,村村建有农家书屋,80%以上的镇(街道)建成老年人日间照料中心。全区各镇均建有综合性文体活动中心,人均公益性文化活动设施面积超过苏州市平均水平的30%以上,获评国家公共文化服务体系示范区。

(五) 生态环境一体化

在城乡一体化发展中,吴中区注重农村的综合整治,按照"三清""三绿""三改"等生态建设要求,在区镇两级推进村庄环境整治,加快河道洁净、污水处理达标、村庄绿化美化等方面的发展步伐,全区自然村环境整治实现全覆盖,一批整治村庄亮点凸显。2013年6月,通过省级全域验收,创成省级三星级康居乡村42个,涌现出香山街道舟山村、东山镇三山村等一批苏州市美丽村庄建设

示范村庄。2013年完成造林绿化3 330亩,全区林地、绿地总面积达到33.5万亩,扣除太湖水域,陆地森林覆盖率达到30.1%。对于辖区内太湖水域的生态,吴中区大力实施围网拆除、蓝藻防控、水草打捞、芦苇收割、截污治污、饮用水源地和湿地保护等工作,全区用于太湖保护、治理的经费累计已超过100亿元。通过推进"清水畅流"和小流域整治,2013年疏浚整治河道151条、140.5公里、223.93万立方米。对于农村污水处理,不断加强,规划保留村庄的生活污水处理率不断提高,集中式饮用水源地和水域功能区水质达标率均保持100%,旺山水利风景区更是获批国家级水利风景区。

（六）社会管理一体化

在城乡一体化发展中,吴中区加快了城乡社会管理一体化步伐。目前,吴中区全面推行覆盖城乡的社区"三化"（属地化、网格化、小区化）管理模式,加强对城乡间的市镇社区、村改居社区、动迁安置社区、传统农村社区等四种类型社区的创新管理,提升城乡的管理水平。通过赋权方式,探索建立太湖现代农业示范园"区镇合一"的管理机制,实现先导区管理与建设的跨越式发展。在农村社区管理中,推出"村民联系卡"和"出租屋房产超市"以及拆迁安置小区综治组织建设等社会管理创新举措,加快打造平安幸福新家园。到2014年上半年,全区已建成新农村省级示范村、先进村17个,市级示范村55个。

三、吴中区深化城乡一体化改革发展对策

由于吴中区是在原吴县市撤市设区的基础上建立的,底子薄,与工业园区、高新区、姑苏区等区（县）发展差距大,农村人口所占比重大,环境保护责任重,所以城乡一体化发展涉及的人口多,范围大,任务繁重。尽管过去一段时期内城乡一体化发展力度大,进展快,但是全区的城乡一体化发展目标还没有完全实现,今后还有许多工作要做,有许多难题有待破解,而且已经取得的成果还需要巩固,防止反弹。根据当前的形势、问题和任务,应该积极筹划,采取相应对策,积极稳妥地推进下一步工作,继续深化城乡一体化改革与发展。

（一）进一步调整和优化全区经济结构

从吴中区的现有所有制结构看,在"四轮驱动"中,相比而言,集体经济是一

大特色与优势,在城乡一体化发展中也发挥了重要作用,但是其他三种经济成分和投资主体,特别是民营经济和外资经济发展相对滞后,对全区经济发展和城乡一体化发展贡献有限。今后,在完善"四轮驱动"过程中,要下大力气补上民营经济和外资经济的短板。要根据中共十八届三中全会会议精神和苏州市深化改革的精神,制定优惠政策,鼓励区内的民营经济投资者发展,并吸引国外、境外和区外的投资者前来。随着形势的发展,招商引资工作必须有新思路和新办法,不能再走其他地区所走过的简单以税收减免、土地降价、牺牲劳动者权益招商的老路子,而要通过在整体上完善政策、优化投资环境、搞好服务来吸引投资者。对于产业选择,必须高起点,避免传统产业进入,重在吸引那些占用资源少、环境污染小、附加值大、效益好的产业。至于国有经济的发展,吴中区原有基础较差,今后不宜刻意扩大其规模,而应该按照中央关于发展混合经济的精神,对现有国有经济进行改革,并适度发展。

调整和优化经济结构的另一个方面,是产业结构。吴中区前一阶段农业发展很有特色并初显成效,但是,非农产业发展相对不足。如前所述,在我国目前的情况下,各个产业对于区域经济发展和增加财政及群众收入的贡献是不同的,"无农不稳,无工不富,无商不活"的情况依然存在。所以,必须进一步调整和优化产业结构,加快二、三产业的发展,提高它们的比重与贡献。二、三产业的发展也必须高起点,选择那些耗费资源少、环境污染小、效益好、贡献大的新兴产业。

在经济结构的调整过程中,必须搭建一个好的平台与载体,这就是开发区建设。吴中区太湖沿岸区域属于江苏省确定的主体功能区中的限制开发和禁止开发区域,不宜大规模开发,其他陆地也多属于苏州市的"四个百万亩"范围,在土地红线之内,建设新的开发区的余地很小,这就必须对现有的开发区进行改造和提高,以扩大其经济容量。

(二) 进一步深化农村集体经济改革

吴中区的农村集体经济改革确实取得了很大成绩,但是绝不应该故步自封、停滞不前,而应该继续深化改革,不断完善。如前所述,吴中区的新型农村集体经济主要采取各种形式的股份合作经济,相对传统的集体经济形式固然有它的优越性,但是股份合作经济确实是介于股份经济和合作经济之间的一种不是很规范的所有制经济形式,需要对其内部的利益关系和管理体制进行改革完善。第一,对于土地股份合作社,按照中央的户籍制度改革意见,不能以要求农民放弃在农村的土地承包经营权作为条件为其办理城镇户籍,以防止强迫农民、损害农民利益的现象发生。但是,对于那些确实已经在城镇安家落户、有稳定的收入和生活来源的进城农民,则应该允许或者鼓励他们放弃自己的土地承包权——当然必须坚持自愿和有偿原则,类似于"赎买"政策,这是完全必要的。第二,对于社区股份合作社,其资产和股份不是土地,而是资金形式,便于流动和管理,即使农民离开原有农村,其股权也容易持有和管理。所以,对这部分集体经济,就应该推行"固权改革",即发放证书,保护其股权长期不变,可以分红,并且可以继承、转让,等等。第三,对于各种专业合作社,则要处理好内部各个方面的利益关系,使其科学有效地运转。第四,对于各种形式的股份合作社,要探寻合理高效的内部治理结构和管理体制,既要保证所有者的权益,也要保护劳动者的权益,在二者之间寻找到一个平衡点。这是颇有难度的,需要改革创新。

(三) 进一步创新和完善生态环境保护机制

吴中区拥有广阔的太湖水面和沿岸地区,这确实是一笔巨大的资源和财富,可以借此发展旅游业和现代农业。但是,反过来讲,这也是一个巨大的压力和责任。2007年太湖蓝藻事件之后,中央、江苏省和苏州市对于太湖保护高度重视,在江苏省主体功能区划分中,太湖属于禁止和限制开发区域,为此采取关闭沿湖企业、拆除渔网等强制措施,使太湖湖面及沿岸区域经济容量锐减,这对沿岸地区的经济发展会造成较大的损失。吴中区也是如此,由于保护环境,东山镇、金庭镇、光福镇的经济发展受到一定影响,财政收入和农民收入都受到限制。为此,要探索市场经济体制下的环境保护成本分摊与收益分配机制。由于水、空气等环境具有整体性和外部性,因此应该按照"保护者受偿、受益者补偿、污染者治理"的原则,平衡吴中区与苏州市其他区(县)甚至太湖下游上海市的利益关系。在这个利益链条中,吴中区是环境保护者,为此牺牲了经济发展,理应得到补偿,而太湖作为苏州市市区的水源地,以及上海市黄浦江的源头,它们毫无疑问是太湖环境保护的受益者,所以理应对吴中区做出补偿。只有这样,才能从根本上调动吴中区保护太湖的积极性,也才能破解环境保护和发展经济之间的矛盾,建立平衡二者关系的长效机制。但是,为了建立这种补偿机制,显然不能仅仅依靠吴中区自己的力量,而需要更高层面的协调与转移支付机制,包括苏州市政府、江苏省政府、上海市政府、浙江省政府,甚至中央政府。目前,我国各地都存在这一问题,但是吴中区可以在上级政府的支持下,进行这一改革创新的探索。

（四）进一步推进农村金融制度改革与创新

前文我们曾经分析了苏州市城乡一体化中的投融资体制改革与创新问题，这个问题在吴中区同样存在，吴中区也面临着严重的资金缺口，在原有的金融体制与框架下不可能得到解决，唯有加大金融改革力度。具体地说，要完善农村金融体系，加强农村金融服务，加快建立商业性金融、合作性金融、政策性金融相结合和资本充足、功能健全、服务完善、运行安全的农村金融体系。上级政府要加大对农村金融的支持力度，出台相关政策措施，支持和鼓励城市优质的金融服务向农村延伸，引导更多信贷资金和社会资金投向农村。规范发展多种形式的新型农村金融机构，坚持为"三农"服务和小企业服务，加快组建和规范发展农村小额贷款公司。争取村镇银行和土地银行试点，支持邮政储蓄银行及其他金融机构扩大涉农业务范围，鼓励发展适合农村特点和需要的各种微型金融服务，开发针对专业农民的生产性小额贷款公司。允许有条件的农民专业合作社开展信用合作，稳步发展农产品期货市场。特别是要探索农民以土地承包经营权和房屋作为抵押物贷款。从目前的国家金融体制与政策看，有些是合规的，有些则是不允许的，但是，作为一种改革，可以按照积极稳妥的原则，在小范围内进行试验，待取得成功经验后，再大面积推广，而不能完全被旧体制和老章程束缚住改革的手脚。

（五）进一步深化户籍制度和社会管理体制改革

吴中区的木渎等镇聚集了大量的外来人口，由此带来了一系列问题，需要进一步深化改革，寻找新的解决思路与办法。按照中央和苏州市的户籍制度改革意见，吴中区的大多数镇和街道可以适当允许外来人口进入。要在苏州市的统一部署下，对于那些确实长期在该镇工作、居住和生活的外来人口，可以为他们办理居住证，既要加强对他们的管理，也要为他们提供必需的服务，享受平等的公共服务待遇。

在社会管理上，第一，要积极探索"区镇合一"、城乡一体的行政管理体制改革，向上级政府争取支持，探索符合条件的中心镇与跨越镇村区划的现代农业园区实行"区镇合一"的行政管理体制，以区带镇，以镇促区，区镇协调发展。第二，改革创新农村行政管理体制，根据当地经济和人口规模，适当增强农村地区公安、市容、卫生、人口计生、食品和药品安全、工商、税务等方面的行政执法力量,有效加强农村经济和社会管理。第三,深化完善农村和农业管理体制改革,进一步理清和理顺区、镇政府对农村和农业的行政管理、村民委员会对农村的社会管理、村经济合作组织对农业的专业管理这三者关系,明确各自管理权限范围,依法强化管理。第四,加快构建触角延伸、覆盖城乡的市容环境管理体系,继续推进市容环境管理重心下移,加强向乡镇派驻执法管理队伍的工作,完善"网格化管理"模式和数字化管理手段,切实加强对违法建设等重点问题的查处力度,不断提高农村地区市容环境管理的覆盖率和有效性。第五,要结合整个苏州市"智慧城市""平安城市"的建设,深化完善综治、警务、治保、调解、外来人口管理"五位一体"的治安管理模式,建立健全"五位一体"、联防联控的城乡治安管理体系,全面建立农村"户与村"联动、城区"派出所与社区电视监控"联网、"亲民岗亭、治安巡逻区、群防群治"三区联防、市区"内与外"联控、路面与水域联守的"五联机制"。

另外,在农村公共服务供给、农村基础设施建设、农村古村落保护等方面,吴中区也都需要进一步改革创新,这里不再赘述。

第十一章 案例2：太仓市城乡一体化先导区产业发展规划[①]

本书第四章曾经介绍和分析了苏州市在城乡一体化发展中不断调整和优化农村产业结构、促进经济发展的做法和经验，本案例就是从镇级层面上，全景展现苏州市在城乡一体化发展过程中农村产业结构调整、优化和经济发展方面的思路与措施。

一、规划背景与发展基础

（一）规划背景

2008年以来，江苏省委、省政府批准苏州市作为全省唯一的城乡一体化发展综合配套改革试点区；国家发改委也把苏州市列为城乡一体化发展综合配套改革联系点，并将苏州市列入中澳管理项目的试点城市。据此，苏州市委、市政府陆续出台了《关于城乡一体化发展综合配套改革的若干意见》等三个纲领性文件，用来指导全市城乡一体化综合配套改革工作。为了具体实施城乡一体化综合配套改革方案，苏州市委、市政府决定，在坚持整体推进的同时，确定了23个城乡一体化先导区（镇），允许这些先导区（镇）大胆尝试，进而发挥先进示范作用。太仓市的城厢镇、陆渡镇和浏河镇也被列入其中。城乡一体化发展涉及范围较广，包括城乡发展规划、产业布局、资源配置、基础设施、公共服务、就业

---

① 2011年，受太仓市城乡一体化先导区城厢镇、陆渡镇和浏河镇的委托，本课题主持人等为其编制了"十二五"期间产业发展规划，现收录于此。规划完成于2011年上半年，为了保持原貌，故未对其资料和内容进行更新与补充。

社保和社会治理等方面。其中,产业布局和发展是基础,它能为整个城乡一体化发展提供经济基础和物质保证,另一方面,推动三镇城乡产业一体化发展是整个城乡一体化发展工作中的重中之重。因此,制定"十二五"产业发展规划具有十分重要的意义。

为了更好地贯彻落实苏州市委、市政府关于城乡一体化综合配套改革方案,城厢镇、陆渡镇和浏河镇(以下简称三镇)特联合制定"十二五"产业发展规划。本规划旨在阐明"十二五"期间三镇产业发展的方向与实现途径,是今后五年内三镇产业发展的行动纲领,也是政府对产业发展进行调控的重要依据。

(二)发展基础

城厢、陆渡和浏河三镇,地处太仓市东南部,东濒长江,南邻上海,西与昆山接壤,北接港口开发区与沙溪镇。三镇拥有得天独厚的地缘优势与雄厚的经济实力,历来是太仓市发展的前沿阵地与核心地带,滨江沿沪,交通便利,公路纵横交错,四通八达,兼有江河水运之便,拟建中的沪通铁路纵贯其境,并设有车站。毗邻我国最大的经济城市上海,既可承接其外溢效益,又可进入其广阔市场。

经过长期发展,三镇产业具有雄厚基础,并且形成各自鲜明的特色。城厢镇包含太仓城区,人口众多,消费市场广阔,服务业发达,工业、旅游业有较好的基础,现代农业也有大的发展。陆渡镇工业发达,特别是自行车生产,已经建立了享誉全国的自行车特色生产基地。近年来,现代农业也有较快发展。浏河镇地处江尾海头,兼之沿沪,历史悠久,人文荟萃,房地产、餐饮等服务业的迅猛发展是其一大特色与亮点,现代农业有了良好起步,海洋捕捞和水产批发也有悠久历史,旅游业资源较为丰富。

"十二五"期间,在国际上,世界经济正在复苏,逐步步入后危机时代。国际经济体系处于分化、动荡和重组过程中。在国内,实践科学发展观,转变经济发展方式是全国"十二五"期间经济工作的主旋律,而调整经济结构则是其中的重要内容。发展低碳经济、绿色经济,进一步加大节能减排力度,确保18亿亩耕地红线,积极推进城乡一体化发展,都将成为"十二五"期间经济工作的重点与着力点。从太仓市和三镇自身来看,根据《太仓市"十二五"经济社会发展规划纲要》,将实施创新引领、以港强市、接轨上海、城乡一体和可持续发展五大发展战略。所有这些,都给三镇产业发展带来新的挑战和机遇。在"十二五"期间,要立足于这些基本现实,迎接挑战,抢抓机遇,危中求机,筹划应对策略,制定科

学的产业发展规划,以理清产业发展思路。

二、总体思路、发展目标与基本原则

(一)总体思路

"十二五"期间,三镇产业发展的总体思路是:深入贯彻落实科学发展观,加快转变经济发展方式,按照城乡一体化发展的要求,充分发挥沿沪、滨江和地处长三角的优势,加快产业集聚,优化产业结构,提升产业能级,着力构建以战略性新兴产业为引领、先进制造业为支撑、现代服务业为先导、现代农业为基础的现代产业体系,努力形成工业新型化与服务业现代化、农业产业化相互支撑、共同促进的融合发展新格局。

(二)发展目标

通过"十二五"期间乃至更长时期的努力,最终把三镇建设成为现代农业示范区、先进制造业先行区和现代服务业集聚区,推动三镇经济更好更快发展,为实现城乡一体化发展、缩小城乡差距奠定坚实的经济基础。

(三)基本原则

围绕上述总体思路与发展目标,在三镇产业发展中,必须坚持下列原则:

1. 坚持创新发展

加快发展创新型经济,打造人才优势,增强自主创新能力。稳步调整第一产业,提高农业技术和效率,并引导其与二、三产业融合发展;着力优化第二产业,大力发展新兴产业,加速提升传统产业;加速发展第三产业,以吸纳更多的劳动力,创造更多的增加值和需求。

2. 坚持特色发展

从当地实际出发,注重发挥地缘优势,因地制宜,扬长避短,提高产业的竞争力与经济效益。依托港口和接轨上海,着力引进高科技项目、新兴产业项目和有利于向产业链高端发展的项目。以建设上海"后花园"为突破口,打造上海生产性服务业延伸基地和休闲度假基地。

3. 坚持集聚发展

围绕产业集聚，优化空间布局。通过农业产业化把农村的资源向规模生产集中，实现区域内产业布局成片，加快推进农业园区规划建设。按照工业向园区集中的要求，推进工业园区特色化发展，做大做强特色优势产业集群和产业基地。推进服务业重点区域规划和重点项目建设，强化资源整合，着力发展高端服务业集聚区和现代特色商贸集聚区，促进产业转型升级。

4. 坚持一体化发展

着力打破城乡二元结构，缩小城乡差距，实现城乡共同发展和繁荣。强化以城带乡、以工补农，加大对三农的投入力度，建立多元化投入的支农保障机制；发挥城市（镇）带动作用，实现资源在城乡之间的自由流动和统一配置；以工业化思维发展农业，积极发展农村第三产业，增强农业发展自身的"造血"功能，实现城乡产业一体化发展。

5. 坚持生态发展

加快形成资源节约、环境友好的生产方式，大力发展低碳经济、绿色经济和循环经济，强化节能减排，加强环境保护和生态建设，加大对传统产业的改造，推进高碳行业的低碳转型，严格新建项目的准入条件，培育新兴低碳产业经济增长点，实现经济效益和生态效益的协调统一。

三、农业发展规划

（一）发展基础

"十一五"期间，三镇依靠优越的区位优势和良好的自然条件，正确把握农业产业定位，从规划着手，优化现代农业布局，加大农业基础设施投入，扎实推进土地流转，稳步推进农村"五大合作"，不断利用先进技术改造传统农业，农业园区建设步伐加快，高效设施农业稳步发展，农业内部一、二、三次产业联动发展，初步形成了规模相对集中、产业功能多元化、生产效率和组织化程度高、环境友好型的现代农业。但是比照现代农业的发展要求，三镇农业发展还存在诸多问题与制约因素：一是土地资源日益减少，农业的发展空间逐渐缩小；二是城乡规划相对滞后，农业基础设施建设和产业规划布局难度增加；三是农业发展的配套机制和保障机制等还跟不上现代农业发展的要求；四是在国际和国内形势变化的双重作用下,农业的可持续发展仍然面临着诸多不确定性。

"十二五"期间,同苏州全市一样,三镇农业发展也将呈现出新的发展趋势:一是农业增长动力将更加依赖科技和资本驱动,有限的资源在较强科技实力的支撑和资本的驱动下发挥更大的潜力;二是农业生产方式将更加注重可控的设施生产和机械化,摆脱传统农业受制于土壤、温光水气等自然因素影响,大幅度提高土地产出率和劳动生产率;三是农业经营主体将倾向专业化市场主体和职业农民,大大提高专业化生产经营水平和市场竞争能力;四是农业经营方式由分散经营向适度规模经营转变,人地资源配置将更为合理,集约化生产水平更高;五是农业产业"三生功能"(生产、生态、生活)并重,实现经济效益、生态效益和社会效益的有机统一;六是农业内部"一、二、三"产协调发展,通过产前、产中、产后的联结和融合,形成产加销、贸工农一体化的发展格局。

(二) 发展方向与目标

"十二五"期间,三镇要紧紧围绕苏州全市发展农业现代化、强化农业"三生"功能的总体目标,着力提高农业规模化水平、组织化程度、标准化水平;积极推进农业结构战略性调整,坚持区域协调、资源统筹、突出重点、各具特色、整体推进的原则,着力推进各类农业商品基地规划和布局;进一步巩固和加强农业的基础地位,提高农业现代化水平,牢牢把握现代农业的发展方向;充分利用得天独厚的农业资源和毗邻上海国际大都市的独特区位优势,在优质、高效、休闲、生态上做足文章,按照苏州全市"四个十万亩"现代农业产业总体布局,结合自身产业特色,明确各镇农业主导产业发展方向,细化镇级农业规划,全力打造三镇特色现代农业产业带。力争在"十二五"期末,通过整合资源、统一规划、创新运营,把三镇建成沿沪地区一流的设施农业示范区、农业企业孵化区、观光农业休闲区、绿色农业生态区、特色农业优势区。

为了实现上述总目标,必须进一步调整和优化农业内部结构,确定合理的发展目标:

水稻生产。按照全市规划,要以粮食安全为前提,为稳定全市的粮食自给率,保证生态需求与抗灾需要,做出应有贡献。到2015年,种植面积:城厢镇,0.7万亩;浏河镇,1.8万亩;陆渡镇,0.5万亩。

蔬菜生产。作为高效农业的重要组成部分,要进一步大力发展,并提高栽培技术。种植面积:城厢镇,0.8万亩;浏河镇,2万亩;陆渡镇,0.2万亩。

林果生产。为了建设"绿色太仓",要积极推进生态景观林建设和经济林建设,发展高效特色林果基地。到"十二五"期末,三镇要规划发展以葡萄、枇杷、桃、梨为主的特色果园,新增果园面积 10 000 亩。

水产品生产。浏河镇要发挥区位优势,大力发展特色水产养殖和江海捕捞业。在浏河渔港形成年吞吐量达 5 万吨以上的海水产品批发、交易市场。三镇要积极探索水产与水稻共作的生态立体养殖技术。

畜牧业生产。由于三镇地处沿沪、沿江及太仓市区等生态敏感区,因此,对畜牧业生产规模要严格控制,按照市政府 2004 年颁布的《太仓市畜禽养殖管理办法》规定,结合当前城乡发展一体化规划,设置禁养区。对农户家庭散养的牛、猪、鸡、鸭、鹅等畜禽,也要加强管理,防止造成环境污染。

(三) 保障措施

1. 强化惠农政策力度,改变农业的弱势地位

要按照中央、省、市统筹城乡发展、尽快形成城乡一体化发展新格局的精神和设想,进一步落实和完善国家的"三农"政策,调整农业与其他产业的利益关系和发展关系,实现对"三农"从负保护、零保护到正保护的转变,对相关政策进行全面的清理和调整,加大政策的支农和惠农力度,包括土地流转政策、产业扶持政策、生态补偿政策、财政信贷投入政策等。最终使农业在与其他产业的竞争中处于平等地位,农民能够享受国民待遇,与城镇居民共享改革和发展成果,农村与城市差距迅速缩小,共同繁荣。

2. 加强农业投入,保障农业发展

全面落实"三个高于"政策(国家财政支农资金增量要高于上年,国债和预算内资金用于农村建设的比重要高于上年,其中直接用于改善农村生产生活条件的资金要高于上年),继续加大财政支农投资力度,以财政资金向农业基础设施、现代农业规模示范区倾斜为重点,进一步提高公共财政农业发展的支出比重。特别要继续加大农业基础设施投入力度,按照现代农业的发展要求,全方位推进农田水利、农业园区、农产品流通重点设施和气象基础设施建设,提高农业综合生产能力。同时,要积极鼓励和吸引社会资金进入农业领域,构建农业融资平台,根据农业投入效益较低的特点,对其在税收、信贷等方面给予优惠政策,形成财政投入和社会投入合理分工、相得益彰的格局。

3. 突出空间布局,优化内部结构

从区域发展条件和发展特色出发,一体化规划沿沪地区的农业产业布局。各镇要抓住统筹城乡一体化发展的契机,推进农业上规模、上水平,实现农业产

业区域布局规划上新突破。以现代设施农业示范园区为先导，带动各镇、各村资源合理配置。围绕太仓"四个十万亩"农业主导产业，结合各自产业特色及自身优势，在"一村一品牌""一村一特色"的基础上，优化农业产业空间布局，加快规模扩张和土地连片，逐步实现"区域布局相对集中、生产水平高度发达、产出效益明显提高、产品质量有效保障"的发展目标。争取在"十二五"期间打造出若干个特色农业产业基地。

4. 推动土地流转，加快载体建设

按照加快推进"三集中"的要求，以农民联合合作为载体，推进农村土地向适度规模经营集中。遵循"依法、自愿、有偿"的原则，创新农村土地流转机制，促进农村土地承包经营权向种养能手、各类生产基地、农业园区、农业龙头企业、合作经济组织有序流转。扶持农业企业、农民专业合作组织、本地种养大户参与园区开发经营，迅速形成主导产业规模化、集约化、产业化发展格局。以生态、休闲、高效为目标，因地制宜，高标准规划、高速度推进农业示范园区建设。加快园区基础设施建设，扩大节水灌溉面积，提高资源利用率，尽快发挥农业示范园区的辐射带动作用，推进现代农业规模化、生态化和高效化发展。

5. 实施科教兴农，加强人才队伍建设

强化农业持续发展的战略性技术储备研究。大力推广生态循环农业技术、农业标准化生产技术、水稻全程机械化生产技术，通过政策支持、项目扶持，鼓励一批农业企业、农民合作组织、种养大户加强与农业科研院所的合作，创建载体，建立专家工作站，提供农业科技成果中间产品的专业服务，加快农业新品种、新技术、新模式在生产上的推广应用。认真抓好"新型职业农民"培训和农业科技人员培训，继续开展"百名农技人员下农村"活动。积极配合全市开展新一轮的新型农技推广队伍体系的建设工作，通过加强技术装备、农技人员强化培训，进一步改善基层农技推广服务机构工作条件，创建服务队伍精干、工作场所完备、服务设施齐全、服务技术一流、具有"四新"技术试验示范基地的现代农技推广机构，增强农业公共服务能力。

6. 做好园区招商工作，加快农业产业化

坚持"政府主导、企业带动、农民参与、市场化运作"的原则，积极探索创新招商引资模式，以园区带动项目，以项目提升农业。实施"以企引企"，并使引进项目达到高效、环保的要求。以深化农村"五大合作"改革为契机，积极探索"公司＋合作社＋基地＋农户"运作模式，进一步提高现代农业产业化经营水平。鼓励和支持农村新型合作组织发展农产品加工和流通，以多种形式参与城市化、工业化和新农村建设。积极发挥农业园区的带动辐射作用,为更多的农户提供产前、产中、产后服务,促进传统产业向现代农业的转变,创新发展方式提高农业收益,带领更多的农户走上农业产业化道路。

7. 实施建设项目,夯实农业基础

围绕农业发展目标和任务,积极规划、实施和完成一批重点、重大项目,作为抓手和支撑。包括推进"1+7"现代农业园区、现代设施农业示范区、良田改造、优质粮食生产基地、特种水产养殖示范基地、生态林果基地、蔬菜基地、葡萄基地和西红花生产示范基地的提档建设,提高农业综合生产能力,促进高效农业的园区化、规模化、区域化发展。重点加强陆渡—浏河2万亩现代设施农业示范区、城厢镇和浏河镇5 000亩林果示范区、城厢镇万亩高产良田和电站林果园、浏河智能化母猪群养管理示范点、浏河渔港年交易量达5万吨以上的海水产品批发、交易市场工程项目建设。

四、工业发展规划

(一) 发展基础

"十一五"期间,三镇大力实施工业强镇,工业快速增长,对经济整体发展的贡献不断提高。其中城厢镇已经初步形成了纺织服装、电子信息、精密机械、新型材料四大具有明显特色和优势的主导产业群体。陆渡镇的自行车产业经过十几年的发展,已经形成了从原材料供应、模具加工、零部件制造、整车和运动器材生产,形成了以中高档产品生产为核心的相对完整的自行车产业链,已经成为全镇经济发展的支柱产业,也是最具发展潜力的优势产业。浏河镇则充分发挥毗邻上海这一地缘优势,逐步承接从上海转移出来的产业,不断延伸产业链,也已形成了机电特色产业基地。

在充分肯定三镇工业发展已有成绩的同时,也应当客观分析其各自发展中面临的困难与不足:一是受工业载体和用地因素的制约,现有工业企业缺乏发展空间,工业载体建设还需拓展;二是经济总量和产业规模较小,高新技术项目不多,自主创新能力不强,产业转型升级压力较大,经济运行质量有待提高;三是经济发展中的要素制约和结构性矛盾尚未得到很好解决,节能减排任务较重,环境保护工作有待进一步加强。

(二) 发展方向与目标

按照调优、调高、调强的要求,突破发展以生物技术和新医药、新一代电子信息、新材料、新能源和重大高端装备产业为主导的新兴产业;提升优势主导产业,运用高新技术进行改造,增强新产品开发能力和品牌创建能力,推动传统支柱产业新一轮大发展。争创新的产业优势,提高产业竞争力。

城厢镇:在做优有色金属特色产业的同时,充分利用区域环境优势与资源优势,加快推进8.22平方公里太仓高新技术产业园建设,瞄准高新技术产业和低碳绿色经济,注重与周边区镇错位发展、协调发展,逐步完善科技、人才、信贷、金融服务平台,利用昆山光电产业园的溢出效应打造光电产业园,服务太仓市生物医药产业发展打造生命科技园,加强与安亭汽车产业配套打造精密机械制造产业园,力争建成省级工业园区。

陆渡镇:要加快与新区一体化建设步伐,按"三统一"要求大力推进企业向开发区集中、产业与开发区配套;放大沿沪优势,推进上海嘉定北工业区陆渡拓展区的合作招商与网络平台建设,主动承接上海高新技术产业转移;进一步延伸自行车产业链,加快高档自行车和新能源电动车研发,放大"全国自行车名镇"效应。

浏河镇:大力实施"民资富镇、科技兴镇、产业强镇"战略,围绕化纤加弹、纺织服装两大特色做文章,大力扶持民营加弹企业技术改造,提高产品附加值;加快3平方公里工业园区规划建设,打造化纤纺织工业园区和品牌服装生产基地,拉动加弹产业链上下游延伸,带动化纤原料、纺织服装等相关产业配套发展、集聚发展,做大"中国加弹第一镇"品牌和雅鹿服装国际品牌。

(三) 保障措施

1. 创新理念,实现招商选资新突破

围绕现代产业发展方向,注重引进上下游产业链长、资源消耗低、环境污染低、投资强度高、税源高、科技含量高的项目。充分发挥沿沪区位优势,密切关注和跟踪国际产业转移的最新动向,分析研究周边地区特别是上海的产业特点,创新拓展思路,强化产业链和基地化招商。招商重点由单一型向龙头型、行业领军型和高科技型转变。充分利用现有的产业基础,积极吸纳高新技术产业和先进制造业,加强产业配套。加大对欧美企业特别是世界500强企业的招商力度,抓住对台直航和打造"对台自由贸易港区"的机遇,做大台资企业规模;借

国家规划产业振兴之机,加大对"中"字头企业的招商力度。对成长性好、带动力强、科技含量高的重大新兴产业项目,实行特殊扶持政策,力争在全市的产业升级中抢占先机。

加大招商引资工作的服务力度,优化投资软环境。树立主动服务的理念,为投资者提供全方位的优质服务,切实提高服务效率,改善服务质量。加快建立招商引资人力资源库、自然资源拥有和需求库、主导产业及重点企业和项目库,注重优化商务运营环境、服务环境、创业环境、生活环境和生态环境,构建技术创新、人力资源、信息服务等服务优势,以环境和服务综合优势培育引资新亮点。注重招商人员的业务培训,采取灵活的用人机制和绩效挂钩的激励机制,切实提高专业招商水平。最大限度争取国家、省、市的扶持,促进新兴产业与高新技术产业基地建设和产业的快速发展。

2. 以信息化促进产业能级提升

积极培育和发展新兴产业,走以信息化为特征的新型工业化道路。充分发挥信息化在经济建设中的引领带动作用,推进信息技术在经济领域的广泛应用,加快发展信息产业,提升产业档次,促进产业结构优化升级。陆渡镇以苏州龙跃锂动车辆有限公司为依托,建设江苏省动力车工程技术研究中心,构建自行车制造产业关键技术集中攻关研发和产品标准、检测等平台。城厢和浏河镇要以信息技术改造提升传统产业,运用新理念、新技术、新业态,全面提升产业和企业的信息化应用水平,以提高装备智能化水平和优化工艺流程为重点,积极促进信息技术与制造技术的融合发展。推进信息技术在企业研发、生产、管理、营销等环节的创新应用,大力发展电子商务。

3. 大力实施自主品牌战略

做好品牌规划,重点扶持发展支柱产业,推动实施名牌战略,加大政策激励力度,创造良好市场环境,使资源配置政策向名牌企业倾斜,鼓励更多的企业争创品牌,培育一批拥有知名品牌、核心技术、主业突出、综合集成能力较强的大型企业集团。大力发展一批技术含量高、竞争力强、市场占有率大的知名产品,争创著名商标、驰名商标和国家、省级名牌产品、国家免检产品,引导企业充分利用已有品牌优势,不断提高产品的科技含量、附加值,扩大品牌产品的产销规模和市场份额。

4. 积极推进工业园区建设,优化工业空间布局

按照"三集中"的思路,积极引导企业向工业园区集中,连片发展,特别是要把有关联的企业集中在同一个园区,打造特色工业园区,形成产业集聚,提高聚

集效益。各镇在原有规划的基础上，加快建设工业园区，推进基础设施和服务功能完善，为入区企业创造良好的发展环境，提供更好的公共服务。新的投资项目一律入园，引导原有的分散企业向园区集中。强化产业园区功能定位，推动由规模扩张向质量提升转变，由工业集中区向新型工业化先行区、科技创新先导区和可持续发展示范区转变，重点建设城厢高新技术产业园、浏河机电产业园和陆渡镇自行车低碳产业园。

5. 以节能减排为切入点，增强可持续发展能力

建立管理科学、技术进步、结构优化、政策调控、依法监管、中介服务"六位一体"联合推进的节能减排新机制。严格实施污染物排放总量控制，强化对污染源管理和监控。加强金仓湖、园花园山庄和各类旅游度假区等重点区域环境污染综合防治，坚决淘汰和关闭能耗大、污染大的企业，保护自然生态环境。突出抓好重点领域的节能减排，大力推广太阳能供热、照明等节能环保技术，加快淘汰高能耗、高污染、低效益的工艺、技术、设备和产品。发展循环经济，推行清洁生产。着力抓好工业节能，从严控制新开工高耗能项目。鼓励企业进行与保护环境相关的技术及产品的开发研制。严格执行节能减排目标责任制和"一票否决制"，努力实现节能降耗和污染物减排的约束性目标。大力推动生态建设的区域间合作，积极联合周边地区同步实施，共同治理跨区域的环境问题，协调污染防治的各项工作，确保完成节能减排的各项任务。

6. 强化企业技术创新主体地位，推进产学研战略联盟建设

把提高自主创新能力作为推进工业结构调整的中心环节。坚持引进技术和自主创新相结合，推进以企业为主体的区域创新体系建设。鼓励企业建立研发中心，引导企业走自主创新之路。着力培育科技创新典型企业，扶持和引导企业通过科技创新提升产品层次，提高市场占有率，不断增强企业的综合竞争力。鼓励外资研发机构技术创新成果实施本土化和产业化。认真落实人才激励政策，注重引进更多的高层次创业创新人才。加强知识产权保护，引导企业申报各类专利。鼓励企业申报省级科技攻关项目，继续落实专利专项扶持政策，做好专利资金的配套资助工作。鼓励以重大项目为纽带，建立多种产学研联盟。完善重大科技攻关项目运作机制，建立市场化的筛选、投入、评估和退出机制。以企业为主体，组织高校、科研院所联合攻关。促进科技成果产业化，实现产品升级换代，提高产品竞争力。

7. 加快推进项目建设，夯实工业发展基础

以加大自主创新力度，提高高新技术产业产值比重为目标，依托太仓科技

创业园、软件园、特种新材料产业基地等创新载体,引进和新建一批高新技术产业。重点实施城厢镇高新技术产业园和城厢镇城西工业园区基础设施工程项目,浏河镇机电工业园建设项目,陆渡镇低碳产业园、自行车产业园项目,中玻二期和冠联二期等新材料项目,同维电子等电子信息项目,金鑫铜管等金属加工项目,提升主导产业发展水平,培育一批年销售额超百亿元的大型和特大型高新技术企业。

五、服务业发展规划

(一) 发展基础

"十一五"期间,三镇认真贯彻执行上级党和政府关于大力发展服务业的决策,采取得力措施,服务业有了长足发展。其中城厢镇金仓湖入选首批上海世博会"主题体验之旅"示范点,为生态新城区的旅游产业发展奠定了良好的基础。现代物流集聚区在339省道边迅速崛起。服务外包产业快速成长,被省外经贸厅授予"江苏省国际服务外包人才培训基地"称号。房地产业蓬勃发展,金门地块、陶瓷城地块、景尚置业成功市场化运作。以204国道为轴心的块状商业带逐步形成,服务业发展的总体布局正向纵深推进,商贸城厢日渐繁荣,旅游城厢初见成效。陆渡镇已经形成了房地产业和娱乐业两大特色服务业,并逐步确立自身独特的竞争优势;浏河镇也已经将房地产业和餐饮业发展为本镇的优势产业,其中百米高楼——瑞安御景苑项目成为苏州地区镇级房地产开发的"新地标"。浏河镇还成功承办了"2009中国·太仓江海河三鲜美食节"和"2009中国江南牡丹文化节",进一步扩大了浏河的知名度与影响力。

但是,由于服务业长期以来发展基础较为薄弱,因而,与工业发展相比,特别是对照工业化、城市化进程与全面建设小康社会和构建现代产业体系的要求,三镇的服务业发展仍显滞后,主要表现在服务业比重偏低,产业质量和水平亟待提高,高层次服务业人才集聚度不够,进一步发展面临不少亟待破解的难题。

(二) 发展方向与目标

紧紧围绕推进工业转型升级与生产性服务业联动发展这一战略重点,对服务业发展实行分类指导。突出现代物流、科技教育、批发分销等支撑和推动工业转型升级的生产性服务业的增速提质，突出商贸、旅游和房地产等传统优势服务业的改造提升，突出与民生密切相关的社区服务等其他服务业的协调发展。

1. 现代物流业

推进企业服务外包，积极发展现代物流业。以"新产业、新城区、建设宜商宜居城市"为发展方向，统筹新区和城厢板块，突出行政、商业、文化和生活功能，积极发展传统与现代服务业，集聚资源，加快发展太仓中央行政商务区。重点抓好城厢镇和浏河镇的基础设施建设与功能完善，推进物流集约化、规模化发展。大力引进和培育现代物流骨干企业，加强干支衔接的综合运输网络体系和适应多式联运发展的重大物流设施建设，提高国际资源整合和配置能力。重点发展钢材、纺织、粮食、化工、医药、汽车等专业物流，促进都市配送物流发展。突破行业界限和地区限制，培育大型物流企业，提高行业组织化程度。加强物流标准制定和推广，加快物流信息化，加大物流新技术开发利用力度，推进大通关建设，提升现代物流水平。

2. 商贸业

充分发挥交通、市场等区位优势，积极发展特许经营、连锁经营、总代理、电子商务等新型营销方式，应用信息化技术和电子商务模式改造提升专业市场，推进有形市场与无形市场的有机结合；大力发展会展经济，规划建设生产资料加工配送中心、商贸物流配送中心，构筑通畅高效的现代生产性商贸服务体系；建设农村现代消费品流通网络、农业生产资料流通网络和农产品流通网络，构筑便利通畅的农村商贸服务体系。实施商贸流通业竞争力提升工程，加大大型流通企业培育、项目投入和品牌建设力度，提升商贸流通业综合竞争力。城厢镇、陆渡镇加快推进"退二进三"，腾笼换凤，建立农产品、工业品等专业市场。浏河镇依托海洋捕捞，加快海水产品资源整合，全面启动总投资3亿元的东海水产品交易市场项目，建成华东地区最大的水产品交易市场。各个农业园区建立专业、高效的销售市场和渠道。

3. 餐饮旅游业

弘扬和发展太仓悠久的餐饮文化，面向上海消费者来太仓休闲度假，充分挖掘餐饮业发展潜力，做大做强做特餐饮业。充分依托浏河国家一级渔港优势，全力打造"三鲜美食节"这一特色餐饮品牌，提高知名度，进一步推动餐饮业发展和提档。充分利用三镇旅游资源，申报省级历史文化名镇，开发新兴旅游项目,提档旅游景点。城厢镇要利用市区原有的旅游景点和金仓湖的新建景点,扩大旅游业规模,提高旅游业效益。浏河镇要完成对橹漕河两侧老街改造的规划论证工作,开辟以明清老街、郑和纪念馆、天妃宫、梅花草堂、吴健雄墓园、阅兵台等为重点的历史文化旅游景点,开辟以浏岛生态园、园花园山庄、浏南葡萄园、渔家湾等为重点的生态旅游线路,重点打造"江南牡丹文化节"特色旅游品牌,打造"一日游"线路。强化服务管理,规范经营行为。完善配套设施,优化旅游环境。发展旅游中介机构,积极加入长三角旅游一体化,通过上海、苏州等地区的电台、报纸、旅游公司等媒体,加大对外宣传力度,吸引更多游客。

4. 房地产业

贯彻实施国家对房地产市场的调控和管理政策,合理调整供应结构。适当增加住宅开发量,控制商业性楼盘,支持和推广中小户型、中低价位、节能型商品房的开发和消费。大力培育品牌企业,对房地产开发、中介服务、物业管理等企业进行优化重组,营造良好的社会诚信环境。完善住房保障体系。落实廉租房、经济适用房的政策,切实解决中低收入住房困难家庭的住房问题。倡导"绿色建筑",强化建筑节能,提高住宅产业科技含量和智能化水平。加大对上海宣传力度,大力推介三镇房地产,支持高成公司筹备组建三镇至上海的小区巴士专线,吸引更多的上海人来三镇置业安家。

5. 科技服务业

三镇鼓励发展专业化的科技研发、工业设计、信息咨询、科技培训、技术推广、节能减排服务等服务业。推动上海、苏州、南京、杭州、北京等市以及国外或境外的高等院校、科研院所与三镇当地的企业合作,培育科技研发主体,做强一批国家级或省级工程实验室、工程研究中心、企业技术中心和研发中心,提升科研创新与应用能力。完善科技服务基础设施建设规划,加快建设和高效运营一批科技企业孵化器和生产力促进中心,逐步建成完善的公共科技信息平台和协作网络。发展科技招投标、科技中介、技术产权交易、检验检测等服务机构,促进专利代理服务业和专利技术交易服务业发展。

6. 社区服务业

围绕便民服务,加强社区服务业规划,鼓励企业设立社区服务网点,加快形成便利店、家政、邮政、托幼、养老、医疗、教育、文娱、维修、保安、再生资源回收等配套完善的社区服务设施网络。创新社区服务形式与内容,完善社区服务与管理,逐步将养老、失业、医疗、社会福利、社会救助等管理和服务延伸到社区,推进社区服务向社会化、产业化、网络化方向发展。

(三) 保障措施

1. 优化空间布局,加大载体建设

按照"优化资源、相对集中、配套完善"的方针,优化三镇服务业的空间布局,加快推进专业批发和零售市场等各类服务业市场建设。继续加大对服务业基础设施的投入,不断提升建设和管理水平,提高土地利用率和集约化程度。以金仓湖公园为基础,东拓西延,逐步建设集商贸、旅游、运动、休闲于一体的服务业集聚区。强化工程建设,完成金仓湖区域市政道路工程;启动约6 000平方米金仓湖游客中心建设;完善公园内部功能性配套、金仓湖区域水、电配套;完成道路绿化、亮化和交通信号设置;基本完成南部区域120万平方米绿化景观工程;启动杨林塘南岸风光带建设。加快推进37万平方米的月星国际广场、2万平方米的之江商务楼、3万平方米的物流大厦、36万平方米的景尚置业的建设,着力提升"以204国道为轴心的市场群体"的承载内涵,努力将西城打造成集批发、零售、物流、仓储、居住、商务功能于一体的商贸集聚区。

2. 拓宽融资渠道

发挥政府投资的引导和带动作用,按照国家关于加快服务业发展的政策要求,对服务业发展带动性强的重点项目以及对传统服务业的科技创新、新兴业态的推广运用、新兴现代服务业的发展进行重点扶持。加大财政对服务业的引导、扶持性投入,支持产业化、市场化、社会化的服务项目建设。广开服务业投融资渠道,积极利用各种融资手段,逐步形成多渠道、多层次、多方位的服务业投融资体系。鼓励服务业企业按照国家有关规定加快股份制改造。引导服务业企业通过发行股票、企业债券、项目融资、股权置换以及资产重组等多种方式筹措资金。支持国有商业银行及地方金融机构增加服务业信贷。

3. 进一步加强人才培养和引进工作

加强与太仓市内外高等职业院校的合作与联系,加快培养服务业紧缺人才。支持高等院校、职业院校、科研院所与三镇有条件的服务业企业建立实习和培训基地,支持各类教育培训机构开展服务业技能型人才再培训、再教育。完善和规范职业资格和职称制度,健全服务业职业资格标准体系。根据服务业发展需要,积极引进国内外优秀服务业人才,在各方面为其提供相应的政策支持。研究完善技术、管理等要素参与分配的有关政策,建立多元化分配激励机制,大力改善用人、留人环境。

4. 进一步营造有利于服务业发展的市场环境

根据国家、省、市的相关改革政策,建立公开透明、平等规范的市场准入制度,进一步放宽创新型、示范性服务业企业准入的前置条件,进一步简化服务业企业的注册审批手续,切实做到对各类所有制企业在准入方面一视同仁。进一步推进投资主体多元化,引入竞争机制。按照WTO框架协议承诺,逐步开放服务市场。大力吸引国内外知名服务业企业前来投资,加快国际服务贸易发展。积极承接服务外包,加快培育一批具备国际资质的服务外包企业,形成一批外包产业基地。建立相应的综合协调体系,形成统一领导、综合协调、分工负责、上下互动的推进机制。建立健全服务业统计制度以及服务业发展信息的监测、预警和发布制度,不断完善服务业发展目标考核体系。

5. 加大资金投入,确保重点项目的实施

加大对服务业的财政投入力度,整合专项资金,投入重点项目,为服务业快速发展提供有力支持。重点实施陶瓷市场建设工程项目,加快建设城厢镇农产品批发市场和建材批发市场、陆渡东城农贸市场。积极包装和推进旅游景点建设,重点实施新毛旅游风情小镇、金仓湖郊野公园后续工程、园花园山庄等旅游业项目。加强服务业载体建设,规划建设浏河江海河特色产业集聚区,加快太仓国际服务外包产业园建设,大力推进总投资2亿元的现代服务外包数据中心、陆渡服务外包产业园等项目。

六、目标实施途径

(一)深化综合配套改革,实现城乡一体化发展

按照"工业化致富农民、城市化带动农村、产业化提升农业"的基本思路,进一步统筹城乡发展,加快富民强村步伐,努力构建城乡经济社会一体化发展的新格局。统筹城乡各项改革,探索建立农民持续增收致富的长效机制。要进一步推动先进生产要素向农村流动、基础设施向农村延伸、公共服务向农村覆盖、现代文明向农村传播,率先建立"三农"与"三化"协调发展的互动机制,率先建立农民持续增收的长效机制,率先建立发展现代农业的动力机制,促进农民全面发展、农业全面提升、农村全面进步,努力提升城乡一体化发展水平。着力在农村土地使用、金融、社保、户籍等制度上谋求新的突破,努力实现城乡发展"七个一体化":发展规划一体化、资源配置一体化、产业布局一体化、基础设施一体化、公共服务一体化、就业社保一体化和社会管理一体化。按照统一部署,结合本地实际,加强协调配合,积极探索建立符合上级精神、创新地方实践的一系列制度性保障,走出一条具有三镇特色的城乡一体化发展之路。

(二)做好拆迁安置工作,着力推进农民集中居住

1. 切实保障农民权益

对拆迁或预拆迁安置入住公寓房并自愿放弃宅基地使用权、土地承包经营权进城进镇的农民实施其向城镇居民的身份转换,按常住地办理户籍登记手续,在教育、文化、卫生、体育等方面享受城镇居民同等待遇。加大对进城进镇农民的就业创业支持力度,实行统一的就业失业登记制度、城镇就业困难人员援助制度和职业培训制度。劳动年龄段人员进城进镇后半年内免费介绍岗位,确保每户有一人以上就业。为有创业愿望的农民优先解决小额信贷。农民进城(镇、区)集中居住后,在原村集体经济组织中已拥有的集体资产所有权不变,按社区股份合作社章程享有股份和收益分配的权利。

2. 以点带面,实现整体拆迁的有效突破

循序渐进,掌握节奏。陆渡镇要加快 200 亩以上整体地块的拍卖和开发步伐,着重做好中心商住区的企业搬迁和农户拆迁工作,在十八江以东,郑和路以南高起点规划、高标准建设 31 万平方米农民集中居住小区,以此推进拆迁、开发进程。原郑和路代建房的拆迁安置房建设要加快进度,推进郑和路沿线代建房的顺利搬迁,为陆渡东西向主干道腾出绿化、人行道空间,实现与城区上海路基础设施上的无缝接轨。浏河镇要以紫薇苑三区为示范,加快推进紫薇苑、何桥、闸北、张桥等 8 个农民集中居住点建设,完善基础设施,使每年进入农民集中居住区的农户不少于 800 户。城厢镇要按照太仓市的统一部署,加快启动 204 国道城区沿线地块改造,加快 1、2 号地块拆迁,推进"城中村"改造。

(三)创新城乡管理机制,加强农村社区管理

1. 创新城乡管理机制

积极试行城乡网络化管理,在城乡一体化管理上求突破。努力形成"发现及时、处置快速、解决有效、监督有力"的管理新机制。整合公安、城管、土地、建管和村的力量,继续加大拆违和控违力度,全面完成拆违整治工作任务,坚决遏制新的违法建筑产生。落实环境综合治理长效机制,强化市容环境综合整治,

创建示范区域。强化属地原则,进一步提高农村尤其是城乡接合部的环境卫生长效管理方式。按照"管理向上攀登、服务向下生根"的要求,大力推进社区建设,不断夯实社会管理的基层基础。

2. 加强农村社区管理

率先将城市社区理念引入农村,各村建立中心社区和村级社区,推进城乡公共服务均等化,基本建立"小事不出社区,服务送进家门"的现代服务模式。加强农民集中居住区管理,按照太仓市总体部署,加快推进"八位一体"的社区综合服务中心建设,努力实现农村社区服务中心建设工作与新农村建设有效对接,让广大农民群众受益。继续将农村社区纳入城市化和新农村建设统一规划,按照"现代社区型、集中居住型、整治改造型、生态环保型、古村保护型"的建设模式,因地制宜加强集中居住区建设。社区建设要以"便民、利民、为民、惠民"为宗旨,加快城乡接轨。积极倡导社区群众自娱自乐,自我服务,努力构建和谐社区。

(四)创新农村土地制度,加快土地有序流转

1. 创新完善农村土地管理制度

继续支持、引导农民通过转包、出租、股份合作等多种方式,流转土地承包经营权,力争实现农业规模化经营比重80%。加强对土地承包经营权流转的管理和服务,规范流转行为,维护农民利益。深入推进征地制度改革,严格界定公益性和经营性建设项目用地,完善征地补偿机制。对农户拆迁置换出来的土地通过办合作农场的方式实行集中经营。

2. 创新土地使用制度

一是实行城乡建设用地增减挂钩制度,地方政府可预支拆旧复垦面积30%左右的周转指标,先期用于农民集中居住区建设。二是实施现代农业示范区总面积3%的农业设施用地指标政策,加快农业基础设施建设,推进现代高效农业发展。三是落实村集体留用地政策,在规划时留出10%左右作为农村集体非农建设用地;村庄整理、宅基地置换节约的土地10%留给村集体用于发展农村集体经济。

3. 创新农村经营体制

一是进入集中居住区建房落户的农户,土地承包关系保持稳定并长久不变。在依法、自愿、有偿的基础上加快推进土地承包经营权流转。二是农户进入集中居住区流转出来的承包土地、进城进镇放弃承包经营权的土地和复垦的

宅基地,由村集体经济组织发起组建合作农场,实行专业化生产、企业化管理、规模化经营。三是农户以土地承包经营权入股于合作农场,合作农场的可分配收益按股分红,也可采取保底分红。吸纳农民资金入股,发展合作项目,获得股金分红。

（五）切实加强社会保障,营造和谐发展环境

1. 高度重视就业和社会保障工作

努力朝着"城乡就业比较充分,分配格局比较合理,劳动关系和谐稳定,人人享有社会保障,管理服务规范高效"的社会保障发展目标推进,为三镇的现代化建设创造和谐稳定的社会环境。进一步扩大社保覆盖面,积极实施农民补充养老保险、农保转城保工作,认真落实医疗保险"四倾斜"政策。规范"土地换保障"政策。引导农民向企业职工养老保险转移,提高农村社会养老保险水平,逐步缩小城乡社会保障水平差距,最终建立城乡一体化的社会保障体系。构建乡镇培训网络体系,推行"菜单式"培训。全面提升劳动者的综合素质,建立基本完善、配套、畅通的技能型人才队伍建设政策制度服务体系,健全具有培训、认证、评价、使用、交流、保障等功能的公共服务体系和社会服务体系。

2. 以户籍改革为突破口,加快推进农民市民化进程

加快推进户籍制度改革。使得进城农民与城市原有居民共享社会保障和公共服务。探索建立流动人口管理服务新机制,有效提高流动人口管理服务水平。各镇加强配套管理和衔接,成立流动人口统筹协调工作机构,建立专业管理执法队伍,强化对流动人口服务管理。继续开展人口协调发展先进镇（村）的创建活动,推动"新太仓人"融入工程。

3. 以创建平安镇（村）为目标,加强社会治安综合治理

依法打击各类犯罪活动,建立健全社会预警、应急联动等机制,进一步提高保障社会公共安全的能力。加强社会治安综合防控体系建设,深化基层村（居）委会平安法治的创建工作。深入开展"六五"普法教育,加强对困难群众的法律援助。提高社会矛盾化解能力。拓宽和畅通社情民意的表达渠道,层层落实信访责任制,妥善处理好动迁安置等过程中的遗留问题。

第十二章 案例3：湖桥村发展新型农村集体经济调研报告[①]

本书第四章、第十章曾经介绍和分析了苏州市、吴中区在城乡一体化中发展农村集体经济的做法与经验，其中多处提到湖桥村的经验。本案例就是对湖桥村发展新型农村集体经济的调研报告，试图从村级层面，展现苏州市在城乡一体化发展过程中集体经济的改革与发展情况。

一、研究设计

（一）研究背景

伴随工业化、城镇化的深入推进，我国农业农村发展步入了新的阶段，呈现出农村社会结构加速转型的态势。中共十七届三中全会后，农村土地承包经营权的流转成为社会关注的热点问题。截至2012年年底，在工商行政管理部门登记的农民专业合作社已覆盖全国农户总数的15%以上，覆盖面也由东部向中西部扩展。

2013年中央一号文件指出，要创新农业生产经营体制、稳步提高农民组织化程度，其中特别强调，要大力支持发展多种形式的新型农民合作组织。在2013年的"两会"上，时任国务院总理温家宝在政府工作报告中指出，应该支持发展多种形式的新型农民合作组织和多层次的农业社会化服务组织。国务院

---

① 案例是由本课题主持人担任指导教师、课题组成员邵路遥等人完成的调研报告，原题目为"新型农村合作经济组织发展道路的探索——以苏州市湖桥村为例"，现收录在此。调研报告完成于2013年上半年，在第十三届"挑战杯"全国大学生课外学术科技作品竞赛中荣获特等奖。为了保持原貌，故未对其资料与内容进行更新和补充，只是按照本书统一体例，对其进行了必要调整。

总理李克强于2013年3月底在江苏常熟古里镇考察时指出,通过多种形式的载体,实现适度规模经营是农业发展的大方向。可见,提高农民组织化程度是中央的重要要求。充分整合利用农村资源,拉动村级经济增长,保障农民的权益将是未来农村经济转型的关键。

(二)研究意义

农民自古以来就缺乏抵抗风险的能力,农业经济基本矛盾的内涵可以归结为农民小生产与大市场的矛盾。农业天生具有土地资产专用性强、生产单位专用性高、经营产业化程度低以及农民产权模糊的特性。

农村合作经济组织的发展尚处于探索阶段,还存在诸如运行机制不完善、内部关系不紧密和村民产权不明确等现实问题。从根本上说,存在这些问题的原因在于人们没有正确认识农村合作经济组织的发展方向。

随着农民专业合作社的不断发展,一种新型农村合作经济组织在经济发达地区出现了。作为一种新型组织,它对原有形式进行了延伸和拓展。为了确保调研的深入性和前瞻性,课题组选择苏州市吴中区湖桥村作为研究个案,同时对湖桥集团做了详细的分析,研究新型农村合作经济组织的发展方向,并力求归纳总结其发展的"湖桥道路",为其他农村合作经济组织的转型提供参考。

(三)研究区域

鉴于本课题着力于对新型农村合作经济组织进行研究与探索,这就要求了研究的样本必须具有客观性与典型性。课题组确定以湖桥村为研究对象基于以下理由:

1. 所处环境具有典型性

湖桥村地处太湖平原,位于苏州市吴中区西南方,坐落于太湖东岸。全村总面积11.42平方公里,距苏州城区19.5公里。苏州是全国范围内率先大批量兴起农村合作社并在此基础上创新发展的城市。湖桥村作为近年来苏州全市范围内通过转型升级得到迅猛发展的农村中的一个典型,具有一定的研究价值。

2. 发展轨迹具有创新性

从2003年至2012年,湖桥村的集体经济经历了资源资产化、资产资本化、资本股份化、股份合作化并最终集团化的过程。2008年之前,湖桥村积极响应在全市范围内开展农村土地制度创新的号召,紧跟时代潮流发展了土地股份合作制度。2010年,湖桥村创新发展土地股份合作制度,走上了集团化的道路,成立了全国首家由合作社出资的农民集团——湖桥集团。伴随着湖桥集团的诞生和成长,湖桥村走出了一条全新的"湖桥道路",成为当地的"明星村"。

3. 经济水平具有代表性

2003年之前,湖桥村还是一个信息闭塞、交通落后、产业单一、经济薄弱的落后村,负债达400多万元。经过多年的发展,湖桥村凭其经济实力分别在2006年和2009年成为"临湖第一村"和"吴中第一村"。2012年村级经济收入突破8 000万元,实现七年翻六番(见图12-1)。村级集体资产达到8亿元,七年增长了79倍(见图12-2)。2005年,村民人均收入约9 600元;2011年,村民人均收入为20 800元,6年平均增幅16.67%,比全市、全区水平分别高出3 534元和3 540元。

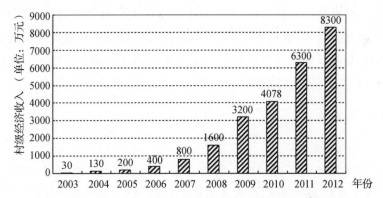

图12-1　2005—2012年苏州市湖桥村村级经济收入图

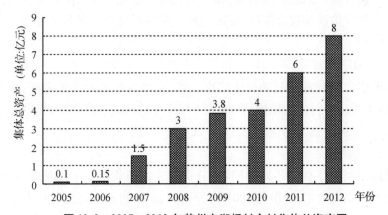

图12-2　2005—2012年苏州市湖桥村全村集体总资产图

4. 专家关注具有权威性

2010年11月,时任全国人大常委会副委员长周铁农来苏考察时曾亲赴湖桥村调研。国务院发展研究中心副主任韩俊、江苏省委副秘书长胥爱贵等也先后到访湖桥村指导工作。2012年12月,江苏省委领导赴湖桥村视察时指出,湖桥村的发展模式对于城乡一体化的发展具有借鉴和指导意义。

本课题广泛接受农村经济领域专家的意见,中国人民大学农业与农村发展学院院长温铁军教授、苏州市人大常委会副秘书长、办公室主任周文生先生以及扬州大学商学院常务副院长钱忠好教授都非常认可湖桥村的新型农村合作经济发展道路,向课题组大力推荐。

另外,课题组指导老师夏永祥教授现任苏州大学乡镇经济研究所所长,长期致力于农村经济和区域经济的研究,对农村经济有深入的了解和思考,研究成果丰硕。特别是目前他正在主持2011年度国家社科基金项目《苏州市城乡一体化发展道路研究》的研究工作,对苏州市农村合作经济发展进行过深入的调查研究。夏教授曾带领课题组成员前往湖桥村进行调研,他指出,湖桥村发展农村经济的创举对于苏州市城乡一体化的推进具有重要意义。

(四)研究方法

1. 无结构访谈法

课题组先后走访了苏州市人大常委会、临湖镇党委、镇政府、湖桥村村委会,搜集相关资料,并与苏州市人大常委会副秘书长、办公室主任周文生,苏州市农村经济研究会副会长陶若伦、湖桥集团董事长徐顺兴、临湖镇镇长顾强等相关人员进行访谈和理论探讨,更深入地了解湖桥村的情况与实际发展过程中遇到的问题。

2. 实地研究法

课题组先后赴湖桥村调研十二次,通过对湖桥村进行实地考察,包括村委会、湖桥集团以及村内的商铺、企业、工厂等,并对村民进行采访,获取第一手资料与素材,了解最真实的情况。

3. 问卷调研法

课题组制作了两类不同的问卷,分别发放湖桥集团员工以及湖桥村村民。两类问卷分别发放了50份和100份,分别回收49份和91份,其中有效问卷分别为49份和90份。问卷回收率分别为98%和91%,问卷有效率分别为100%和98.9%。问卷采取当场回收的方式,并使用SPSS软件进行数据分析,从不同角度和不同层面对湖桥村进行深入细致的了解。

4. 模型分析法

课题组通过对数据的采集、整理,运用经济学分析方法更加细致地对湖桥村的经济数据进行分析,使其发展道路数字化、模型化,更加可靠地总结"湖桥道路",为今后农村合作经济组织的发展提供可靠的参考。

二、文献检阅与理论构建

(一) 相关研究综述

在实地考察调研和构建理论模型之前,有必要对农村集体经济的组织形式,特别是农村合作经济组织进行一般性了解。

1. 关于农村合作经济组织产生的历史原因的研究

自20世纪50年代起的中国工业化进程所带有的严重偏向性,即城市的全面工业化,是导致城乡二元结构的一个动因;而所谓的农民与土地之间关系的改变却没能带来农民真正意义上的脱贫致富。

20世纪70年代末到80年代初,以家庭联产承包责任制为主要改革内容的农村经济体制改革开始推行。自这一时期开始,农村改革更为贴近农民切身利益,即更关注农民个体本身。

在优胜劣汰的市场环境中,农业始终是弱质产业,农民是弱势群体。[1] 这一问题在市场经济不断发展的中国社会日益凸显。李克强曾指出:"农业依靠自身积累发展的实现还有赖于土地产权体制的改革。现有土地关系下农业经营的规模不经济问题迟早要得到解决。"[2]在这样的背景下,农民专业合作经济组织作为农村集体经济组织发展的一种形式开始蓬勃发展起来。

2. 关于国内外农民专业合作社制度创新发展的研究

农民专业合作社在法律上的地位,由2007年7月1日起生效的《中华人民共和国农民专业合作社法》确立。该法第一章第二条明确规定:"农民专业合作社是在农村家庭承包经营基础上,同类农产品的生产经营者或者同类农业生产

---

[1] 王春蕊,李耀龙. 基于生态位理论的农民发展问题研究[J]. 生态经济, 2007(2): 64 – 67.

[2] 李克强. 论我国经济的三元结构[J]. 中国社会科学, 1991(3): 65 – 82.

经营服务的提供者、利用者,自愿联合、民主管理的互助性经济组织。"

当然,农民专业合作社发展到今天,瓶颈也愈发凸显,包括受到税收问题的制约、产权划分的不明晰以及宣传力度不够所造成的农民的误解等情况,这些严重限制着合作社自身的发展。① 陈锡文曾提出:"要发展各类农民专业合作组织、农业社会化服务组织和农业产业化经营体系,提高农业生产的专业化、集约化、规模化、社会化、组织化程度。"② 张晓山等学者则提出了最大限度地利用和改造现有资源,形成农业科技能顺利转化为现实生产力、农产品能最终实现价值的网络体系,较快捷地整体进入市场的思路。③

与此同时,我们也应该看到农民合作社在全世界范围内的创新。除了股份化甚至公开募股之外,还包括董事会领导制、专家负责制以及跨区域合作乃至跨国组团等一系列新的举措。④

3. 关于农村合作经济组织发展方向的探讨

虽然农民专业合作社制度在中国短暂的发展历史远不及其在世界范围内近百年的变迁,但其发展较快,各种形式的衍生与创新已在中国大地开花。应该指出的是,这一切的变革始终是在原有的框架内进行的,而原有的经济模式并没有适应当今社会资本化运作趋势迅猛发展的特点。

历史经验告诉我们,农村土地关系的变革与经济发展模式的转变,从来都是自下而上的。自从苏州市吴中区临湖镇湖桥村三大合作社出资组建全国首个村级企业集团之后⑤,抱团发展的形式在吴中区乃至整个苏州地区的推广愈加迅猛。

农民集团的组建,不仅是对农民专业合作社制度的继承与发展,也是制度层面上的创新与飞跃。韩俊指出,它对文化科技等高端产业的涉足以及对现代企业经营管理模式的参考,无疑是成功的。⑥ 但因集团成立不久,尚处起步探索阶段,目前对"集团化"这一道路较为系统的分析和研究也较少。本课题试图在这一转型升级道路的成效最终显现之前,填补目前这方面研究的空白。

---

① 来婷婷. 浅析新农村经济发展中的组织问题[J]. 云南社会主义学院学报,2012(6):19-20.
② 陈锡文. 推动城乡发展一体化[J]. 求是,2012(23):28-31.
③ 张晓山. 有关中国农民专业合作组织发展的几个问题[J]农村经济,2005(1):4-7.
④ Michael C. The Future of U. S. A. gricultural Cooperatives: A Neo-Institutional Approach [J]. American Journal of Agricultural Economics,1995(12):115-158.
⑤ 韩光浩,徐顺兴:做城乡一体化"领跑者"[J]. 现代苏州,2010(23):42-45.
⑥ 沈红娣,何建平. 吴中农民果敢投资科技与创意产业[N]. 姑苏晚报,2011-10-27.

另外,在如今城乡一体化的背景下,农民集团的诞生除了通过发展模式的创新促进了经济的发展之外,也从各方面保障了农民的权益,促进了农村的发展。

应该指出,农村合作经济组织创新发展的道路并不唯一。例如山东省龙口市的南山村,通过"村企合一"的集团管理模式,将村级领导班子和企业领导班子、村民和企业职工分别合二为一①,走出了一条不一样的道路。各种不同的发展道路是各地因地制宜进行创新的结果,我们应该对这种多元化给予更多的包容和支持,并认真学习和研究其创新之处,以运用到苏州城乡一体化发展的实践中去。

（二）理论分析框架

1. 农村合作经济组织制度嵌入的约束分析

制度嵌入理论揭示了在同样的市场环境下,有同样资源禀赋和管理制度的组织运营效果却大不相同的社会原因。在制度集合中,依据规则的作用方式与演替机理,制度分为正式制度和非正式制度两种类型。中国的农村经济是一种建立在小农经济基础上的一种特殊的经济模式,传统的农业文化源远流长。从原本自给自足的小农经济到如今现代化、市场化的新型农村合作经济,既是外来制度嵌入的过程,又是正式制度和非正式制度不断约束的过程。

（1）正式制度的约束——市场化的小农经济

进入20世纪80年代后,中国农村名义上实行了以村为单位的土地集体所有制,但是现实的情况是,在实行家庭联产承包责任制之后,土地经营零碎化,农村小农经济陷入空前的分散性、盲目性境地。中国的农村经济始终受到传统小农经济的影响。经历了制度的变迁,中国现阶段的农村经济是市场化的小农经济,与自给自足的小农经济相比,在生产和生活上都要受制于市场,这增加了小农的压力,但没有改变小农的实质。

① 物质基础薄弱影响新型农村合作经济组织制度的嵌入。改革开放以来,中国农业取得了一定的发展,农业现代化水平不断提高,但是目前中国农业生产中存在两个突出的问题:一是大量使用简陋的手工劳动工具;二是人均耕地面积太小。这两个方面有限的物质基础,约束了农产品的交易量和专业化生产,难以形成一定的市场规模,从而成为新型农村合作经济组织形成和制度创

---

① 王长亮. 富美和谐南山村[J]. 农村工作通讯,2009(19):32-33.

新的瓶颈。

② 既得利益格局阻碍新型农村合作经济组织制度的嵌入。新型农村合作经济组织的形成实质是对农业生产要素的重新配置,这个重新分配的过程,会对既得利益格局造成冲击。而这个冲击将会成为农村合作经济组织制度创新成本的一部分。现阶段的中国农业已经基本融入市场体系,城市工商业的挤压使小农经济进一步发展的空间消失殆尽。当今,中国小农经济的市场化为新型农村合作经济组织制度的嵌入提供了切入点,但是工商资本控制下的小农经济又为新型制度的嵌入设下了障碍。

（2）非正式制度的约束——单个农村的典型特性

新型制度嵌入特定环境的过程,不仅会受到正式制度的约束,更加会受到非正式制度的约束。从历史的角度来看,在正式制度安排产生之前,非正式制度就已经产生和存在。

① 圈子意识延缓新型农村合作经济组织制度的嵌入。现今农村经济的发展受圈子意识的影响明显。农村的传统思想跟不上市场经济的需求,农民生活在自己的圈子里面,把拥有先进理念的人视为"圈外人"。缺乏良好教育的农民,加之圈子意识的作用,使新型制度的嵌入愈发困难。

② 非主体意识抑制新型农村合作经济组织制度的嵌入。农村合作经济组织中的农民否定自身的主观能动性,总是把希望寄托于外界。出于获得更好生活条件和更高社会地位的目的,市场风险抵抗能力较差的农民渐渐对政府产生了依赖。因此,由于非主体意识的存在,单个农民对于融入这种自助组织表现出来的主动性明显不足。

2. 农村合作经济组织规模经营的微观分析

为了提高收益、降低生产成本,出于实现内部规模经济的目的,农民企图通过联合来扩大外部交易规模从而降低产品交易的成本。这种以合作经济组织形式在市场流通领域规模经营的经济效应描述如图12-3。图中 S 线为单个农户在市场上的供给线;D 线为市场上中间商的需求线和边际收益线;MC 为中间商的边际成本线。如果中间商和单个农户的能力相当,则 S 线与 D 线相交于均衡点 E_1。

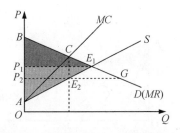 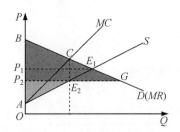

图 12-3　中间商与市场交易成本 I　　图 12-4　中间商与市场交易成本 II

农户单独进入市场，其自身市场沟通能力欠缺，这使中间商在谈判中处于优势地位，中间商通过其信息优势影响价格的变动，导致点 C 时达到市场均衡。此时图 12-3 中 $\triangle E_1AP_1$ 的面积代表农户的生产者剩余，$\triangle E_1BP_1$ 的面积代表中间商的消费者剩余；当中间商 MC 与 MR 的均衡点为点 C 时（图 12-4），此时点 E_2 反映了市场上中间商的需求情况，农户的生产者剩余为 $\triangle E_2AP_2$ 的面积，中间商的消费者剩余为 $\triangle GBP_2$ 的面积。

由此可见，中间商利用其自身的优势占有了本应属于农户的生产者剩余。从理论上说，中间商为单个农户代理市场交易活动，一定程度上可以降低农户的交易成本。因此，只要节约的交易成本额大于农户被剥夺的生产者剩余，农民依然愿意委托中间商进行交易。但如果农户被剥夺的生产者剩余大于交易成本的节约额，即图 12-4 中 $\diamondsuit P_1P_2E_2E_1$ 的面积过度增长，交易就会破裂，此时，农村合作经济组织就会产生替代中间商的作用。

当农户打破传统的生产经营模式，以合作组织的形式参与市场活动时，合作社的市场沟通能力等同于中间商的能力，图 12-5 中曲线 S 与曲线 D 相交于点 E_1，此时的均衡价格为 P_1，农民的生产者剩余不变；若合作经济组织与中间商进行谈判时谈判能力很强，就会形成有利于合作经济组织的均衡点 E_2，均衡价格为 P_2。由此可见，农民合作经济组织凭借其自身的优势，可以抢夺原先中间商所占有的部分消费者剩余，即图 12-5 中 $\diamondsuit P_1P_3CE_1$ 的面积。因此，农村合作经济组织在代替农民进行交易的过程中既节约了原本向中间商交纳的委托费用，又能使农民分享规模经济带来的效益。

当农民合作组织的优势渐渐凸显的时候，进一步提高规模化与组织化程度是其发展的关键。图 12-6 中 $\diamondsuit P_3P_4FC$ 的面积是对中间商消费者剩余的进一步剥夺，即新型农村合作经济组织探索与创新的产物——农民集团对抗中间商的结果，也是本课题中个案所取得的创新性效果。

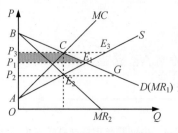

图 12-5　农民合作组织与市场交易成本

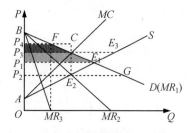

图 12-6　新型农村合作经济组织与市场交易成本

三、农村合作经济组织的演变路径——"湖桥道路"

（一）"湖桥道路"的发展步骤

经济发达地区在推进城乡一体化发展的进程运用了众多的创新举措——苏州市湖桥村的发展道路就是其中的典型代表。湖桥村在农村合作经济组织方面的探索道路可以归纳为以下几个步骤：

1. 起步阶段：脱贫致富，生产规模化

2003 年湖桥村合并周边两个村，对于一个村级集体来说，进一步合并意味着现有资源的整合，但是一个村的经济实力并不会因为简单合并就像人口、土地一样成倍地增长，整合后积贫积弱的局面并没有得以改善。2005 年，村领导班子进行调整，湖桥村重新定位经济发展道路。对于第一产业，因地制宜集中开发了水产养殖、花卉苗木和果树种植等项目，并按照标准化、规模化的养殖模式进行运作；对于第二产业，利用高标准的配套设施招商引资、筹措资金，通过资本的积累来扩大生产规模、增强竞争力；对于第三产业，依靠大量就业人口聚集之后的生活需求，通过不断完善的第一、第二产业来推动其发展。至此，湖桥村的经济水平稳步上升，村民渐渐富有。生产规模的逐步扩大，降低了生产的成本，为日后合作经济组织的转型打下了良好的基础。

2. 成长阶段：紧跟潮流，股份合作化

为了落实 2008 年中共十七届三中全会提出的农村土地承包经营权流转的理念，学习周边农村兴起的土地股份合作制度，湖桥村于 2008—2009 年先后组建了农业专业合作社、社区股份合作社和物业管理股份合作社，交由村级行政统一运作管理(见图12-7)。

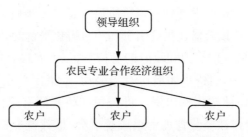

图12-7 湖桥村股份合作组织结构图

土地股份合作化时期,村民作为合作社的所有者同时也是合作社的主顾。合作社对内实行民主管理,对外实行营利性经营。村民自愿参与加入合作社,参与者凭借股份可享受年底的分红。土地股份合作化特别适合市场经济竞争环境中处于弱势地位、抵御风险能力较差的农民,其实质是农民与中间商之间关于生产者剩余的争夺,符合内部规模经济发展的要求。

实践经验表明,股份合作社发展到一定程度后会受限于以下阻碍村级经济高速发展的瓶颈:

(1) 经营模式粗放,靠租金推动经济,增长空间十分有限。依靠土地流转进行规模化农业种植或者建造厂房出租,农民获得了比原来高的收益。然而,合作社经营简单,主要以房租、地租等为主要收入,虽然收入非常稳定,但增长空间被限制,很难有所突破,经济发展成果不显著。

(2) 与现代农业和第三产业发展潮流脱节,缺乏招商引资和项目平台。现代服务业的发达程度是衡量经济、社会现代化水平的重要标志。苏州市也在大力支持第三产业的发展,近年来快速发展的农业旅游、特色农庄、生态牧场等让湖桥村看到了服务业在农村的发展前景。仅仅依靠农村合作社是难以适应快速变化的服务业市场的,建立高效的招商引资和项目平台迫在眉睫。

(3) 股份合作社与村级行政管理共用"一套班子",两者难以兼顾。湖桥村的农村合作社由村级行政参与管理事务,存在一人身兼数职、难以兼顾平衡的情况。管理体制的缺陷,导致了股份合作社的不全面发展。

(4) 与其他市场主体相比,合作社的竞争力仍然有限。虽然,与小农分散独自进入市场相比,合作社有着明显的优越性,但是与其他市场主体例如大公司相比,农村合作社的竞争力量仍然有限。随着外部市场竞争的不断加剧和合作社业务的不断扩大,有必要采取措施进一步提升市场竞争力,降低经营成本。

3. 成熟阶段:突破瓶颈,企业集团化

出于进一步规模经营、获取生产者剩余的目的,湖桥村突破合作社瓶颈,走上创新之路。组建市场化的集团公司,是农村股份合作制度的发展,也是湖桥村村级经济和农村股份制发展到一定阶段后为了进一步做大做强村级经济,加快转变经济发展方式以及搭建招商引资和项目孵化平台的必然选择。

2010年,在湖桥人的努力和政府的支持下,三大农民合作社出资组建了全国首家农民集团——"湖桥集团股份有限公司"。集团总注册资本为5 600万元,由三大股份合作社按比例出资。母公司湖桥集团有限公司下设五个子公司。由三大股份合作社经营管理者组成董事会,推荐董事长,集团公司指派子公司的执行董事,行使董事长职权,各公司招聘职业总经理,全面负责公司的经营和管理工作。集团公司设立财务科,统一对子公司行使财务管理职权。集团下属子公司实行经济独立核算制度,完全按照经济实体的要求进行市场化运作(见图12-8)。

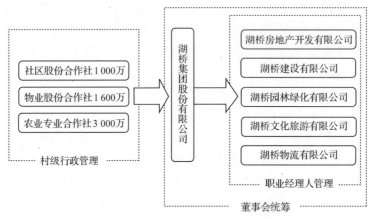

图 12-8　湖桥集团管理结构示意图

湖桥集团对各子公司实行"三定"原则,即"定经营范围,定年度创收,定净收益分配"。集团公司遵循四六分成的原则,确定净收益分配:40%留作公司积累用于发展再生产,60%按出资比例返还三大股份合作社,用于分红。村民可以通过合作社入股,经由合作社将股份转到集团公司进行增值活动,亦可以提出申请从集团公司将股份转回合作社,再从合作社办理相关手续进行退股(见图12-9)。

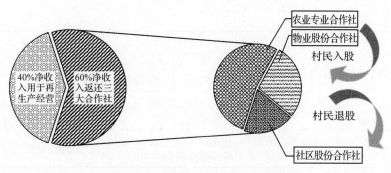

图 12-9　湖桥集团分配机制示意图

（二）"湖桥道路"的创新之处

"湖桥道路"的推进在提升农民的组织化程度、规避市场化与城市化过程中的不确定性和风险性、提高农民收入、增强农村集体经济实力、明确农村产权、促进城乡统筹发展和农村现代化等方面起到了举足轻重的作用。"湖桥道路"的创新之处可归纳为以下几点：

1. 出于规模经济效应的集团化演变

"湖桥道路"经历了传统的农村合作经济形式，又在传统模式上进行了创新，既解决了农户小规模分散经营不适应现代化大生产和大流通的问题，又保障了农民作为土地承包主体的经营和收益权利，同时通过集团化的机制构建，让拥有土地经营权的农民就地转变为拥有公司权益的股东。表 12-1 是对湖桥村农村合作经济组织形式各阶段的归纳：

表 12-1　湖桥村农村合作经济组织形式各阶段的对比

	集体所有制	股份合作制	集团化
开放程度	面向村民	部分面向市场	完全面向市场
社会基础	完全由经济社会弱势者联合	大部分由经济社会弱势者联合	基本由资金所有者联合
组织目标	集体收益最大化	投资成员收益最大化	通过生产规模的扩大拉动投资者收益的增加
联合方式	人的联合	资本和劳动的联合	市场资本的联合
成员资格	严格的社区限制	加入自由，退出受限	加入自愿，退出自由
成员角色	所有者、经营者、生产者完全统一	所有者、经营者、生产者基本分离	所有者、经营者、生产者完全分离

续表

	集体所有制	股份合作制	集团化
产权安排	无差别集体占有	社员个人按股份差别占有，不允许非社员持股	股东按股份差别占有
治理结构	一人一票，但缺乏制度保证	一人一票，经营管理者在社员中选举产生	一股一票，外聘专业经营管理者，有制度保证
收益分配	完全按劳分配，无资本报酬	按惠顾额返还盈利，成员获得有限的资本报酬	按股分配，享受资本报酬

2. 提高集体效率的去行政化管理

湖桥集团在成立之后采取"自主经营、自负盈亏、利益均占、风险共担"的理念，使集团管理与村级行政逐步分离。政企分离提高了村级行政班子和企业管理团队的运作效率，促进了村级经济的发展。这一举措与广东省佛山市南海区的"政企分离"有异曲同工之妙。当然，农村合作经济组织发展的出路并不唯一，山东省龙口市南山村就创建了颇具特色的"村企合一"体制，使员工的个人利益与集体利益达到充分一致。表 12-2 是湖桥村和以上两个地区的对比。广东省佛山市南海区、山东省龙口市南山村和苏州市湖桥村的管理机制各具特色，三者有着不同的背景，但都产生了良好的效益，体现了现今农村经济领域的多元化发展潮流。湖桥村在其特定的背景下，走上了"政企分离"的道路，为具有相同背景的农村提供了一个借鉴的模板。

表 12-2　湖桥村与广东南海、山东南山村管理机制的对比

	佛山市南海区	龙口市南山村	苏州市湖桥村
管理机制	政企分离	村企合一	政企分离
管理班子	政府完全放弃企业的经营者身份，企业交由职业经理人管理	村级领导班子与企业领导班子合二为一，所有村民为企业职工	村级领导班子主管村级行政，外聘企业管理者进行企业管理
意义	增强企业抵御市场风险的能力，改善企业的激励机制，提高运行效率	村民切身利益与集体利益紧密地联结在一起，最大限度地调动村民发展集体经济的积极性和主动性	提高村集体的运行效率，引进外来高水平管理者，促进企业的生产经营和市场化运作

3. 保障农民权益的产权制度创新

湖桥村的发展贯彻了以人为本的理念，对于农村产权问题进行了深层次的探索。被称为"天下第一村"的江阴市华西村在农村产权的分配上和湖桥村有着较大的不同。华西村在强大的村级行政力量的支持下，采取的产权制度有其

存在的必然性,但也受到发展空间的限制,表 12-3 是华西村和湖桥村在产权分配上的对比:

表 12-3　湖桥村与华西村产权制度的对比

	华西村	湖桥村
产权制度	存在大量公共产权,绝大多数集体股不量化到个人	存在极少量公共产权,集体股量化到个人
财产使用权	财产的使用及抉择归村委会统一调配	财产的使用和抉择根据村民的意愿,由集团股东协商调配
财产处置	村民不能随意处置自己的股份,若退股不能带走集体账上的私人财产	村民可以自由入股、退股,集团正在往股份市场化方向转变

湖桥村的产权制度,充分考虑了村民的权益,体现了以人为本的理念,是农村经济领域产权改革的一大创新。

4. 恪守农村角色的农业生产发展

出于工业化的目的,农村的发展逐步由第一产业向第二、第三产业转移。以华西村为例,2003 年,华西村确立了进军服务业的战略,提出第二产业和第三产业比重各占 50% 的目标。今日,华西村已经完全没有了第一产业,曾经的"农民"已完全蜕变成为"居民"。这样的现象越来越多地出现在当今的农村。然而,农村不进行农业生产,农产品的供应不足将是社会现代化发展面临的一大难题。湖桥村在产业结构的安排上,重视农业的发展,牵手中国农科院,将在太湖边建起一座万亩现代农业科技示范园。

湖桥村发展新型农村合作经济组织,创新了农村经济的发展方式,由"强化二产"向"优化一产、强化三产"转变;创新了农民持续增收的长效机制,实现村级经济发展的"多轮驱动";创新了集体经济稳步健康发展的模式,实行"政企分离",使得村级社会事业和集体经济稳步发展。湖桥集团的成立变外部力量推动发展为内生动力拉动发展,推动了城乡经济社会一体化进程。

(三)"湖桥道路"发展中的问题与解决途径

"湖桥道路"是合作社集团化在全国范围内的首次探索,必然会遇到诸多问题。通过调研,课题组列举了制约其发展的主要问题及解决途径。

1. 问题一:村民的认知能力与经济发展模式的冲突

农民大多土生土长,受教育程度不高,不管是自身的文化水平还是对法律的认知都有所欠缺。因此,村民对于现代企业集团的运作过程及经营模式的不了解会导致分红时的矛盾。

解决途径：首先，对企业的董事长、执行董事长和职业经理人进行法律知识培训，加强管理者自身的法律意识，让管理者知道如何合法地行使自己的权利、如何合理规范地参与市场竞争；其次，集团需要建立有效的监督机制，集团公司进一步规范财务科的工作，加强公司财务的审计工作，避免因为财务上的失误导致农民的利益受损，做到财务公开、分红公正；最后，村级行政人员和集团管理者，要多聆听村民的意见和建议，多和村民沟通，引导他们的思想，让他们了解新的经济发展模式。

2. 问题二：人才的数量和质量与企业竞争力的冲突

集团的员工和管理者以村民为主，企业缺乏高水平的技术和管理人才，运行效率低下，创新能力差，难以适应激烈的外部市场竞争。

解决途径：针对村民文化水平低、缺乏专业技术的问题，集团企业要着重培养自身的技术人员，鼓励集团内部人员到外面学习和参与专业技术职称考试。另外集团企业要加倍重视人才的引进，逐步引进具有专业知识的高素质人才。村级行政要积极鼓励原湖桥籍的大学生回家乡参与集团的经营管理，提高企业的竞争能力。

3. 问题三：新型农村合作经济模式与政府政策的冲突

政府及有关职能部门对于农民集团相关政策的不完善，以及相关政策的不能及时出台，将会耽误新型农村合作经济组织发展的进程。比如，曾经的所得税交由地税局管理，在所得税方面农民享有减免权；而现在所得税由国税局代管，每年要向农民集团征收20%的所得税。

解决途径：政府在和农村合作经济组织沟通的过程中，应以保障农民权益为宗旨，完善相关法规制度与政策。比如，税务部门应该加强税收政策的宣传，避免造成不必要的误解；各职能部门也应该增强协作力度和加强信息交流，确保各类优惠与扶持制度的执行。

4. 问题四：代理人风险与村民权益的冲突

集团化经营后企业集团聘请职业经理人，村民将财产经营权上交，由其统一进行增值管理。然而，由于监管机制不严格，存在代理人风险，村民的权益得不到保障。

解决途径：在股份合作社及集团成立之初，代理人多是村级行政"一把手"。甚至一些组织的董事会、监事会成员多由村干部兼任，政企不分，产生了行政干预经济、代理人监管机制弱化等风险。股份制改革的核心是"确权"，避免股权虚化。集团应在逐步实现政企分离、建立现代企业制度之后，聘请高素质的代理人，加强对代理人的监管，充分保障村民的知情权、参与权、表达权和监督权。

（四）小结

通过对湖桥村的发展道路进行剖析，结合前一部分的理论分析，课题组得出以下几点结论：

1."湖桥道路"的发展轨迹受到正式制度的约束

在构建理论框架时，课题组曾假设农村合作经济组织的创新来源于制度的嵌入。经过对湖桥村实际情况的深入考察，该假设的正确性逐步得到验证。在正式制度方面，湖桥村薄弱的物质基础和已经形成的市场关系约束了新型制度的嵌入。为了摆脱正式制度的约束，湖桥村通过创新经济发展模式来增加村级收入、优化市场竞争格局。成立集团是对农业生产要素的重新配置，去行政化的管理方式又对已形成的既得利益格局造成冲击。最终，在这个重新分配的过程中，集体经济的运行效率得到了提高。

2."湖桥道路"的创新源于突破非正式制度的约束

在调研过程中，课题组发现，圈子意识依然是农村合作经济组织创新的阻力，所以湖桥村合作社集团化的道路走得异常困难。通过建立现代化企业，湖桥村最终突破了圈子意识和非主体意识的约束，完善了产权制度，为村民建立了长效增收机制，保障了村民的权益。

3."湖桥道路"将继续朝规模经营、制度创新的方向发展

结合理论与调研获得的相关数据，课题组认为，未来湖桥村的农村合作经济组织将逐步由政府推动型向自主经营型转变。伴随着经济模式的变更，湖桥村还应建立广泛与健全的公共监督管理体制。与此同时，应充分考虑村民整体的利益，确保村民这个最大的股东得到应有的分红，使其利益最大化。同时，不能存在歧视或区别对待的现象，要把实际利益量化到每个人，保障村民个体利益不受损。创新发展的农村合作经济组织依然是农民自己的组织，和农民自身利益紧密结合在一起。单个农民个体缺乏抵御风险的能力，合作经济组织在如何支配资产、与农户分享经济成果的问题上，应体现"公开、公平、公正"的原则，做到"利益共享、风险共担"。

四、经验与启示

（一）打破传统的屏障：积极转型、规模经营

农户与中间商关于生产者剩余的争夺，促成了农村合作经济组织的产生。农村合作经济组织伴随着自身竞争能力的提升，将会逐步夺取中间商的生产者剩余，以维护农民的权益。可见，农村合作经济组织转型的第一步就是突破原有的生产规模。农民先天能力的欠缺会影响新型制度的嵌入，因而生产规模的突破，离不开转型初期政府对于农村合作经济组织的扶持。政府要对有潜力进一步发展的农村合作经济组织进行积极的教育和引导，给予其大幅度的扶持和帮助，使之能够走科学、合理、先进的发展道路。为了鼓励发展多种形式的组织创新，应做到以下两点：

一是做到顶层设计和基层创造并重。加强改革顶层设计是"十二五"规划时期重要的改革方向。市场不能取代政府，考虑到最广大农民的利益与农村经济的长远发展，进行自上而下的体制改革是必要的。同时，应该从实际出发，授予农民更大的自主权，赋予农村经济更大的灵活性，由点带面，推动整体发展，绝不能抑制自下而上的创造力与推动力。

二是采取先发展后规范的方法。新型农村合作经济组织无论其分类标准如何，从其发展实践来看都是市场经济条件下分散农民的理性选择，各种类型的新型农村合作经济组织都有其存在和发展的基础，不能因其初期存在的局限性而抑制其成长的空间，应遵循先发展后规范的原则。

（二）摆脱现实的束缚：减少依赖、培养能力

在农村合作经济组织转型初期，即使某一模式或道路取得了一定的成效，但要让其平稳、高效运作还必须有多方面保障，主要包括风险管控、规范运行、管理升级等方面。从风险管控的角度，将一些低风险、高收益的优质资源向农民倾斜；从规范运行的角度，要保障农民选举股东代表大会的权利，以保证农民股份合作发展成果完全惠及农民；从管理升级的角度，合作社联合体要做大做强，引进职业经理人，以专业团队控制经营风险。

其次，在发展的初期阶段，农村合作经济组织普遍存在金融专业人才缺乏、

综合金融手段运用不足等问题,再加上单个集体经济组织或集团在银行授信上有额度限制,资金筹措水平和利用效率不高,影响了项目的实施进程。政府可以设置"融资顾问"等机构来为农村合作经济组织提供融资、项目管理等服务,并整合集体经济资源、资产和资本,壮大集体经济规模。

应该指出,在农民自我管理能力与经营意识不是很强时,过长的代理人利益链会加大监管的难度,具有一定的风险性。因此,政府要做好新型农村合作经济组织探索初期的扶持工作。

然而,课题组成员通过调研发现,现在很多农村因为过度享受政策的扶持,而渐渐对政府产生了依赖。在市场经济体制日趋完善、市场经济飞速发展的今天,树立市场经济意识和社会忧患意识,对农村合作经济组织的管理阶层和一般成员都是有必要的。从长远看,如果农村合作经济组织一味地依赖政府,必定将会因为缺乏抵御市场风险的能力而无法成为市场的一般主体。所以合作经济组织不管形式如何,应遵循"民办、民管、民受益"的原则,实行开放经营,增强市场竞争力。

因此,随着初创的农村合作经济组织逐渐发展成型,政府应逐步弱化直接组织经济的职能,转为主要为经济发展提供社会服务,成为公共服务型政府。长时间的行政手段干预,不利于农村合作经济组织形成强大的凝聚力和生命力,无法创造出较好的经济效益和社会效益,所以政府要遵从"有所为,有所不为"的原则,对农村合作经济组织的发展少干预乃至不干预。同时,政府应积极完善利益表达机制,在包括政策的制定和执行等各方面保障农民的发言权。

(三) 构建可持续的制度:恪守角色、细化制度

首先,要坚持发展第一产业不放松。农业是农村发展之本,农村完全舍弃第一产业而过分强调二、三产业的发展是不恰当的,甚至有本末倒置之嫌。因此,必须毫不动摇地保留、发展第一产业,避免出现农村没有农业用地的尴尬情况。以苏州为例,苏州是全国城乡一体化试点地区,在实现农业现代化问题上走在全省乃至全国前列。苏州市出台的"四个百万亩"工程,就是正确处理城乡规划、生态环境以及农业现代化之间辩证关系的典范。

为了在一定程度上保持农村原有的面貌,必须创新发展农业支持保护制度,稳步发展农业。农业保护是一种普遍的国际现象,无论是发达国家还是发展中国家,都或多或少地对农业采取支持和保护措施。为了适应农业进入高投入、高成本、高风险发展时期的客观要求,政府必须更加自觉、坚定地加强对农

业的支持和保护。

其次,要逐步开展农村集体经济组织产权制度改革。中共十六届三中全会通过的《中共中央关于完善社会主义市场经济体制若干问题的决定》指出,产权是所有制的核心和主要内容。科斯指出,在交易成本为零和对产权充分界定的条件下,资源能够不受外部性因素干扰实现最优配置[1]。产权之于市场经济,其意义在于为市场构建了具有排他性和流动性产权的、有效率的市场主体[2]。当前,应以明晰产权主体、理顺分配关系、规范经营管理为核心,切实解决农村集体资产产权虚置、政企不分、分配不公等问题,加强农村"三资"管理,有效保障农民对集体资产的所有权。

随着我国社会主义市场经济的不断发展,建立现代企业制度已成为必然。在从传统的计划经济体制转变为社会主义市场经济体制的过程中,社会经济细胞——企业的体制转变扮演着相当重要的角色,而股份制作为符合市场经济要求的新型企业体制,在当前和未来将成为现代企业制度的主要形式。现今的农民集团主要建立在集体股份的基础上,伴随着市场化的深入推进,股份制是发展的必然趋势。

五、结 论

本课题研究始于对湖桥集团的关注。然而,随着时间的推移,研究焦点慢慢转移,研究方法逐步调整,而这种转向正是课题组研究逐步深入的标志。在这种转向背后,课题组得出了以下几点结论:

首先,规模经营是抵御市场风险的必然结果之一。历史原因所导致的农民缺乏抵御市场风险能力的现实,阻碍了农村经济的发展。为了从根本上解决这一问题,农民企图通过联合来扩大外部交易规模从而降低产品交易的成本,即走规模经营的道路。规模经营既是出于农民对自身社会地位的需求,又源于历史原因的推动,是经济社会选择的必然结果。

其次,制度的创新是创新发展农村合作经济组织的必经之路。各种客观条件的制约,无疑将影响新型农村合作经济组织制度的嵌入。但外部条件是在不

---

[1] Coase R. H. The Problem of Social Cost[J]. Journal of Law and Economics, 1960, 3(1): 1-44.
[2] 贺军伟. 农村集体经济组织产权制度改革[J]. 中国发展观察杂志, 2006(12).

断演变的,制度的演进必须据此及时跟进,做出必要的、适当的调整。譬如在当前,农村合作经济组织制度演变的主要方向包括土地产权制度改革以及经营与管理机制的完善。在市场经济制度建立并逐步完善的今天,明晰产权主体与建立现代企业制度有其必然性。

最后,要正确处理农村合作经济组织与政府的关系。随着农村合作经济组织不同发展阶段的演变,政府也应及时与其相适应,做好关系的调整与角色的转换。政府要做好新型农村合作经济组织探索初期的扶持工作,但在转型渐趋成熟后,这种干预必须逐步放开。应该指出,这种对干预的解除是双向的。一方面,农村合作经济组织对政府长期的依赖会增加政府的负担,也会因资源配置长期不公平而导致自身实际竞争力不可避免地下降,以致限制长远的发展力;另一方面,农村合作经济组织在发展成型后会对政府干预行为感到受到限制与掣肘。

以湖桥村为代表的中国农业合作化、农村合作经济的发展,是对社会主义合作社理论的创新、丰富和发展,是马克思主义中国化的体现。马克思指出:"农业是社会生产的基础,也是一切社会的基础。"农村生产关系的转变很大程度上是一个自然过程而非人为过程,苏联强制推行农村集体化所导致的结果就是深刻的教训。我们应当总结历史经验,吸取前人教训,结合中国特点,顺应经济规律,使农民自觉、自发地相互联合,利用市场经济稳步发展,走出一条具有中国特色的农村合作经济组织转型之路。

参考文献

1. 马克思,恩格斯.共产党宣言[M].马克思恩格斯选集(第1卷).北京:人民出版社,1972.
2. 马克思.哥达纲领批判[M].马克思恩格斯选集(第3卷).北京:人民出版社,1972.
3. 列宁.论粮食税[M].列宁选集(第4卷).北京:人民出版社,1972.
4. 斯大林.苏联社会主义经济问题[M].斯大林选集(下卷).北京:人民出版社,1979.
5. 毛泽东.论十大关系[M].毛泽东选集(第5卷).北京:人民出版社,1977.
6. 邓小平.视察江苏等地回北京后的谈话[M].邓小平文选(第3卷).北京:人民出版社,1993.
7. 江泽民.正确处理社会主义现代化建设中的若干重大关系[C]//.江泽民文选(第1卷).北京:人民出版社,2006.
8. 胡锦涛.坚定不移沿着中国特色社会主义道路前进为全面建成小康社会而奋斗[R].北京:人民出版社,2012.
9. 习近平.关于《中共中央关于全面深化改革若干重大问题的决定》的说明[N].人民日报,2013-11-16.
10. 中共中央宣传部.科学发展观学习纲要[Z].北京:学习出版社、人民出版社,2013.
11. 中共中央关于推进农村改革发展若干重大问题的决定[N].人民日报,2008-09-13.
12. 中共中央关于全面深化改革若干重大问题的决定[Z].北京:人民出版社,2013.
13. 国家新型城镇化规划(2014—2020年)[N].光明日报,2014-03-17。

14. 刘易斯.二元经济论[M].北京:北京经济学院出版社,1989.

15. 托达罗.第三世界的经济发展[M].北京:中国人民大学出版社,1991.

16. 艾伯特·赫希曼.经济发展战略[M].北京:经济科学出版社,1991.

17. 杨小凯.经济学——新型古典与古典框架(中文版)[M].北京:社会科学文献出版社,2003.

18. D.盖尔·约翰逊.经济发展中的农业、农村、农民问题(中文版)[M].北京:商务印书馆,2004.

19. 费孝通.志在富民[M].上海:上海人民出版社,2004.

20. 张培刚.发展经济学与中国经济发展[M].北京:经济科学出版社,1996.

21. 谭崇台.发展经济学的新发展[M].武汉:武汉大学出版社,1999.

22. 陆学艺."三农论"——当代中国农业、农村、农民研究[M].北京:社会科学文献出版社,2002.

23. 秦晖.农民中国:历史反思与现实选择[M].郑州:河南人民出版社,2003.

24. 陈甬军,等.中国城市化:实证分析与对策研究[M].厦门:厦门大学出版社,2002.

25. 权衡.收入分配与收入流动——中国经验和理论[M].上海:上海人民出版社,2012.

26. 迟福林.中国农民的期盼——长期而有保障的土地使用权[M].北京:中国经济出版社,1999.

27. 迟福林.走入21世纪的中国农村土地制度改革[M].北京:中国经济出版社,2000.

28. 迟福林.把土地使用权真正交给农民[M].北京:中国经济出版社,2002.

29. 中国(海南)改革发展研究院.强农.惠农——新阶段的中国农村改革[M].北京:中国经济出版社,2008.

30. 邓鸿勋,等.走出二元结构——农民就业创业研究[M].北京:中国发展出版社,2004.

31. 尹成杰."三化"同步发展:在工业化、城镇化深入发展中同步推进农业现代化[M].北京:中国农业出版社,2012.

32. 徐同文.城乡一体化体制对策研究[M].北京:人民出版社,2012.

33. 课题组.苏州之路:"两个率先"的实践与思考[M].苏州:苏州大学出版社,2006.

34. 王荣.苏州精神:"三大法宝"的价值与升华[M].苏州:苏州大学出版社,2008.

35. 王荣,等.苏州农村改革30年[M].上海:上海远东出版社,2007.

36. 蒋宏坤,等.城乡一体化的苏州实践与创新[M].北京:中国发展出版社,2013.

37. 人力资源和社会保障部社会保障研究所.苏州市社会保障发展研究[M].北京:中国劳动社会保障出版社,2013.

38. 张树成.而立集——昆山改革开放30年巨变[M].北京:中国文化出版社,2008.

39. 陈锡文.当前农业和农村经济形势与"三农"面临的挑战[J].中国农村经济,2010(1).

40. 韩俊.中国城乡关系演变60年:回顾与展望[J].改革,2009(11).

41. 厉以宁.走向城乡一体化:建国60年城乡体制的变革[J].北京大学学报,2009(6).

42. 刘纯彬.我国社会各种弊病的根子在哪里?[N].世界经济导报,1988-06-06.

43. 舟莲村.谈农民的不平等地位[J].社会,1988(9).

44. 王海光.城乡二元户籍制度的形成[J].炎黄春秋,2011(12).

45. 孙海军,等.2000年以来国内城乡一体化理论与实践研究综述[J].区域经济评论,2013(3).

46. 石忆邵,等.我国城乡一体化研究的近期进展与展望[J].同济大学学报,2013(6).

47. 白永秀,等.城乡经济社会一体化内涵与外延的再认识[J].福建论坛(社会科学版),2013(1).

48. 改革杂志社.城乡一体化发展态势:2002—2012[J].重庆社会科学,2013(1).

49. 段学慧,等.不能照搬"诺瑟姆曲线"来研究中国的城镇化问题[J].河北经贸大学学报,2012(4).

50. 王新志.加快县域经济发展,推动城乡一体化进程[J].中国农村经济,2010(1).

51. 康胜.城乡一体化:浙江的演进特征与路径模式[J].农业经济问题,2010(6).

52. 张天龙.天津市城乡一体化发展存在的问题与对策建议[J].农业经济问题,2010(6).

53. 嘉兴市统计局课题组.统筹城乡发展中"嘉兴模式"研究[J].调研世界,2010(7).

54. 洪银兴.苏南模式的演进和发展中国特色社会主义的成功实践[J].经济学动态,2009(4).

55. 顾松年.用改革创新观探讨新苏南模式[J].现代经济探讨,2006(12).

56. 曹宝明,等."新苏南发展模式"的演进历程与路径分析[J].中国农村经济,2006(2).

57. 徐元明,等.农村城镇化中农民权益保障缺失研究[J].现代经济探讨,2010(11).

58. 陈俊梁.城乡一体化发展的"苏州模式"研究[J].调研世界,2010(7).

59. 记者.再做探路排头兵——苏州推进城乡一体化的创新实践[N].人民日报,2010-08-01.

60. 王晓宏,等.历史性的新跨越——关注苏州市城乡一体化发展综合配套改革[N].苏州日报,2010-06-02.

61. 沈石声.苏州市城乡一体化发展的实践与启示[J].苏州农村通讯,2009(5).

62. 包宗顺.苏州城乡一体化发展中的几个难题[J].苏州农村通讯,2010(3).

63. 邹家祥,等.太仓市城乡经济社会一体化建设成效显著[J].苏州农村通讯,2012(6).

64. 孟焕民,等.苏州农村现代化进程中的湖桥样本[J].苏州农村通讯,2012(6).

65. 胡振华.中国农村合作组织分析:回顾与创新[D].北京林业大学博士论文,2009.

后 记

从1983年发表第一篇学术论文开始,屈指算来,我的学术研究活动已经有30多个年头了。在这期间,几经调整,我的研究领域和方向主要集中在农村经济和区域经济方面。

作为一个新苏州人,每当我徜徉在苏州的古城、古镇、古村、古典园林和太湖山水之间时,都能感受到这座城市厚重的历史和文明,确实不负"人间天堂"的盛誉;而当我行走在苏州的现代化园区时,又能切实感受到它在新的历史时期焕发出的勃勃生机,犹如千年古树,再发新枝,重铸辉煌。引用艾青《我爱这土地》中的著名诗句:"为什么我的眼里常含泪水?因为我对这土地爱得深沉。"正因为这样,我就时刻关注着苏州市的发展,既为它的成绩而高兴,也对它的问题进行思考和探讨,寻求解决对策。苏州经济和社会发展的可圈可点之处固然很多,但是城乡一体化发展确实是它最近几年来的最大亮点和特色,自然也就成为我关注和研究的重点。10多年来,受苏州市政府和企业委托,我曾经主持和参加完成了大大小小10多个与苏州市城乡一体化发展有关的课题,包括减轻农民负担和农村税制改革、农业和农村经济结构调整、城乡一体化先导区产业规划、金融支持城乡一体化和小城镇建设、富民强市、多个市(县)和区的"十一五"规划与"十二五"规划等。

2011年,我申报国家社科基金项目《苏州市城乡一体化发展道路研究》,获得批准。同大多数申报者一样,在申报时,总是满怀期望,而一旦批准之后,短时间的激动和兴奋过后,便陷入一种诚惶诚恐的心理,一方面感觉到这是一种难得的信任和荣誉,另一方面则感到是一种沉甸甸的压力和责任。抱着这种心理,我和我的合作者们开始了认真踏实的研究工作。三度寒暑,集体合作,几易其稿,现在终于拿出了研究成果——1本专著和1份调研报告,奉献给广大读者,欢迎大家指正。

本书各部分的撰稿人为:前言、第一章、第二章、第四章、第五章、第六章、第

后 记

七章、后记,夏永祥;第三章,夏永祥、王加军、应辉;第八章,盛培宏、夏永祥;第九章,夏永祥、陈作章、薛苏明、于海云;第十章,夏永祥、王加军、张琳:第十一章,夏永祥、张斌、彭巨水;第十二章,邵路遥、许家瑞、孙若谦、汤嘉、夏永祥。全书由夏永祥修改统稿。

在长期的调查研究过程中,我们曾经到苏州市各个市(县、区)和江苏省苏中、苏北地区,进行广泛深入的调查研究,得到了这些地区相关部门的大力配合和支持;全国社会科学规划办、江苏省社会科学规划办、苏州大学、苏州大学商学院的领导和专家,给予我们以不同形式的督促、严格要求、关心、帮助和指导,使课题研究工作能够顺利开展;资料来源中的宏观方面,由于能力所限,我们只能借助于国家、江苏省和苏州市的面上统计数据,微观方面的资料,既有我们第一手的调研所得,也有其他新闻媒体的调查报道等,我们也曾经参考了其他专家的研究成果,对于这些文献和资料来源,按照学术规范的要求,我们尽可能以脚注或者文末参考文献的形式列出,即便如此,也可能挂一漏万,未能一一列出。在此谨向以上各个方面和人员表达我们深深的谢意。

夏永祥
2015 年 7 月 6 日于苏州大学财经科学馆